Luis Huete • Ichak K. Adizes

DIRIGIR Y GOBERNAR

MADRID | CIUDAD DE MÉXICO | BUENOS AIRES | BOGOTÁ
LONDRES | SHANGHÁI

LID EDITORIAL

A member of:

BPR ⊛

businesspublishersroundtable.com

© Luis Huete e Ichak K. Adizes, 2025
© Editorial Almuzara S.L. 2025, de esta edición.

Editorial Almuzara S.L.
Parque Logístico de Córdoba, Ctra. Palma del Río, Km 4, Oficina 3
14005 Córdoba
www.almuzaralibros.com
www.LIDeditorial.com

EAN-ISBN13: 978-84-10521-64-3
Directora editorial: Laura Madrigal
Editora de mesa: Paloma Albarracín
Corrección: Cristina Matallana
Maquetación: www.produccioneditorial.com
Diseño de portada: Juan Ramón Batista
Impresión: Cofás, S.A.
Depósito legal: CO-291-2025

Impreso en España / Printed in Spain

Primera edición: marzo de 2025

Te escuchamos. Escríbenos con tus sugerencias, dudas, errores que veas o lo que tú quieras. Te contestaremos, seguro: *info@lidbusinessmedia.com*

Índice

PARTE 2
**ESTRATEGIA: CREAR MÁS INTEGRACIÓN EXTERNA
CONECTANDO MEJOR CON LOS CLIENTES**

PARTE 4
LA BUENA GOBERNANZA: FACTOR CLAVE
PARA LA INTEGRACIÓN EXTERNA E INTERNA

Introducción

Dirigir y gobernar son las dos almas de un directivo.

Corto y largo plazo, impulso y estabilización, integración externa e interna, estrategia y ejecución; estas aparentes dicotomías convergen en el arte de dirigir y gobernar. No vale una a costa de la otra. La tarea es que convivan de manera simbiótica.

Dirigir implica ocuparse del corto plazo y entregar resultados inmediatos; es también ocuparse de que los ámbitos funcionales y mecánicos estén bien engrasados y, por tanto, dispuestos para generar crecimiento, satisfacción de clientes, consistencia en la calidad y control de costes. Dirigir conlleva tomar decisiones estratégicamente acertadas a corto plazo y, sobre todo, ejecutarlas de manera efectiva.

Gobernar se centra en la estrategia a largo plazo: transformar al ritmo de los mercados y cuidar de la sostenibilidad y salud del ser vivo que son la empresa o una familia; asimismo es lograr armonía y a la vez provocación para que el acomodamiento no degenere en decadencia. Los tiempos buenos generan personas débiles salvo que se gobierne con sabiduría y se enseñe el valor del esfuerzo, de un propósito ligado al bien común. Gobernar es construir una estrategia a largo plazo inteligente y un equipo que la sepa, pueda y quiera ejecutar.

Dirigir y gobernar son cosas distintas, pero complementarias e interdependientes. Representan los dos focos de quienes aspiran a mejorar sus empresas e incluso sus familias a través de su liderazgo. Dirigir recae principalmente en el ámbito de responsabilidad del comité de dirección y sus reportes, mientras que gobernar es más la labor del consejo de administración o del consejo de familia en los casos de empresas familiares. Aunque pertenecen a ámbitos distintos, se trata de realidades inseparables. Estrategia es gobernar; implementar es dirigir. Es responsabilidad de todos garantizar que la relación entre dirigir y gobernar resulte simbiótica y no parásita.

Dirigir y gobernar son simbióticos cuando se integran el corto y el largo plazo, cuando se trabaja en la integración externa (ser más relevantes y diferenciales para la demanda de los clientes de hoy y de mañana) y a la vez se aumenta la cohesión interna (foco, compromiso, motivación, aprendizaje y colaboración de las personas que forman parte de la compañía hoy y en el futuro).

Este libro aborda todos estos temas. Contiene capítulos y ejercicios que, bien trabajados, te harán mejor gestor (dirigir) y mejor líder (gobernar). Te permitirán crear una interdependencia positiva, un círculo virtuoso, entre las dimensiones funcionales, mecánicas, orgánicas y emprendedoras de la institución en la que trabajes.

Todos estamos convocados a la tarea de transformar, entregar resultados y crear una prosperidad compartida de la que muchos puedan beneficiarse.

Esta es la tarea a la que los dos autores, a los que nos une una noble amistad y la complicidad intelectual de mentor (Dr. Adizes) a *mentee* (Luis Huete), desde que nos conocimos en Cancún en el año 2002 en una convención de un grupo empresarial mexicano. El Dr. Adizes ha desarrollado una metodología de liderazgo, denominada Symbergetic, a la que ha dedicado sus mejores esfuerzos a lo largo de sus casi cinco décadas de profesor y consultor. Esta obra recoge una parte significativa de lo que el *mentee* ha aprendido de su maestro.

¿Cómo leer este libro?

La mejor lectura de este libro es la activa: con papel y lápiz cerca, digital o físico; reflexionando sobre lo que se lee y escribiendo lo que se piense y se siente, e identificando lo que esté en tu mano cambiar.

Empieza con el índice. Dedícale tiempo a conocer bien el contenido. Identifica los capítulos que te resulten más relevantes.

Este texto puede leerse de manera tradicional, de principio a fin, o de forma selectiva, eligiendo los capítulos y ejercicios según tu interés personal. Aspira a ser un manual de cabecera al que se acude con frecuencia en búsqueda de inspiración y consejo.

Pon ganas para hacerte con las mejores ideas de estas páginas. Tu mejor homenaje a las buenas ideas es utilizarlas y hacerlas tuyas. No importa de dónde venga la idea; lo importante es a dónde la llevas.

Al leer esta obra no dejes de identificar iniciativas que cierren la brecha entre estas ideas y tus circunstancias personales. Son precisamente las iniciativas incómodas las que tienen la magia de sacarnos de nuestra zona de confort y hacernos progresar.

La manera de evitar que los tiempos buenos generen personas débiles consiste en cultivar un sano inconformismo que canalice tus deseos de superación personal y de construir un legado valioso. Un legado es todo lo que funciona por ti, pero sin ti. El legado no es cosa de muertos, sino de vivos.

Te recomendamos que hagas una presentación en PowerPoint en la que vuelques con creatividad todo lo que te suscite la lectura de este libro. Enriquécela con tus ideas, reflexiones y decisiones. Si pones cabeza y corazón, convertirás ese documento en un icono y testigo excepcional de tu esfuerzo por dirigir y gobernar mejor.

Este texto parte del material que utilizamos en los procesos de acompañamiento de los equipos de dirección en empresas de medio mundo para que articulen una visión de futuro ganadora y un equipo humano capaz de ejecutarla con brillantez.

Ojalá estas páginas te sirvan para ese noble propósito de lograr que tu presencia mejore las instituciones en las que trabajas.

PARTE 1

LA FASCINANTE TAREA DE SIMULTANEAR LA ENTREGA DE RESULTADOS CON LA TRANSFORMACIÓN

1
Transformar y entregar resultados

Ser un buen gestor requiere administrar y lograr resultados a corto plazo de manera efectiva y eficiente. Sin duda necesitamos gestores que entreguen resultados. Muchos y buenos.

Por el contrario, lo que define a un líder son su capacidad y sus habilidades para transformar, y esta transformación requiere hacerse también de manera efectiva y eficiente. También necesitamos muchos y buenos líderes, en mayor número y cantidad que en el pasado, en una proporción equilibrada con la de los gestores. La coexistencia simbiótica (ambas partes salen beneficiadas simultáneamente) entre gestores y líderes no está resuelta en la mayor parte de las empresas, como no lo está tampoco el equilibrio dinámico entre corto y largo plazo en las prioridades de las compañías.

1. La aceleración de los mercados y el énfasis en el corto plazo

Hoy domina en el mundo de la empresa el énfasis en el corto plazo y en los resultados financieros, lo que crea un caldo de cultivo que beneficia el progreso profesional de los gestores y perjudica el de los líderes.

El énfasis en el corto plazo es un error por corregir en el contexto actual en el que compiten las empresas: los cambios en la tecnología, la regulación, la demanda y la oferta de los competidores se retroalimentan entre sí acelerando la velocidad de dichos cambios.

Un caso singular de esa aceleración tiene su origen en la llamada *densidad digital,* cuyo crecimiento exponencial está obligando a las organizaciones a una transformación profunda. Este concepto, desarrollado por el profesor del IESE Javier Zamora y sus colegas, hace referencia al número de aparatos en funcionamiento capaces de capturar y procesar información digital y a la cantidad y velocidad de información que transmiten.

La densidad digital ejerce una influencia extraordinaria en el modo en el que las compañías deben competir al obligarlas a realizar procesos continuos de cambio. Los efectos más significativos de la densidad digital en las empresas, según el profesor Zamora, son los siguientes:

- Automatización de procesos. Procura un efecto directo en la reducción de costes, el incremento de ingresos, la mejora de la calidad y la aceleración de la rapidez operativa.

- Mejora en las previsiones y los cálculos de probabilidades. Permite hacer predicciones mucho más precisas, lo que resulta crucial para la gestión de la demanda, los stocks, la logística, el riesgo, el mantenimiento, etc.

- Creación de un ecosistema de datos. Este ecosistema, enriquecido por la colaboración con otras empresas, puede dar lugar a la generación de nuevos productos y servicios.

- Nuevas posibilidades de personalización. La densidad digital abre oportunidades para personalizar las relaciones entre la empresa y sus clientes, así como entre la compañía y sus empleados. Esta personalización, si se utiliza correctamente, puede incrementar el valor percibido y fortalecer el vínculo emocional con la empresa.

Los cambios en el contexto en general, y la densidad digital en particular, están demandando en las organizaciones un nuevo equilibrio y una nueva dinámica entre gestores y líderes. El resultado de esta nueva dinámica ha de fundamentarse en un mayor respeto y en una confianza mutua entre ambos y en un proyecto conjunto que haga posible la simultaneidad de la entrega de buenos resultados a corto plazo con la transformación de la configuración empresarial.

2. ¿Qué es transformar?

Transformar es ganar el derecho a existir a largo plazo y habitualmente se hace a través de actividades de emprendimiento y de integración.

El emprendimiento incluye el cuestionamiento habitual de la manera en la que se hacen las cosas, la identificación de nuevas oportunidades de negocio y la movilización de la organización alrededor de una visión a largo plazo. Emprender es integrar una empresa con su demanda futura.

Las actividades de integración tienen como objetivo hacer que los subsistemas de una organización encajen entre sí y, por tanto, se integren correctamente, ya que los cambios externos e internos se encargan de desajustarlos de manera constante.

Si no se corrigen estos desajustes mediante un proceso de integración, primero generarán roces, que luego derivarán en tensiones mayores. Con el tiempo, estas pueden convertirse en patologías graves que podrían poner en riesgo de defunción a la institución si no se pone remedio.

Como veremos más adelante, emprender e integrar son las dos grandes áreas de desarrollo de habilidades directivas en las que hemos de trabajar para crear organizaciones y a directivos aptos para la transformación. Son las dos columnas vertebrales de los líderes que aspiramos a tener en las compañías.

3. El objetivo final de una transformación empresarial personal exitosa

La transformación de una empresa se hace visible en la reformulación de su modelo de negocio con los consiguientes cambios profundos en el porfolio de ingresos, en la estructura de costes y en la reconfiguración de operaciones, canales, segmentos y productos.

La reformulación de un modelo de negocio conlleva también cambios internos, particularmente en la estructura, la cultura, los mecanismos de coordinación entre las áreas, la situación de la empresa en su ciclo de vida corporativo y la calidad del liderazgo que se ejerce en ella.

El objetivo de una transformación es la mejor integración de las capacidades de la compañía con las características de la demanda futura. En la medida en la que esta última continúe en constante cambio, podemos afirmar que el proceso de transformación nunca acaba. Siempre habrá que hacer ajustes internos de envergadura para integrarse mejor con las cambiantes características del mercado.

La conclusión de todo lo anterior es que la mejora del modelo de negocio no es la estación de destino, ya que tarde o temprano habrá que volver a cambiarlo. La estación de destino de una transformación es la mejora de la propia agilidad de la compañía para seguir adaptándose a los continuos cambios del mercado.

La batalla de la agilidad de las organizaciones se gana o se pierde en al menos seis terrenos que han de ser objeto de atención preferente de sus directivos, sean gestores o líderes:

1. **La creación de un relato estratégico compartido.** Los equipos directivos deben trabajar de manera frecuente en la construcción de una visión estratégica que sea compartida y que se anticipe a los cambios más importantes del mercado.

2. **El diseño de la estructura organizativa.** La mejora de la agilidad conlleva cambios en la estructura organizativa que son muy importantes, a pesar de su complejidad. Al menos tienen que considerarse los siguientes:

   - No mezclar responsabilidades en el corto y el largo plazo bajo la tutela de la misma persona. La gestión del corto plazo mata el largo plazo, y con una gestión del largo plazo mal dotada en recursos y en capacidad de ejecución seguro que se resiente la mejora de la adaptabilidad de la empresa.

   - Completar la estructura jerárquica y de control con una estructura de equipos trabajando en red con la capacidad de tomar decisiones rápidas y alineados con el propósito y el marco estratégico de la compañía. El poder de decisión de estos equipos tiene que ir en paralelo a su entendimiento profundo del negocio y a su lealtad a la empresa. Para coordinarlos y nutrirlos con metodología, foco y motivación, es conveniente crear un comité de directivos que sea, por un lado, independiente de la estructura jerárquica y que tenga, por otro, capacidad de ejecución (que es la suma del poder, la autoridad y la influencia de sus componentes) sobre los temas que serán objeto de las decisiones de estos equipos.

3. **La cultura dominante.** La cultura es el conjunto de hábitos dominantes en la organización. Los hábitos pueden estar ligados a la forma de pensar, de sentir y, lógicamente, de actuar de las personas con más influencia en la organización. Los hábitos ligados a la forma de pensar se basan en las creencias dominantes, que a su vez cristalizan alrededor de los seis deseos básicos que mueven la conducta humana: certeza, relevancia, novedad, conexión, crecimiento y contribución. Una transformación requiere creencias poderosas cristalizadas alrededor principalmente de los deseos de novedad, conexión, crecimiento y contribución. Las mejores culturas son aquellas en las que las relaciones vienen presididas por el respeto y la confianza, ya que permiten integrar la diversidad necesaria para transformar y entregar resultados. Un proceso de cambio cultural implica una reingeniería en las prioridades estratégicas, en las métricas de éxito, en los procesos de gestión más importantes, en la calidad del liderazgo, en la formulación de valores y en el diseño de la experiencia de los empleados.

4. **Los sistemas de refuerzos de la conducta.** Las personas que actúan según su mejor versión como directivos siempre tienen motivos subjetivamente importantes para asumir el esfuerzo que conlleva y que están detrás de su alto nivel de exigencia personal. Estos motivos, que han de ser activados por la empresa y alimentados de manera constante, suelen ser de dos tipos:

   - Extrínsecos al trabajo que se realiza. Normalmente hablamos de la oportunidad de ganar más dinero, que a la vez permite sentirse mejor por alguna de las muchas ventajas que este puede traer a la vida de una persona. También pueden referirse al estatus o reconocimiento externo. Sin duda es un buen refuerzo de conducta que debe emplearse, pero supeditado al siguiente motivador, que es el verdaderamente importante en los procesos de transformación.

   - Intrínsecos a lo que se hace. Consisten en que el contenido de las tareas y el entorno en el que se realizan resulten subjetivamente valiosos y un motivo poderoso para autoexigirse, lo que será cada vez más posible en la mayoría de las empresas al reducirse las tareas manuales y repetitivas. La proporción de tareas no repetitivas irá ganando cuota de mercado a las repetitivas.

Aquí, una vez más, conocer a las personas de la compañía de manera individualizada resulta de gran ayuda. Hay motivadores intrínsecos bastante transversales, como trabajar por un propósito noble, la mejora de conocimientos y habilidades y la autonomía para tomar decisiones, y también los hay más específicos de la personalidad de cada directivo.

Unas personas se sienten más atraídas por el poder; otras por hacer tareas en las que puedan destacar; otras por hacer realidad una visión innovadora, y a otras lo que más les atrae es el factor humano de su trabajo.

Los procesos de transformación, en general, precisan mucha motivación, especialmente intrínseca. Para activarla más, es necesario un conocimiento particularizado de lo que motiva a cada persona, ya que cada una da un peso absoluto y relativo distinto a los motivadores intrínsecos transversales y, además, también difiere en los motivadores específicos antes mencionados.

La transformación y la entrega de resultados requieren ser alimentadas intelectual y emocionalmente para que el nivel de energía positiva de una organización sea alto. Entregar resultados y a la vez cambiar son dos actividades que demandan cantidades ingentes de energía. Proporcionarla a través de mecanismos de refuerzo de la conducta es un arte que exige mucha ciencia.

5. **Los mecanismos de colaboración entre las áreas.** Los silos, tan habituales en muchas empresas, son incompatibles con el buen diseño y la buena ejecución de un programa de transformación y con la entrega de buenos resultados.

   La colaboración precisa más confianza y mejor coordinación entre las distintas áreas. Cuando esto ocurre, se generan sinergias que ayudan a mejorar la posición de ingresos y costes y simbiosis para que el proceso de mejora constante se acelere y sea simultáneo para las distintas áreas. Hay que evitar las relaciones parásitas entre estas, lo contrario a lo simbiótico, en las que un área mejora a costa de otra.

   La agilidad para transformarse de manera habitual necesita en las áreas de la compañía un mayor conocimiento mutuo y la voluntad, por parte de sus directivos, de hacer que converjan mejor sus intereses. Áreas con intereses divergentes tienden a tener conflictos disfuncionales que entorpecen el trabajo colaborativo.

En consecuencia, la mejora de la colaboración entre las áreas requiere desactivar los conflictos disfuncionales entre ellas. El origen de la mayor parte de los conflictos disfuncionales se encuentra en la deficiente calidad de la comunicación y en la erosión de las relaciones entre los directivos de las distintas áreas.

Con la mejora en estas dos variables, comunicación y relaciones, se podrían tener conflictos funcionales, que son aquellos en los que una sana discrepancia favorece la innovación y la creatividad en la búsqueda de soluciones no convencionales.

6. **La transformación de las personas clave de la organización.** Llegamos al punto quizás más sutil de todos. Por *transformación personal* entendemos el ensanchamiento de los conocimientos y las competencias de las personas que trabajan en la empresa para hacerlas más aptas a la doble tarea de transformar y de entregar resultados. Las personas no cambiamos radicalmente, salvo excepciones, pero podemos enriquecer lo que ya somos. La intención es que sean mejores líderes y gestores y que la relación entre estas dos mentalidades mejore.

La batalla de la agilidad en las organizaciones conlleva el cambio de lo que se podría llamar *inteligencia colectiva* de una empresa (en parte la cultura es eso) y de cada persona en particular, ya que cada individuo es parte de ese todo.

Ya se sabe que la funcionalidad de un ecosistema (y las empresas lo son) viene determinada por la calidad de sus integrantes y por la de la relación entre ellos. El proyecto de transformación personal tiene como objetivo hacer mejores profesionales y personas, individuos más abiertos al cambio y a la ejecución y que a la vez tengan entre sí mejor relación.

Las personas tenemos ciclos biológicos de siete años que invitan a una cierta reinvención profesional. Si se hace esa reinvención de manera exitosa, se podrán capturar nuevas oportunidades profesionales y podrán mejorar las relaciones en las esferas profesionales y personales. Sin reinvención, los directivos no podrán evitar fácilmente su envejecimiento profesional prematuro. La convergencia de un proceso de transformación estratégica con un proceso de mejora de las competencias de sus directivos genera una retroalimentación positiva que beneficia a todos.

Nuestra recomendación es que las empresas hagan de manera simultánea ambas cosas: el cambio de su estrategia y el proceso de desarrollo de habilidades de liderazgo de su equipo humano. Lo segundo también se puede hacer cuando no haya necesidad de lo primero. En este caso, se ponen las bases para que la transformación de la estrategia se haga de manera continua, sin grandes sobresaltos.

Para el proceso de desarrollo de habilidades ligado al impulso de las palancas estratégicas recomendamos un itinerario de autodesarrollo con mentores que ha dado muy buenos resultados en diversas compañías e instituciones. El papel del mentor en estos procesos es inspirar, aportar metodología y hacer un buen seguimiento. El protagonismo recae en el mentorizado, pero el mentor tiene ese papel mágico de actuar como catalizador de un proceso de mejora personal.

2
Vitaminas y vacunas. El directivo como terapeuta

Las empresas, así como el resto de las instituciones humanas, son seres vivos: nacen, crecen, maduran, envejecen y mueren. Como seres vivos parecen estar supeditadas a un ciclo de vida que les llevará de su nacimiento a su muerte, pasando por una multiplicidad de etapas intermedias, unas más propias de la juventud y el resto de la senectud. En el caso de las compañías e instituciones, ese ciclo no tiene un determinismo genético, sino que está relacionado con su mejor o peor salud, que a su vez tiene que ver con la calidad de la gestión que se haga sobre ellas.

En este capítulo se explora el papel que la gestión de un equipo directivo tiene en la vitalidad de sus organizaciones, en su envejecimiento o rejuvenecimiento y en el alargamiento o acortamiento de su vida mucho más allá de lo que *genéticamente* sería esperable.

1. Los ciclos de la vida de las empresas: sus causas

En las empresas, a diferencia de lo que pasa con los seres humanos, tanto la duración de cada uno de los ciclos de vida como su secuencia no siguen una lógica biológica determinista, sino que responden principalmente a una lógica de buena o mala gestión de su equipo directivo.

Una buena gestión, concepto que describiremos enseguida, es capaz de rejuvenecer a una empresa envejecida; es decir, en las instituciones humanas se puede revertir la tendencia natural a que los años las acerquen inexorablemente al fin de su existencia. Se puede conseguir que una empresa esté *eternamente* joven y que dure muchos más años de lo que *genéticamente* lo hacen otras nacidas en un momento histórico o en un lugar geográfico similar. Valgan como ejemplo las más de cinco mil compañías existentes en el mundo con más de doscientos años de antigüedad.

La buena gestión es el resultado de ganar dos grandes batallas:

- **Aumentar la integración de la empresa con el ecosistema en el que habita.** Es decir, el desarrollo de capacidades que permitan capturar las oportunidades que nacen de los cambios en la demanda o, lo que es lo mismo, en las necesidades de los clientes.

  Esa integración, a la que vamos a llamar *externa,* conlleva el desarrollo de mejores productos y servicios que den buena respuesta a las demandas no solo de hoy, sino sobre todo de mañana. Esta integración externa se acaba sintiendo en la mejora de la satisfacción y fidelización de clientes, el logro de buenos márgenes, el aumento de la reputación, una mayor diferenciación respecto a los competidores, la sintonía con las tendencias del mercado, el respeto al regulador, la curiosidad por las mejores prácticas de otras empresas, etc.

- **Disminuir la desintegración interna.** Esto es, el aumento de la cohesión y del sentimiento de pertenencia, que se logra, por poner algunos ejemplos, con mejor trabajo en equipo y visión holística, mejor comunicación interna, procesos más eficientes, reuniones internas que funcionen, directivos que asuman sus responsabilidades y las consecuencias de sus decisiones, más motivación, compromiso y colaboración interna, más alineamiento estratégico y sentido de propósito en la organización, etc.

La clave de la integración interna está en crear entornos de respeto y confianza mutua. El respeto implica la aceptación del derecho de la otra parte a ser distinta y a ver las cosas de manera diferente; también el interés por aprender y entender a la otra parte. La confianza mutua se basa en la certeza de que las dos partes conocen y serán sensibles a los intereses y necesidades de la otra parte. Tanto la confianza como el respeto se basan en un razonable conocimiento mutuo, la capacidad de empatizar y una generosidad inteligente que posibilite la reciprocidad.

La confianza y el respeto mutuo tienen la virtualidad de poner en marcha un proceso de reciprocidades muy interesante, ya que se pueden llegar a retroalimentarse continuamente creando nuevas posibilidades de crear valor para ambas partes.

El respeto mutuo es imprescindible para tomar buenas decisiones porque permite construir decisiones en las que se integran más puntos de vista y se tiene en cuenta una información más plural; la confianza mutua, por su parte, es la variable que más favorece la buena ejecución de esas decisiones.

Las dos batallas de la buena gestión se condicionan mutuamente. La condición para aumentar la integración externa es la disminución de la desintegración interna. La energía de una organización, si se malgasta en conflictos disfuncionales internos o en otras manifestaciones de desintegración interna, acaba siendo insuficiente para emplearse en la ingente tarea de generar más integración externa.

En definitiva, un directivo debería poner en marcha una dinámica de progreso ya que, cuando hay confianza y respeto, importan las personas, y cuando importan las personas, las escuchamos, y cuando las escuchamos, el aprendizaje mutuo se acelera. El resultado final es una relación de valor añadido en donde ambas partes salen beneficiadas.

2. El momento dulce: la juventud madura de las empresas

Una mala gestión, al disminuir la integración externa y aumentar la desintegración interna, precipita la senectud o muerte prematura de la empresa en cuestión; por el contrario, una buena gestión hace que la compañía pueda durar muchos siglos y que la etapa de juventud madura (ese mejor momento vital) se prolongue durante períodos muy largos.

El mejor momento de las empresas, ese período dulce, es aquel en el que el control y la flexibilidad van de la mano y no se expulsan el uno al otro. Igualmente, otra característica de esta etapa se da cuando tanto el compromiso como el cumplimiento normativo de las personas que trabajan en ellas son altos y no se expulsan el uno al otro. Una última característica es la capacidad de mejorar el crecimiento y la rentabilidad simultáneamente.

Por el contrario, la senectud de las empresas viene caracterizada por la rigidez y la poca flexibilidad y por el exceso de normas y controles, que acaban disminuyendo el compromiso y la posibilidad de conectar con el mercado.

De manera análoga, en una empresa *demasiado* joven los mecanismos de control son insuficientes y la organización interna también resulta deficitaria, todo ello con el efecto *bueno* de un alto nivel de flexibilidad y compromiso.

Se puede y se debe conseguir que una empresa sea *eternamente* joven. Ese es el objetivo, la gran épica, de un buen equipo gestor. Y tenemos buenos ejemplos en el mundo: existen más de cinco mil empresas con más de doscientos años, tres mil en Japón y mil en Alemania. Todas han tenido equipos directivos que han sabido inyectar *vida* a sus negocios a lo largo de muchas décadas a través de su buena gestión.

Los ciclos en las empresas se rigen, por tanto, más por la lógica de la buena gestión que por la lógica *genética*.

La buena gestión viene condicionada, además de por las batallas descritas anteriormente, por otros dos factores: por un lado, la habilidad del equipo directivo de gestionar el ritmo de cambio en su empresa para que iguale el de la industria; por otro lado, una buena gestión, que siempre es algo relativo a la calidad de gestión que hagan los competidores más directos.

La buena gestión, en definitiva, no es un término absoluto, sino relativo.

Y la conclusión es clara: una buena gestión posibilita una etapa de juventud madura y una vida de las empresas más prolongada.

Los cambios en los mercados, causa más habitual del envejecimiento de las empresas

Las empresas son seres vivos con cierta fragilidad al estar expuestas a un entorno *infeccioso*. Los cambios en los mercados originados por la tecnología, el regulador o los clientes actúan a modo de *virus* con capacidad de generar problemas que, si no se resuelven, pueden originar patologías en las compañías, cuyas vitalidad y duración están condicionadas por las enfermedades que pueden contraer constantemente en su condición de seres vivos frágiles como consecuencia del contexto cambiante en el que viven.

Los cambios externos crean desajustes en los sistemas empleados por las organizaciones produciendo problemas que son focos de potenciales enfermedades. Es decir, los cambios en los mercados actúan a modo de *virus infeccioso* con alta probabilidad de enfermar y matar a las empresas.

El papel terapéutico de los directivos es precisamente ese: prevenir y sanar las constantes enfermedades que contraerán sus organizaciones.

Un dato sugerente: en los últimos treinta años la duración media de las compañías se ha reducido de setenta a quince años, señal inequívoca de la mayor toxicidad, ligada a los más altos ritmos de cambio de los mercados en los que operan las empresas. Y ese ritmo de cambio que no hace otra cosa que acelerarse continuamente. El papel de terapeuta de los directivos es hoy más importante que nunca.

La gran responsabilidad de un equipo directivo consiste en mantener una compañía siempre joven, atractiva, con energía positiva y con capacidad de adaptarse a los cambios del contexto y a la vez mantener un fuerte propósito.

Ese trabajo requiere no solo una buena gestión en relación con los competidores, sino la habilidad de ejercer de terapeuta: contar con directivos capaces de prevenir, diagnosticar y curar las patologías empresariales.

A continuación, hemos incluido algunos enfoques e ideas que pueden serte útiles en esa labor de generar empresas sanas y de crear equipos capaces de sanarlas cuando se detectan las inevitables disfuncionalidades que generan los cambios en los mercados. Para ello usaremos la metáfora de las cuatro vitaminas que proporcionan vitalidad a los negocios y las cinco vacunas que refuerzan su sistema inmunitario.

3. Las vitaminas que proporcionan vitalidad a las empresas

La labor de terapeuta conlleva, metafóricamente hablando, dos grandes actividades: aportar vitaminas a la institución para aumentar su vitalidad e inyectarle vacunas para robustecer su sistema inmunitario.

Ambas actividades se entrelazan entre sí y pueden tener el efecto de revitalizar, rejuvenecer o disminuir la posibilidad de enfermar de las empresas.

Empecemos con las vitaminas.

Un equipo directivo tiene que ocuparse de nutrir su negocio con abundantes *vitaminas* que permitan a la compañía ejecutar, administrar, integrar y emprender de manera igual o mejor que la competencia.

Las vitaminas son cuatro, y cada una tiene su papel en ese cometido que es crear empresas efectivas (que hacen lo correcto) y eficientes (que lo hacen bien) en el corto y largo plazo:

- **Vitamina roja.** Favorece la efectividad a corto plazo y permite que haya una tensión sana para que las cosas salgan en tiempo y con la calidad o cantidad deseada.

  Esta vitamina predispone a decidir bien sobre los qués y los cuándos. Posibilita un punto de agresividad comercial y de foco en resultados tangibles a corto plazo. Nos hace realistas y vivir en el momento y empuja a medir el éxito de la organización con métricas de satisfacción de clientes cuando la empresa está enfocada en ellos o financieras si se considera al accionista como el verdadero cliente.

  En este último caso el paradigma es: «Lo que cuenta son las cuentas y todo lo demás son cuentos». Esto conlleva muchas veces un tipo de relación con los clientes de tipo transaccional con una mirada que prima el oportunismo en el corto plazo sobre la construcción de elementos intangibles, como la confianza y la relación a largo plazo.

  Esta vitamina suele generar culturas en las que las excusas están mal vistas y la presión por el corto plazo resulta alta. Asimismo, suele provocar una rotación de directivos alta, producto del desgaste y de la gran competitividad interna. Son típicos en estas culturas los sistemas de incentivación económica agresivos ligados a objetivos individuales difíciles de alcanzar.

- **Vitamina azul.** Nos invita a administrar y controlar de manera que tenga un efecto positivo en la eficiencia a corto plazo: su perímetro es *hacerlo bien* a corto plazo. Permite tener la empresa ordenada por dentro, con buenos procesos, procedimientos, indicadores y un excelente seguimiento de proyectos.

Es también la vitamina que nos hace analíticos, rigurosos y ortodoxos en las tareas, poco propensos a correr excesivos riesgos, y resulta especialmente útil para elegir bien los cómo. A nivel personal, nos adentra habitualmente en las percepciones del mundo de lo que debería ser frente a lo que es, con todo lo bueno y lo malo que esto supone.

Esta vitamina suele propiciar culturas donde se priman la excelencia técnica, las decisiones basadas en el análisis, las jerarquías en la organización, los mecanismos de control e indicadores, la primacía del conocimiento técnico sobre las habilidades de liderazgo y la estabilidad en las operaciones. Su exceso genera empresas rígidas, dogmáticas y poco capaces de adaptarse a los cambios.

- **Vitamina verde.** Hace más fácil la importante labor de integrar la cada día mayor diversidad (de estilos, conocimientos, edades, etc.) para hacer de esa diversidad un factor de progreso a través de la complementariedad. Su perímetro es *hacerlo bien a largo plazo*.

La diversidad siempre genera conflictos disfuncionales, salvo si esta vitamina convierte ese conflicto potencialmente disfuncional en uno funcional a través, entre otras cosas, de una discrepancia constructiva.

Lo más propio de esta vitamina es la creación de relaciones de valor añadido con base en la confianza y el respeto mutuo. Esta vitamina sustenta la eficacia a largo plazo ya que impulsa la colaboración, el sentimiento de pertenencia, los valores, la empatía, la creación de un proyecto en común, etc.

Para una gran parte de compañías y directivos, esta es la vitamina imprescindible, ya que la integración de la diversidad resulta clave para generar las sinergias y simbiosis necesarias para ganar en el mercado.

Esta vitamina permite desarrollar el olfato por el *quién,* por la idoneidad o no de las personas, con independencia de su experiencia o de sus conocimientos técnicos.

- **Vitamina amarilla.** Es la fuerza detrás de la voluntad de emprender y de cambiar, de abrirse a nuevos retos, de desafiar el *statu quo*. Nos hace habitar más el mundo de lo que queremos y no tanto el de lo que es o debería ser. Su perímetro de responsabilidad es *hacer lo correcto* a largo plazo.

  Esta vitamina asegura la efectividad a largo plazo porque fomenta la creatividad e innovación, la habilidad de crear marcas, la fuerza de comunicación, el olfato por las nuevas tendencias, etc.

  Aporta también ese punto de rebeldía conceptual, de deseo de ser distinto y de ser visualmente atractivo, y permite improvisar de manera brillante y desarrollar una buena red de contactos. Además, es necesaria para la innovación con foco en el mercado, conectar con estilos de vida emergentes, presentar una cara atractiva en el mercado, etc.

  Resulta especialmente útil para identificar los *porqués* y *paraqués* poderosos que inspiren y den sentido de propósito noble a la organización.

  Un propósito noble nos hace sentir orgullosos de nuestro trabajo, genera una cultura de cliente, nos mueve al sacrificio, estimula nuestra creatividad y nos mantiene firmes en nuestros compromisos.

Con estas cuatro vitaminas tendríamos aseguradas tanto la efectividad como la eficiencia a corto y a largo plazo. La experiencia más habitual es encontrarse con empresas en las que las vitaminas rojas y azules (las del corto plazo) están mucho más desarrolladas que las verdes y amarillas (las del largo plazo).

Pensamos que este estado de las cosas resulta disfuncional. Una metáfora ayudará a entender el porqué. Imagina un barco con dos motores donde uno tiene más fuerza que el otro, por lo que la embarcación avanza, pero dando vueltas y, por tanto, acaba volviendo al punto de partida. Eso es lo que les pasa a muchas organizaciones cuando sufren un desequilibrio importante en sus vitaminas a corto y largo plazo.

Lograr que estas cuatro vitaminas sean altas y estén equilibradas es un arte, ya que la mejora de una suele ser a costa de la pérdida de otra.

Por ejemplo, emprender normalmente desordena la empresa. Por tanto, lo amarillo suele ir en detrimento de lo azul, y viceversa.

También tener una empresa excesivamente protocolizada o dogmatizada impide cuestionarse el *statu quo*.

De igual forma, hay muchas maneras de ganar en ejecución (por ejemplo, a través de agresivos incentivos individuales) que pueden tener un efecto negativo en la integración de equipos. Muchas veces el exceso de rojo debilita el verde, y a la inversa, como sería el caso en el que se generara un tipo de paternalismo (verde) que fuera en contra de la meritocracia (rojo).

Una buena gestión hace posible el milagro de que las cuatro vitaminas puedan ser altas. Esto se consigue con un equipo directivo diverso pero unido, con las cuatro vitaminas bien representadas en sus integrantes y con unas dinámicas de trabajo presididas por el respeto y la confianza mutua: un equipo directivo que, al tomar decisiones, considera e integra el qué (rojo), el cómo (azul), el quién (verde) y el para qué (amarillo).

Las cuatro vitaminas deberían coexistir en la elección de prioridades estratégicas, métricas de éxito, valores y herramientas de gestión cuando se procura que elementos representativos de cada una de esas cuatro vitaminas estén presentes y tengan un peso relativo similar.

4. Las vacunas que refuerzan el sistema inmunitario de las empresas

Siguiendo con la metáfora, la salud del ser vivo que es la empresa, además de vitaminas para su vitalidad, necesita *vacunas* que potencien su sistema inmunitario y eviten primero las enfermedades y posteriormente las patologías que la puedan envejecer o incluso matar.

Algunas de las vacunas que fortalecen el sistema inmunitario de las empresas son las cinco que se describen a continuación.

- **Vacuna del diálogo estratégico frecuente y de calidad.** Consiste en crear un equipo directivo capaz de tener una conversación frecuente, profunda y relevante sobre cuáles deberían ser sus prioridades estratégicas a corto y a largo plazo, lo que implica tanto hacer buenos diagnósticos sobre la situación presente como tener olfato para detectar los cambios más importantes y los escenarios de oportunidades y desafíos que conllevan.

El propósito de esta vacuna es anticiparse de manera constructiva y proactiva a los retos de los mercados, que vienen en forma de mejores modelos de negocio de la competencia, cambios regulatorios, nuevas tendencias de consumo, importantes innovaciones tecnológicas o transformaciones en la economía.

Esta vacuna permite generar un conocimiento compartido en un grupo amplio de directivos y la agilidad para anticiparse o reaccionar ante los cambios en el mercado.

La forma en la que se podría articular esta vacuna es a través de iniciativas como las siguientes: haciendo reuniones trimestrales fuera de la oficina, compartiendo de manera radical la información estratégica y primando el desarrollo de conocimientos en el equipo y el uso de herramientas digitales para conectar a personas que están físicamente alejadas.

- **Vacuna de la adecuación del diseño de la estructura organizativa al contenido de las prioridades estratégicas.** La estructura organizativa junto con la cultura y los perfiles humanos y profesionales de la compañía son los elementos que permiten ejecutar la estrategia. En la mayor parte de las empresas una buena ejecución resulta más determinante de su éxito que el contenido de la estrategia en sí. Quizás las excepciones a esta regla son las de organizaciones con poca mano de obra o que operan en entornos muy disruptivos en los que el contenido de la estrategia puede ser la clave.

Nos gusta afirmar que «la estructura de poder es la estrategia». Las estructuras, entre otras cosas, son estructuras de poder, y sin un cambio relativo de poder no es posible una transformación en las prioridades estratégicas.

Cuando se habla de *estructuras organizativas* se hace referencia a varios elementos. El primero de estos tres elementos es perceptible en un organigrama, pero no los otros. Por tanto, hablar de *estructura* no es hablar solo de *organigramas*.

Entendemos por *estructura organizativa* la gestión integrada y coherente de los siguientes elementos:

- Reparto de responsabilidades y reportes entre el equipo directivo.

- ○ Capacidad de ejecución (intersección de saber hacerlo, poder ejecutar y querer hacer el esfuerzo de lograr los objetivos difíciles) de las personas clave de la organización, que va mucho más allá de las atribuciones que conlleva su cargo y nos adentra en dos elementos importantes: las habilidades políticas y de influencia de esos directivos.
- ○ Gestión por objetivos ligados a las áreas de responsabilidad de los directivos.

Por tanto, si se quiere utilizar la estructura como una vacuna eficaz, deberíamos pensar en un modelo coherente que integre estos elementos con los que posteriormente se describirán cuando tratemos el resto de las vacunas.

En el diseño de estructuras compensa usar el criterio del horizonte de tiempo en el que trabajan las áreas funcionales. Por experiencia sabemos que, cuando se mezclan en un área actividades a corto y a largo plazo, las primeras se acaban comiendo a las segundas. Además, las vitaminas que se necesitan para gestionar el corto y el largo plazo son muy distintas, como ya hemos visto.

Las áreas típicas del corto plazo son ventas, operaciones, control de gestión y administración de personas, mientras que las funciones más de largo plazo son marketing, desarrollo de productos, gestión del talento y finanzas.

Una idea que puede ayudar a resolver el equilibrio entre corto y largo plazo desde la misma estructura es precisamente la creación de una macroárea que se encargue de coordinar las actividades a corto plazo con una subcultura muy de vitaminas azul y roja. Es decir, precisión, presión, resultados, etc. Una segunda área, más enfocada al medio plazo, podría englobar los servicios corporativos. En ella tendrían cabida IT, legal, inmuebles, etc. La subcultura de esta área podría ser más de vitaminas azules y verdes. El verde inyectaría visión a medio plazo y actitud de servicio hacia las otras áreas de la empresa a las que sirve. Por último, estaría el área de desarrollo, en la que se incardinarían las funciones a largo plazo con una subcultura predominantemente de vitamina amarilla.

De esta manera, podría haber tres grandes áreas que reporten al CEO de la empresa. El directivo de cada una se focalizaría en un horizonte de tiempo distinto y tendría una subcultura alineada con el tipo de tareas que se han de realizar en su área.

Sería labor del CEO crear un contexto de respeto y confianza mutua entre los tres directivos de área que permita la buena integración de estas perspectivas. También se aconseja la rotación lateral de estos directivos: empezar por operaciones, seguir en servicios corporativos y acabar en desarrollo.

- **Vacuna de la alineación de los sistemas de incentivos y la cultura con las prioridades estratégicas a largo plazo.** Este es un ámbito muy importante en el que un directivo debería actuar en su condición de terapeuta. Necesitamos refuerzos positivos a conductas alineadas con las prioridades estratégicas, y viceversa.

  La cultura es el aire que se respira en la empresa, que decididamente influye en los comportamientos. Un exceso de control, restricciones o énfasis en el cumplimiento o en la literalidad de los contratos generan personas abrumadoramente pasivas y descomprometidas con el propósito estratégico; por el contrario, un aire que se respira compuesto por una mezcla de exigencia, autodisciplina, colaboración y confianza tiene el efecto mágico de volvernos más proactivos y deseosos de comprometernos con el propósito de la compañía.

  El contexto en el que se trabaja y los sistemas de incentivos condicionan mucho la calidad de la conducta de las personas. Se necesitan sistemas de refuerzo de conductas que premien la colaboración, la asunción de responsabilidades, la innovación, el compromiso, etc.

  De igual forma que un refuerzo positivo a una conducta positiva genera un aprendizaje positivo, un refuerzo negativo a una conducta negativa tiene el mismo efecto en el aprendizaje.

- **Vacuna del diseño y buen funcionamiento de los mecanismos de coordinación entre las áreas.** Esta vacuna nos mete de lleno en la buena gestión de las reuniones, el acceso a la información relevante, la mejora de la confianza mutua, el empleo de herramientas digitales, el deseo de trabajar de manera colaborativa, etc.

  La dinámica de las reuniones y los comités es un área muy mejorable en la mayor parte de las empresas. Un equipo que ha de reunirse con frecuencia debería invertir tiempo en conocimiento mutuo y en pactar las normas que en su saber y entender favorezcan la mejora de la confianza y el respeto mutuo.

Esas normas solo son efectivas cuando su trasgresión está penalizada con una sanción amable, como hacer flexiones en el suelo, depositar una cantidad que luego se done a una ONG o ser privado del derecho a hablar durante cierto tiempo.

Para la buena conducción de una reunión, es recomendable el reparto de tres roles entre las personas que participan:

○ Conductor de la reunión. Tendría que recaer en la persona con más interés en los buenos resultados de la reunión.

○ Observador. Su encargo consiste en observar y dar una información de retorno a todos al acabar la reunión con la intención de acelerar el aprendizaje.

○ Vigilante de las normas acordadas por el equipo. Debería tener la facultad de imponer castigos sobre la marcha a las personas que infrinjan las normas del equipo de una manera que sea positiva para la dinámica de la reunión.

Si a un buen mecanismo de coordinación se le añade un razonable grado de confianza, el efecto es una mejora de la colaboración. La colaboración dentro de la empresa, o de cualquier otra institución, posibilita la mejor toma de decisiones, la mejora en la ejecución y la creación de entornos de trabajo más atractivos.

● **Vacuna del calibre humano y profesional de las personas que ocupan los puestos clave de la empresa.** Aquí nos hemos encontrado con la paradoja de que lo que hace exitoso para llegar a la cumbre de una empresa (el rojo y el azul interpretado de forma egoísta) no es lo que hace exitoso cuando se está arriba. Cuando se está arriba, lo que hace exitoso es el amarillo para construir una visión a largo plazo, el verde para crear equipos cohesionados y un punto de rojo para mostrar las uñas cuando sea necesario.

Esa paradoja resulta muy lesiva para las empresas, ya que tiende a perpetuarse, con lo que se desaprovecha un talento existente en la organización, el verde y el amarillo. Las personas somos poderosas, pero también frágiles. Esa fragilidad, que introduce un elemento de disfuncionalidad en el liderazgo y en la calidad de la toma de decisiones, se manifiesta en un porcentaje relativamente elevado: alrededor del 20 % de los directivos tienen algún trastorno de conducta.

No es infrecuente encontrarse con directivos cuya toxicidad nace de cierto grado de sociopatía, pensamiento obsesivo, narcisismo, histrionismo o adicciones.

El trastorno más preocupante y frecuente en las organizaciones y en la política es la sociopatía, que conlleva un tipo de conducta centrada en el interés propio sin escrúpulos ni remordimientos, con frialdad, movido por el deseo de dominio y control, sin sentir nada por los demás, pero con capacidad de representar, como un buen actor, un determinado papel cuando se necesita manipular la voluntad de otras personas.

La sociopatía en las empresas genera a largo plazo desconfianza, rechazo social y falta de cohesión interna, ya que las herramientas habituales de gestión son la coacción, el miedo o la manipulación. La sociopatía y el egoísmo generan lo que se llaman élites extractivas, esto es, personas que utilizan su poder para su propia agenda personal, sin aportar valor y a costa del bien común. Para incrementar la vitalidad de las empresas en los entornos complejos de los mercados, necesitamos directivos humanamente centrados, inteligentes, diversos, competentes en sus tareas, humildes, serviciales y generosos.

5. El liderazgo capaz de inyectar vitalidad y estabilidad a los negocios

Vitaminas y vacunas; estos elementos deben formar parte del kit de gestión de los líderes de nuestro tiempo: vitaminas para tomar decisiones que permitan ganar en efectividad y eficiencia a corto y a largo plazo y vacunas para anticiparse a los cambios, convertirlos en oportunidades y evitar que generen patologías graves en las compañías.

Los tiempos históricos en los que vivimos son apasionantes, de cambios vertiginosos que tienen como posible daño colateral el peligro de enfermar, envejecer y quitar vitalidad a nuestras empresas e instituciones. Son tiempos en los que se nos envejecen y mueren, en nuestras mismas manos y de forma prematura, muchas organizaciones e instituciones vitales para la sociedad.

Necesitamos líderes con vocación de servicio que entiendan que su trabajo es inyectar vitalidad a sus empresas o instituciones. Esta vitalidad en ocasiones implica empujar una transformación digital, construir identidades y culturas poderosas, atraer y retener nuevo talento, diseñar estrategias que van más allá del cortoplacismo, comunicar sus marcas de forma innovadora, abrazar el impactante y arrollador talento femenino, integrar lo personal con lo familiar y otros aspectos de una buena gestión en los que podemos canalizar esa vocación de servicio.

Hemos de romper ese ciclo perverso, pero muy propio de los humanos, en el que el éxito genera conformismo (y su consiguiente síndrome del gato gordo que no necesita cazar ratones) y este, decadencia. Ya hay suficiente perspectiva histórica para poder afirmar que todos los imperios caen por la falta de virtud de sus gobernantes y gobernados.

En las empresas e instituciones públicas ocurre lo mismo, pero de una manera más acelerada. Necesitamos líderes ejemplares, trasparentes, y empresas que sean escuela de buenos hábitos, de virtudes profesionales y humanas. Tenemos la responsabilidad, y también las herramientas en forma de vitaminas y vacunas, para crear empresas sanas y sanar las que apunten síntomas de enfermedad.

Unas buenas instituciones y empresas, con un buen liderazgo, son la mejor receta para el progreso y la prosperidad de nuestros conciudadanos. En muchas sociedades es la única forma de sacar de la pobreza a una parte importante de la población.

Inyectar buenas dosis de vitalidad a las compañías e instituciones públicas para que perduren en el tiempo es un proyecto al que estamos convocados todos: gobernantes y gobernados, empresarios y trabajadores.

3
Liderar también es integrar

1. El cambio desintegra de manera natural

El cambio se acelera. El cambio desintegra. Los líderes han de ocuparse de reintegrar inteligentemente lo que el cambio desintegra espontáneamente.

El tiempo y el espacio comenzaron con el *big bang*. La explosión resultó en la creación de múltiples subsistemas; el universo se convirtió en una gran red de subsistemas. En el universo, cada sistema es parte de un sistema más grande. Hay una jerarquía de sistemas que tienen que colaborar horizontal y verticalmente para que el sistema completo funcione. La funcionalidad de un sistema requiere partes adecuadas y buenas relaciones entre las partes.

¿Qué más empezó con el tiempo? El cambio. Y desde ese momento no se puede parar el tiempo, como tampoco el cambio. Hay quienes lo intentan, por ejemplo, algunas ideologías o religiones fundamentalistas. Un individuo en particular puede intentar pararlo, por ejemplo, yéndose al Himalaya a contemplar las estrellas por la noche. Pero incluso entonces, el cambio continuará, y su cuerpo envejecerá. Se puede decidir que una empresa no cambie, pero el mercado seguirá avanzando y tendrá dificultad para sobrevivir. Se puede impedir que un país cambie, pero no que el mundo que lo rodea no lo haga.

El universo es una gran red de sistemas y subsistemas verticales. ¿Y qué ocurre como consecuencia del cambio? Las partes de los subsistemas se desintegran, en mayor o menor medida, pues no cambian ni a la misma velocidad ni en la misma dirección. Fíjate en el caso de una empresa. Está compuesta por múltiples subsistemas: marketing, ventas, producción, finanzas, tecnología y recursos humanos. Estos subsistemas no cambian de manera sincronizada; algunos lo hacen más rápido que otros. Marketing suele cambiar más rápido que los demás. Solemos hacer investigación de mercado, después analizamos los datos y más tarde decidimos el precio del producto, qué canales utilizar y cómo promocionarlo.

Podemos cambiar de planes relativamente rápido, pero cambiar ventas requiere mayor esfuerzo. Debemos entrenar la fuerza de ventas, producir nuevos materiales y convencer a los clientes. Eso es otro cantar y lleva más tiempo que marketing. ¿Y cuánto tardamos en cambiar operaciones y producción? Mucho más. ¿Y qué hay de contabilidad? Necesitaríamos muchos años. En cuanto a recursos humanos, estamos hablando de cultura, actitudes, comportamientos de las personas, conocimiento y competencias. Deberíamos vivir una década para ser testigos de ese cambio.

¿Qué implicación tiene lo anterior? Como los subsistemas no cambian a la vez, se producen brechas, que se manifiestan en problemas. Todos los problemas son manifestaciones de elementos que se han desintegrado, algo que se está haciendo pedazos.

Piensa en un coche: cada pieza tiene una vida útil diferente. Algunos componentes duran más que otros y, como consecuencia, el coche se estropea. Eso es desintegración. Ocurre lo mismo con el cuerpo humano: cada órgano envejece a una velocidad diferente. Se puede acelerar este envejecimiento o ralentizarlo siendo cuidadoso en lo que se come y se bebe, pero no se podrá evitar que en su conjunto los órganos cambien a distinta velocidad.

Piensa en cualquier problema que se pueda tener en una empresa, en un matrimonio, en un coche o con el grifo de la cocina. Las preguntas correctas son: ¿qué ha cambiado? ¿Qué se ha desajustado? ¿Qué se ha desintegrado?

2. La labor integradora de los líderes

Entonces, si todos los problemas surgen del cambio y la desintegración que provoca, ¿cuál es la solución? ¿Detener el cambio para que no cree más problemas? Esta es la solución preferida, como hemos dicho, por algunos partidos políticos o algunas religiones extremistas, que intentan detener el cambio porque crea demasiados problemas. ¿Tendrán éxito? No. Tampoco lo tendrán las ideologías que en nombre del cambio proponen soluciones *progresistas* que dividen y polarizan a la sociedad e inyectan odio, y no amor, en los corazones de las personas.

No se puede parar el cambio. El tiempo es cambio. Con el tiempo las cosas se desintegran. Compra el coche más caro del mercado y no lo uses. Ni lo mires. ¿Qué ocurrirá en unos años? Que dejará de funcionar. ¿Por qué? La respuesta, como se sabe, es la entropía: el deterioro *natural* de cualquier sistema.

Está ocurriendo un fenómeno novedoso en la historia de la humanidad: la aceleración exponencial del cambio generado por las interdependencias de docenas de innovaciones tecnológicas. ¿Qué está sucediendo como consecuencia de esa aceleración? Que la desintegración se está acelerando también, y los problemas a los que nos enfrentamos surgen a una velocidad que nunca había conocido la historia de la humanidad. Nuestros abuelos eran más pobres que nosotros, pero más felices. Había menos estrés en sus vidas. El cambio ha mejorado el nivel de vida, pero al mismo tiempo la calidad de nuestras vidas se ha deteriorado. La enfermedad mental que está creciendo más rápido en nuestro tiempo es la depresión. También aumentan la tasa de divorcios, la adicción, el narcisismo, etc.

Entonces, ¿qué debemos hacer? Puesto que no podemos detener el cambio, necesitamos aprender a integrar lo que desintegra de manera acelerada; esa es la solución. Si todos los problemas surgen de la desintegración, la solución es la integración.

¿Qué ocurre si no se hace una labor de integración? El cambio continúa. ¿Y qué sucede con los problemas? ¿Qué ocurre con la desintegración? Igual que el cambio continúa, lo hace la desintegración. Los problemas se intensifican hasta que se convierten en una crisis que puede llegar a ser mortal. Una crisis es el resultado de una desintegración no tratada o tratada a destiempo. La integración es la solución si actúa sobre la causa raíz del problema.

3. Soluciones coordinadas ante problemas complejos

Muchas crisis lo son a nivel global, por lo que precisan una solución global. Más que nunca el mundo es uno. En California, cuando se queman millones de acres, ¿a dónde va a parar el humo? A Nueva York. Y después a Suecia. El aire no tiene fronteras.

Los humanos fabricamos fronteras, dibujamos fronteras, pero el aire no sabe de fronteras. Tampoco el agua. Hace años explotó un reactor nuclear japonés cerca de la playa. La radioactividad fue al agua. Los habitantes de Santa Bárbara, en California, dejaron de comer pescado por miedo a que estuviera contaminado. El mundo es uno, pero estamos desintegrados, descoordinados. Y la creación de una instancia globalista podría incluso empeorar las cosas con los precedentes de utilización partidista de las instituciones por élites hambrientas de poder.

En cualquier iglesia de cualquier denominación o en cualquier lugar de culto, incluidos los *ashrams* de la India, los santos están representados con una mano levantada, mostrando la palma. ¿Qué mensaje comunican los cuatro dedos juntos? Permanece junto siendo diferente. No seas igual. Eso sería fascismo, racismo o comunismo en sus nuevas reencarnaciones. Estas ideologías dicen que deberíamos estar unidos, uniformados y sin diversidad. En esas ideologías la diversidad acarrea graves problemas.

En una compañía el exceso de burocracia tiene un efecto similar: todo el mundo debe seguir un manual, y de esta manera, todo el mundo es igual. ¿Y qué ocurre? La empresa se hace rígida y las personas se limitan a cumplir. Por ello, tanto en el ámbito de nuestra vida personal como en nuestro trabajo como directivos, no nos queda otra solución que aprender a respetar la diversidad y a la vez fomentar la cohesión y sus dos mejores frutos: sinergias y simbiosis, es decir, la mejora simultánea de las partes de un sistema fundada en la calidad de sus relaciones.

¿Cuál es el significado de una mano abierta con los dedos separados enfrente de la cara? Es una maldición. Sé diferente pero no unido. Imagina ser diferentes pero no unidos en un matrimonio o en una compañía.

La integración no es algo que se hace una vez y punto. No se consigue yendo a un taller de trabajo un fin de semana; la integración es algo continuo, igual que perder peso no debería consistir en una dieta, sino en un estilo de vida. Necesitamos integrar constantemente. ¿Quién debe hacerlo? ¿Qué dedo de la mano ha de ser responsable? ¿El dedo con el que señalamos? No. Corresponde ese papel al pulgar, que es un tipo de dedo diferente. ¿Para qué sirve? Para hacer una mano. Es el integrador. Es el único dedo que *funciona* con todos los demás.

Cuanto mayor es la velocidad del cambio, más importante resulta la labor de integración para la sostenibilidad de las empresas. Esta es la esencia del liderazgo que estamos postulando. A mayor velocidad del cambio, más rápidamente se rompe un sistema y más rápidamente un problema deviene en una crisis. De ahí la importancia del integrador, cuya labor es unir, cohesionar. Para gestionar con éxito cualquier crisis u oportunidad, se ha de pensar y decidir de manera colaborativa. La solución no es que cada uno decida por su cuenta sin tener en cuenta al conjunto y tampoco usar el poder para imponer una solución en la que ganan unos pocos a costa de muchos otros.

4. Integrar el interior de las empresas

Las crisis obligan en primer lugar a apagar fuegos, después a poner el foco en los clientes y posiblemente a ordenar las finanzas. La labor no estaría completa si no se dedicara tiempo a arreglar la empresa por dentro. Es el momento de trabajar con el equipo directivo en dar respuestas a la pregunta ¿qué debemos hacer para arreglar la compañía de modo que cuando pase la crisis seamos más fuertes de lo que éramos antes?

Una analogía. Imagina que quieres jugar al golf y has ideado un fin de semana de golf de ensueño. Al levantarte por la mañana, lo que ves es viento y lluvia, un tiempo horrible con el que no puedes salir a jugar. Tienes dos opciones: sentarte y maldecir el día o emplear ese tiempo libre para arreglar la casa, hacer el papeleo pendiente o arreglar la tubería que gotea. Si actúas así, cuando pase la lluvia, tendrás una casa mejor en la que se puede disfrutar más.

En lugar de cohesionarse internamente, algunas compañías hacen lo contrario al enfrentarse a las crisis, por ejemplo, despidiendo al 30 % de su plantilla. Suena bien sobre el papel. Mejoran los números. ¿A qué podría asemejarse? Equivale a pesarse y ver que hay un sobrepeso de 15 kg. ¿Cuál es la solución? Cortar una pierna. Entonces se mira la báscula y el resultado aparenta ser muy bueno. El peso es el que se quería. Si los números están bien, se piensa, se han obtenido los resultados. Esto es lo que algunas consultoras aconsejan. ¡Recorta gastos! Pero ¿qué pasa si se corta también músculo? Los números aparentarán ser buenos, pero la funcionalidad de la empresa ha empeorado notablemente.

Entonces, ¿qué se ha de hacer? Si se quiere perder peso, hay que perderlo en todo el cuerpo, no solo en una parte. No es necesaria una liposucción. ¿Por qué no compartir el sacrificio? Algunos pueden trabajar tres días y otros los días restantes de la semana. Así, todos sufrimos. Todos nos recortamos el salario. Todos. El presidente el que más y la secretaria la que menos. Así todos sufrimos juntos. Integramos, no desintegramos. Siempre que se tenga que hacer frente a un problema, se ha de pensar en el efecto que la solución tiene en la integración interna del *ecosistema*. Lo contrario es lo que hacen tantas élites *extractivas,* cuyo bienestar se sustenta en el sacrificio de otros.

5. El papel del corazón en la gestión del cambio

¿Cuál es el elemento con mayor capacidad de integración? La respuesta es el *amor,* la capacidad de querer. Cuando se ama, no hay tiempo ni espacio. Se puede amar a alguien que ya ha muerto. No hay limitación de tiempo. No hay limitación de espacio tampoco. La otra persona puede estar a miles de kilómetros de distancia y se puede seguir estando enamorado de ella. El amor no tiene fronteras. Se es uno y el mismo con la otra persona y a la vez se es alguien diferente. Su dolor es el dolor del otro. Su alegría es la alegría del otro. En realidad, su dolor o su alegría pueden ser mayores que los del otro. Cuando se ama a alguien o algo, uno se llena de energía positiva. Y cuando se odia, ocurre justo lo contrario.

Cuando están enamoradas, las personas se llenan de vitalidad y alegría. Cuando odian, aparentan tener más edad, se parecen a un limón exprimido. En una ocasión, uno de los autores, el Dr. Adizes, dio una conferencia para la Academia Anti-Aging en Las Vegas en la que participaban cinco mil médicos. ¿Qué podía decirles sobre combatir el envejecimiento sin ser médico? Hablaban de sustancias químicas, vitaminas, suplementos, ejercicio físico y spas. Su presentación fue sobre el amor. ¿Quieres sentirte joven a cualquier edad? Sencillamente ama. ¿Amas a tu esposa? ¿Amas a tus hijos? ¿Amas tu casa y tu coche? ¿Amas tu traje? ¿Amas a tus clientes, a tus empleados? ¿Amas a Dios? Cuanto más amor haya en tu vida, más vivirás. El amor alarga y mejora la vida.

Entonces, ¿qué hacer durante las crisis? ¿No existirá la oportunidad de ejercitar el amor? Si despides a tus empleados, los números pintan mejor. ¿Es eso amor?

Hay una corriente científica que sugiere que algunos tipos de cáncer pueden tratarse con amor. Consiste en no rechazar tu cáncer. No atacarlo. Amarlo. Es parte de ti. ¿Y sabes qué? Muchos desaparecen. Esto aplica también a otros ámbitos. En un período de crisis y de mayor desintegración, necesitamos ese amor integrador.

¿Por qué es tan importante usar más el corazón en los tiempos históricos que nos ha tocado vivir? Miremos la historia de la humanidad. Empecemos por el comienzo del todo, cuando éramos casi chimpancés. El más fuerte era el rey del clan. Después nos convertimos en cazadores nómadas. El cazador más fuerte era el líder. Después nos asentamos y nos convertimos en una sociedad agrícola. La persona con el mayor número de ovejas y vacas era el líder. ¿Cuál es el denominador común? Músculo. Fuerza. Posesión. Dominio. El colonialismo acentuó esta tendencia. Más se consideraba mejor.

Después llegó la Revolución Industrial. ¿Y qué entro en juego? El cerebro. Pasó a ser lo más importante. Había que usar el cerebro mucho más que antes. Para planificar, organizar y sistematizar. Hoy vivimos en una sociedad posindustrial. Se trata de una sociedad de la información donde nuestros cerebros son el activo más importante. Los músculos han perdido importancia. La compañía de taxis más grande del mundo no posee un solo taxi. No tiene músculo. ¿Qué tiene? Ordenadores. Información. ¿Cómo se llama? Uber. La cadena de hoteles más grande del mundo no es dueña de un solo hotel. ¿Qué tiene? Ordenadores e información. ¿Cómo se llama? Airbnb. ¿Qué hacen Meta, Google y Amazon? Acumular información. Mejorar sus cerebros, no sus músculos.

Pero esto también se está quedando ya obsoleto. La inteligencia artificial lo está sustituyendo. Van a sustituir nuestros cerebros. Dicen que en algún momento pondrán un chip en nuestro cerebro y no precisaremos hablar más. Se dará una comunicación de chip a chip. Conectas tu chip con la nube y accedes a toda la información que está ahí subida. Desde la nube se decidirá qué decir y qué hacer. ¡Un horror! En realidad, esto ya ha empezado. En las guerras uno de los problemas es que los generales no están en la línea de fuego; tienen ordenadores para decidir qué hacer. Meten los datos en el ordenador y este les dice qué alternativa es mejor.

Entonces, ¿cuál será la clave del futuro? El corazón, y su capacidad de integración y de generar complementariedad. ¿Cuál es el símbolo del amor? El corazón, y también el diamante. ¿Por qué un diamante? Porque es la sustancia más integrada que existe. Y el amor es integración. ¿Qué compañía triunfará en el futuro más allá de la gestión de la información y los datos? La que esté más integrada, la que haga de la diversidad una fuente de complementariedad que permita tomar y ejecutar mejores decisiones estratégicas.

A propósito, mira tus manos de nuevo. El índice que señala denota energía masculina. Se mueve para dar órdenes y controlar a la gente. Hablamos de *energía masculina*. Una mujer puede ser muy masculina, mientras que un hombre puede ser muy femenino en su energía. Pero, a pesar del posible equívoco, usaremos el término *hombre* para energía masculina y *mujer* para energía femenina.

¿Quién trabaja desde el corazón? La energía femenina, que, insistimos, no es privativa de las mujeres. Esa energía permite hablar desde el corazón. La mujer ha hecho de la casa un hogar. La razón por la que las mujeres están en primera fila tanto en compañías como en países es por su energía femenina. Es la hora de la energía humana que integra. Las mujeres que piensan que la manera de ser exitosas es siendo como hombres se equivocan. No añaden mucho; sencillamente desplazan a personas con la misma energía. Una mujer con las dos energías y dispuesta a usar con frecuencia su energía femenina es una joya para las organizaciones y la sociedad. Eso es lo que el mundo precisa. Necesitamos la energía del corazón, la energía femenina capaz de integrar lo que aceleradamente se está desintegrando.

Requerimos permanecer juntos siendo diferentes. Necesitamos integrar las energías femenina y masculina. Necesitamos ambas. Una familia debería tener ambas. Fíjate en cómo pones las palmas de la mano juntas para rezar. Otro ejemplo de integración. Juntamos nuestras manos y pedimos a Dios que nos mantenga unidos porque con la aceleración del cambio nos estamos desintegrando. «Mantenme unido, mantén unida a mi familia. Mantén el mundo unido» es la oración que piden los tiempos que nos ha tocado vivir.

¿Y cómo conseguimos eso en una empresa? Con confianza y respeto mutuo. Lo mismo ocurre en un matrimonio o en un país. No hay amor si no hay respeto y confianza mutuos. No hay integración sin ellos. No hay paz sin ellos. En hebreo la palabra *paz* es *shalom,* que significa «plenitud, unidad, integración». Cuando hay amor, hay paz; cuando hay paz, hay plenitud y las cosas fluyen de manera natural.

¿Cómo cohesionar e integrar las empresas? Se necesita crear una visión de futuro y unos valores que sean compartidos. Hace falta diseñar una estructura organizativa donde los empleados no se pisen unos a otros y puedan ejecutar bien sus áreas de responsabilidad. Se necesita un proceso disciplinado y colaborativo de toma de decisiones. Hay que lograr sumar en vez de juzgar y frenar. Se deben crear una cultura y unos sistemas de incentivos que fomenten la confianza y el respeto a la gente con la que trabajamos. Hay que contratar a la gente adecuada y dotarse de procesos de toma de decisiones que pongan en valor y hagan crecer el talento en la organización.

Ya tenemos la brújula. Ya sabemos dónde está el norte. La pregunta clave para el liderazgo es ¿estamos aumentando o destruyendo la confianza y el respeto mutuo? No solo dentro de la compañía, sino también fuera, con proveedores, clientes y la comunidad en la que estamos incardinados.

Usemos la fuerza integradora de un corazón inteligente. Un corazón que sienta el presente y el futuro. Que sienta lo de uno y lo de los demás. Así es cómo deberíamos de liderar en tiempos de cambio; es decir, siempre.

4
Integrar a clientes y empleados

Una empresa es sostenible cuando su equipo directivo consigue hacer converger dos realidades:

1. Las capacidades operativas y de otro tipo que permitan satisfacer las necesidades cambiantes de sus clientes actuales y futuros (integración externa).

2. El alineamiento, el compromiso y la vinculación de sus empleados, directivos y accionistas (integración interna).

Ambas realidades se retroalimentan dando lugar a círculos virtuosos (progreso) o viciosos (deterioro).

Una manera de *trabajar* esa integración es mejorar la relación de clientes y empleados con la empresa y a la vez *monetizar* a largo plazo esa buena relación. Es decir, el desafío no es solo *satisfacer* a clientes y empleados a corto plazo, sino hacerlo de una manera que permita generar un retorno económico positivo de esa relación que a su vez posibilite seguir invirtiendo en crear una propuesta de valor y una entrega del servicio imbatibles. Se trata del principio de reciprocidad, que se hace posible cuando se genera confianza.

Hay una demanda de equipos de dirección que quieran y sepan conectar las dos esferas para generar un círculo de progreso donde la cohesión interna favorezca la integración externa y esta, a la vez, sirva de refuerzo a la integración interna.

1. Del conflicto a la colaboración

Las empresas no se pueden convertir en un campo de batalla entre los intereses encontrados de clientes, empleados, inversores y directivos. Una compañía funciona bien cuando sus partes son razonablemente buenas y, sobre todo, cuando la relación entre estas partes resulta igualmente buena.

Los pulsos los suelen ganar los más fuertes, pero esa lógica nos mete en una dinámica de lucha por el poder que no es la mejor opción para la sostenibilidad de los negocios, especialmente en servicios en los que la parte orgánica *(soft)* puede llegar a ser más importante que la mecánica *(hard)*.

Puestos a que alguien gane el pulso, que ganen el bien común, la reciprocidad sustentada en la confianza mutua y, en definitiva, esa inteligencia colectiva que es posible cuando un equipo directivo consigue que los intereses de las partes converjan al menos en el largo plazo.

Las organizaciones necesitan operar con un referente intelectual que conecte y haga converger, en forma de círculo virtuoso, los intereses legítimos de las partes. Cuando estas se ponen a crear una tarta más grande, las raciones acaban siendo mejores para todos.

La alternativa contraria es insostenible en el tiempo. La imposición por la fuerza de los intereses de una de las partes trae consigo habitualmente un conflicto disfuncional en el que de alguna forma todos, tarde o temprano, pierden.

2. El modelo Value Profit Chain de Harvard Business School

Los profesores Heskett, Maister, Sasser y Schlesinger, de Harvard Business School, han desarrollado un modelo que conecta los intereses de las partes (clientes, empleados, dirección y accionistas) en forma de círculo virtuoso. Su trabajo aparece pormenorizado en diversos libros[1]. La *interpretación* de estas ideas en español se encuentra en el libro *Servicios & Beneficios* (Deusto). En el cuadro 4.1 se resumen, de manera visual, las variables que han de conectarse entre sí para generar este círculo virtuoso.

Cuadro 4.1. Servicios y beneficios

Fuente: Adaptación de HBS Service Interest Group.

Las ideas más relevantes del modelo

Las ideas clave del modelo de los profesores de Harvard Business School con los cuales hemos colaborado son las siguientes:

1. **Tamaño futuro de una empresa.** Es el crecimiento futuro de una compañía y se decide en tres parámetros que además se multiplican entre sí:

   - Número de clientes nuevos por período.

   - Vida media de los clientes (retención).

   - Ingreso medio *por cliente* (vinculación) en dicho período.

   La entrada de clientes nuevos puede ser orgánica o inorgánica. El modelo pone el foco en el crecimiento orgánico.

Si los tres parámetros se mejoran simultáneamente, el crecimiento resulta exponencial. Ahora bien, la mejora de uno normalmente tiene un efecto adverso en los otros. Así, una venta indiscriminada aumenta la captación, pero disminuye la retención y la vinculación. Vender no basta para crecer.

Para crecer rentablemente hay que retener y vincular, que es lo que entendemos por *fidelizar*.

2. **Vida media (retención de clientes).** Esta variable se calcula dividiendo 1 entre la tasa de abandono, que a la vez es el porcentaje de clientes del período anterior que han dejado de ser clientes en el período siguiente. Así, una pérdida de clientes del 10 % crea una vida media de diez años, una tasa de salida del 25 % de cuatro años, etc.

3. **Ingreso medio (vinculación de clientes).** Este cálculo es la suma de lo vendido al mismo cliente durante el período, que suele ser de un año. Cada empresa tiene un valor de un cliente a lo largo de su vida *(customer lifetime value)* distinto. Las mejores empresas consiguen cifras mejores que su competencia. La cifra se puede mejorar reduciendo los costes de adquisición de clientes e incrementando la vida media (mejor retención) y el ingreso medio (mejor vinculación). Conviene conocer la cifra del valor de un cliente a lo largo de su vida y utilizarla para hacer segmentaciones y actuar sobre las variables que la integran para mejorarla.

   La tasa de descuento de los flujos futuros de ingresos proveniente de los clientes ha de emplearse en otros proyectos en los que se use la herramienta del valor actual neto.

4. **Retención.** Para mejorarla, hay que saber quién se va, el motivo y adónde se va. Toda esta información se ha de retroalimentar para elegir mejor a los clientes que se captan y mejorar la experiencia de servicio, especialmente el sistema de recuperación de clientes descontentos. Retención implica reducir la tasa de abandono.

5. **Vinculación.** Para mejorarla y su conexión con la rentabilidad, se pueden utilizar las siguientes palancas:

   - Aumentar las ventas cruzadas.

   - Disminuir la sensibilidad al precio.

- Impulsar las recomendaciones de clientes.

- Mejorar la información de retorno que proporcionan los clientes sobre la competencia, la calidad del proceso de servicio, etc.

- Reducir los costes de servicio a través de la mejora del autoservicio, del conocimiento del proceso, etc.

6. **Fidelización.** Fidelizar es un hecho medible (basta calcular la retención y la vinculación), pero también un sentimiento. Se trata del sentimiento de aprecio y respeto hacia la empresa, el sentimiento de que resulta especial para ese cliente.

7. **Satisfacción.** La fidelización requiere, de manera habitual, mejorar la satisfacción de los clientes con la experiencia de servicio. La fórmula de oro de los servicios dicta que la satisfacción es igual a las percepciones menos las expectativas. Tanto las percepciones como las expectativas han de gestionarse explícitamente.

8. **Calidad de la cuota de mercado.** Es el porcentaje de clientes leales, comprometidos y activos prescribiendo a terceros, un indicador que pone de relieve la calidad de la gestión que se hace de la base de clientes.

9. **Valor percibido.** La satisfacción, retención y vinculación de la base de clientes depende del valor percibido que se les proporciona. Los elementos básicos (la ponderación de cada variable dependerá del perfil del cliente) de la percepción de valor de los clientes son identificables en la siguiente fórmula:

$$\text{Valor percibido para el cliente} = \frac{\text{Resultados} + \text{Calidad del proceso} + \text{Connotación sociológica}}{\text{Precio} + \text{Incomodidades} + \text{Inseguridades}}$$

10. **Expectativas.** La satisfacción del cliente depende de la relación entre lo que recibe y lo que espera en cada elemento de esa ecuación de valor, por lo que son las expectativas del cliente las que

deberían tener un papel singular en el diseño y la gestión del proceso de servicio.

11. **Fidelización de los empleados.** Requiere la misma dinámica que con los clientes: una alta percepción de valor en su trabajo, la gestión de su satisfacción y su posterior fidelización (retención y vinculación).

    La retención de los empleados se calcula de manera análoga a la de los clientes.

    La vinculación de los empleados y su conexión con la rentabilidad las determina el comportamiento de una serie de variables a lo largo de la relación del empleado con la empresa:

    * Productividad.

    * Calidad en el trabajo.

    * Ejemplaridad y *aire que se respira*.

    * Innovación.

    * Formación que la compañía proporciona a compañeros más jóvenes.

    * Recomendaciones para que soliciten trabajo personas de valía.

    Puede que estas variables se tornen negativas a lo largo de la relación del trabajador con la empresa, lo que desincentivaría su retención pero a la vez denotaría una oportunidad de mejora en el liderazgo que se ejerce dentro de la organización.

12. **Estado de ánimo de los empleados.** Las cuestiones que más influyen en él y en su posterior retención y vinculación son las percepciones y expectativas sobre cuestiones como las siguientes:

    * Imparcialidad del jefe y gestión por valores.

    * Grado de reconocimiento del trabajo bien hecho.

    * Nivel de exigencia de los compañeros.

    * Posibilidad de promocionar dentro de la empresa.

    * Posibilidad de resolver problemas a los clientes y libertad para hacerlo.

    * Remuneración adecuada.

13. **Satisfacción, retención y vinculación de los clientes.** Depende del valor percibido que se proporciona a los clientes. Los elementos básicos (la ponderación de cada variable dependerá del perfil del empleado) de la percepción de valor son identificables en la siguiente fórmula:

$$\text{Valor percibido para el empleado} =$$
$$\frac{\text{Salario} + \text{Contexto (ambiente, tareas)} + \text{Orgullo (por empresa)}}{\text{Incomodidades} + \text{Inseguridades}}$$

Todo lo que no sea salario en sentido estricto se conoce como *salario emocional*. Una buena percepción de valor de los empleados favorece la atracción, retención y vinculación del talento, mientras que el deterioro de la percepción de valor hará que el mejor talento abandone la empresa.

14. **Equipo de dirección que reúna ciertas características.** Las competencias o características para hacer sostenible una percepción de valor alta en los empleados son:

- Ejemplaridad en su comportamiento.

- Discernimiento para identificar a los individuos con mejor potencial.

- Generosidad para invertir en el crecimiento profesional y personal de las personas.

- Inteligencia para dotar a los trabajadores de buenas herramientas de trabajo.

- Empoderamiento para que los empleados puedan solucionar los problemas de los clientes.

- Claridad en las prioridades de negocio.

- Seguimiento de los temas importantes.

- Reconocimiento público de los comportamientos ejemplares del equipo e información de retorno en privado para conductas disfuncionales.

- Hacer de conector con las personas que tienden a no trabajar colaborativamente de manera espontánea.

- Hacer posible una creencia colectiva de que juntos se pueden hacer cosas grandes.

En definitiva, es la calidad humana y profesional del equipo directivo lo que permite conectar las variables que aparecen en el cuadro 4.1 creando un círculo virtuoso. La integración interna (empleados, directivos y accionistas) es una condición necesaria para crear percepciones de valor imbatibles a los clientes y su posterior fidelización rentable.

5
El ciclo de vida de las empresas e instituciones

1. Desafíos a los que se enfrentan las empresas según la fase del ciclo de vida en el que estén

Las empresas e instituciones, al igual que los seres vivos, tienen su ciclo de vida. A lo largo de las diversas fases de este ciclo, pueden surgir distintos tipos de desafíos y oportunidades que, bien gestionados, pueden llevarlas a crecer de manera sana y a afianzarse.

Los problemas que aparecen en la vida de una organización pueden convertirse en un gran aliado, ya que proporcionan claves para gestionar el punto del ciclo de vida en el que se encuentra.

Existen tres tipos de problemas desde el punto de vista del ciclo de vida de una empresa:

1. Normales: son consustanciales al ciclo de vida en el que se encuentra la empresa.

2. Inusuales: están más ligados a carencias y deficiencias de gestión y, por tanto, han de priorizarse.

3. Patológicos: resultan inusuales y de mayor entidad; si no se resuelven, ponen en peligro la subsistencia de la institución o empresa.

2. Las diez etapas en el ciclo de vida de instituciones y empresas

Comparando la vida de una empresa con la del ser humano, se podría hablar de diez etapas: noviazgo y nacimiento, infancia, niñez (o *go-go*), adolescencia, juventud, plenitud (también conocida como *prime time*), estabilidad (mediana edad), aristocracia, burocracia temprana y avanzada y muerte.

La plenitud organizacional, ese momento que llamamos *prime,* se consigue cuando las empresas logran un justo equilibrio entre flexibilidad y control; un balance entre compromiso y cumplimiento y entre crecimiento y rentabilidad.

Cuadro 5.1. Las diez etapas en el ciclo de la vida de las instituciones y empresas

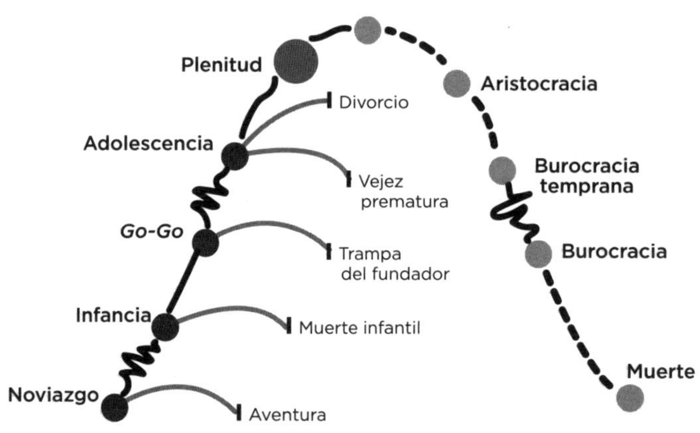

1. Noviazgo y nacimiento

El emprendedor asume el riesgo de iniciar el negocio. Por lo general, es un trabajo, no un negocio. En esta etapa resulta de primordial importancia la gestión de los recursos interiores del fundador: su inventiva, iniciativa e ingenio. Es clave hacer frente a sus inseguridades, dar forma a su intuición, pensar en el posible equipo, lograr recursos, etc.

2. Infancia

Una empresa en sus comienzos, al igual que un bebé, exige mucha atención, cuidado y tiempo. Es muy dependiente de su creador. El fundador dirige el proyecto y está permanentemente presente: lleva ventas, contabilidad, producción, etc. Existe total flexibilidad, pero poco control. El dueño de la compañía trabaja gratuitamente e inspira a otros. Quizás pueda afrontar el pago de pequeños sueldos y contrata a sus primeros empleados. Se podría decir que es un «Yo, S. A.». El flujo de caja resulta el principal problema. El objetivo consiste en sobrevivir y crecer. Anímicamente para él no hay diferencia entre ingresos y beneficios. Siente los ingresos como si fueran la medida del éxito.

3. *Go-go* o niñez

Esta etapa es similar a la del comienzo del gateo para un bebé. El fundador comienza a generar empleo y tiene ante sí el reto de que su empresa cuente con viabilidad y camine por su cuenta. El propietario aún mantiene el control y el equipo confía en él a la hora de tomar decisiones.

La dependencia entre compañía y fundador sigue siendo muy alta. Cuando llega el momento de las primeras vacaciones del fundador, lo habitual es que experimente la misma sensación que un padre al dejar que su niño camine solo por primera vez.

Sigue habiendo una flexibilidad alta y el control continúa siendo bajo. Los ingresos siguen sintiéndose como si fueran beneficios. Los problemas están en el flujo de caja, la falta de sistemas y contabilidad y el escaso número de personas que toman decisiones. El salario resulta más emocional que real, ya que se basa en el orgullo y la emoción de construir algo nuevo y en el carisma del fundador.

4. Adolescencia

Del mismo modo que en la adolescencia las hormonas lo impregnan todo, en esta etapa todo empieza a ir más rápido. El crecimiento y la innovación son el objetivo principal y se trabaja con la creencia de que cuanto más, mejor. Por todas partes se ven oportunidades.

Los retos ahora son la falta de rendición de cuentas, la poca supervisión de los riesgos y la contabilidad y el enfoque en ventas frente a un enfoque en los beneficios. Los problemas no se resuelven, sino que se apartan de la vista.

Las decisiones se toman de la misma manera que es habitual en un adolescente: se acuesta y se levanta tarde, conduce muy rápido, no hace caso a nadie y cree que puede hacerlo todo.

En esta etapa comienza a formarse un equipo de gestión profesional a partir de algunas personas que provienen de la fase de infancia o que se van incorporando. Sin embargo, el equipo fundacional sigue siendo la autoridad central y el que toma todavía las decisiones importantes.

Las ventas crecen, pero los beneficios lo suelen hacer en menor medida. La atención se centra en el crecimiento y los ingresos. Es una etapa de creatividad e innovación, en la que el empresario disfruta de su libertad y de pocas dependencias de socios financieros.

En esta etapa empieza a sentirse la urgente necesidad de desarrollar sistemas, controles y todo lo que permita una mejor integración mecánica de la empresa. Muchas compañías mueren por falta de sensatez y madurez en la toma de decisiones.

5. Juventud

La gran diferencia respecto a la etapa de la adolescencia estriba en que el control comienza a aumentar y el propietario consigue que la organización se convierta en una entidad autónoma y propia. Si logra que funcione bien, crecerá de forma sana, sin que los errores pongan en peligro su viabilidad.

Esta fase no está exenta de turbulencias, ya que virar de una gestión emprendedora a otra profesionalizada no resulta nada fácil. El foco ha de pasar de fuera a dentro. Los sistemas y medidas de control hacen que se diga que no a cosas que antes eran parte de la cultura; se toman medidas para reducir gastos que no se entienden por parte de muchos; se cambian las métricas de éxito, el estilo de liderazgo, la identidad de la empresa, etc.

El equipo de gestión en esta etapa suele estar formado por profesionales con experiencia curtidos por situaciones previas similares. Ya es aceptable decir no y las decisiones no solo las toma el fundador.

También en esta fase el ritmo de crecimiento se ralentiza, mejorándose los beneficios y sobre todo la liquidez.

Dos son las áreas principales de problemas en esta etapa:

- Conflictos y guerras de poder entre el equipo de siempre y los nuevos.

- La trampa del propietario, que ocurre cuando no cumple lo que promete o no deja que el nuevo equipo gestione la empresa de forma distinta a como lo hacía el equipo fundacional. Esto da lugar a que el fundador se frustre y suelte y recupere el control cíclicamente de manera disfuncional.

6. Plenitud

En esta etapa los aparentes contrarios se integran. Hay flexibilidad y control, compromiso y cumplimiento, crecimiento y rentabilidad. La compañía está en su mejor momento y cosecha el trabajo hecho en la etapa anterior.

Los sistemas son parte de la cultura y hacen que los objetivos de la organización sean más fáciles de lograr. El negocio está dirigido por una buena estrategia que incluye valores y propósito, no por la personalidad del fundador.

La compañía sabe los qué, por qué, quién, cuándo y cómo de las principales iniciativas. El foco en el servicio y la creación de valor están en el centro.

Los posibles problemas en esta etapa suelen ser:

- Comienzo de un exceso de foco en las cosas internas a costa de *vibrar* con las cuestiones del mercado.

- Comienzo de la imperfección del control de costes.

- Pérdida de proactividad de las personas a causa de los sistemas.

- Incremento de la burocracia y disminución de la capacidad de respuesta.

- Desarrollo por parte de los propietarios de otros intereses que les apartan emocionalmente del negocio, mientras que los intereses de las personas ajenas a la propiedad que están al frente del negocio empiezan a diferir respecto al interés en la buena marcha de la empresa.

7. Estabilidad

Las disfuncionalidades de la organización empiezan a tener cierta entidad. La flexibilidad se va perdiendo y hay voces internas que piden rejuvenecer la forma de trabajar, para lo que resulta necesario innovar, cambiar la forma de controlar, dotar de más poder a las áreas de largo plazo (marketing, nuevos productos, talento, etc.), cambiar el estilo directivo, etc.

El mayor desafío en esta etapa consiste en lograr mejorar la innovación para generar más valor al cliente, lo que conlleva repensarse alguno de los sistemas y controles internos.

Se debería incorporar al equipo directivo algo de sangre nueva o que el equipo fundacional volviera a impregnar de espíritu emprendedor el día a día. Las ventas tienden a estabilizarse y la caja es abundante, así como la rentabilidad.

Los principales problemas son:

- Conformismo que hace que no exista una tensión sana para mejorar procesos, talento y experiencia de clientes.

- Menor compromiso del equipo fundacional con la empresa.

- Búsqueda de culpables a los errores.

- Favorecimiento del mantenimiento del *status quo* debido a los sistemas de incentivos.

8. Aristocracia

En esta etapa se encuentran las empresas en las que hay un excesivo control y el equipo directivo está más preocupado por las cuestiones internas y de mantenimiento de sus propios privilegios que por los clientes o el talento.

Las manifestaciones de decadencia aparecen, pero no se les presta atención. Se instala un sentimiento algo paranoico de victimismo y las guerras de poder se recrudecen. Las personas con talento comienzan a marcharse.

El ambiente, más que de asumir responsabilidad para cambiar las cosas, es de encontrar a alguien a quien culpar de la situación. Se busca no perder el puesto y se intensifican las peleas, que suelen ser sobre el perímetro de la responsabilidad, los recursos o el poder. Estas disfuncionalidades internas hacen que la integración con el mercado empeore y, por tanto, que los ingresos empiecen a ser motivo de preocupación.

Los problemas más normales de esta etapa son:

- Conflictos con personas, procesos y clientes.

- Funcionamiento muy deficiente de los sistemas de gestión.

- Patológica falta de colaboración y muy deficiente integración de las áreas y funciones.

- Tensión del aire que se respira, que tiende a bloquear la toma de decisiones sobre los temas de mayor importancia.

9. Burocracia temprana y avanzada

En esta etapa el modelo de negocio se ha quedado obsoleto y las áreas de control tienen un poder desmesurado respecto a las más encargadas de impulsar el cambio.

Hay pocas iniciativas de transformación y las que hay no calan, ya que la cultura, los perfiles y el poder están en manos de personas con mentalidad de burócratas, alejadas del mercado y recelosas de los cambios que puedan generar incumplimiento en los sistemas, normas, políticas y procedimientos.

La forma es hegemónica respecto a la función; el cómo importa más que el para qué. Hay poca innovación y un foco deficiente en servicio a clientes y se resiente la reputación en los mercados.

La prioridad estratégica es sobrevivir. Los ingresos caen y se pierden clientes y talento. Los procesos y sistemas son rígidos y disfuncionales. El estado anímico de la organización resulta negativo. Se siente miedo e impotencia.

10. Muerte

Es la etapa inevitable cuando el equipo directivo ha sido incapaz de cambiar al ritmo que exigen los mercados. El bloqueo se instala en la cabeza y en el corazón del equipo humano.

Constituye el resultado de perder la fuerza emprendedora, ejecutora e integradora que toda empresa necesita para prosperar.

En esta etapa final, las normas, los sistemas de control y los procedimientos están desligados de su razón de ser, no funcionan o incluso los están instrumentalizando directivos mediocres que han hecho de la decadencia de la empresa o institución un modo de vida.

PARTE 2
ESTRATEGIA: CREAR MÁS INTEGRACIÓN EXTERNA CONECTANDO MEJOR CON LOS CLIENTES

6
El propósito. La gran oportunidad de hacer que el futuro importe

Un propósito es una razón de peso que nos predispone al esfuerzo, con la esperanza de que dicho esfuerzo tendrá consecuencias positivas en el largo plazo.

El propósito tiene que formar parte de nuestro proceso de toma de decisiones, debe estar interiorizado en nuestro sistema nervioso. Hay que evitar, en las empresas y en las personas, el divorcio entre un enunciado inspirador del propósito y una realidad cotidiana alejada de él.

Un propósito noble humaniza el trabajo en las compañías, permite darle sentido a la vida y favorece la toma de decisiones pensando en el largo plazo. Los líderes que tienen la intención de contribuir a crear un mejor futuro deben articular un propósito inspirador para sus organizaciones y para sus vidas. En este capítulo se aportan ideas y sugerencias al respecto.

1. La toma de decisiones, una tarea directiva clave

Las personas pasan una gran parte de su día tomando decisiones. Si son directivos, aún más.

Las decisiones que se toman tienen consecuencias: unas inmediatas y otras a más largo plazo; unas inocuas y otras no tanto; unas positivas y otras negativas.

Para complicarlo todo un poco más, puede que lo que es positivo a corto plazo se convierta en negativo a largo, y viceversa.

Las decisiones que se toman influyen en la calidad del ecosistema en el que se habita y, a la vez, la calidad de este influye en la mejor o peor marcha de las empresas y de los individuos que lo componen. Son elementos que se retroalimentan de manera sutil.

Tomar decisiones con consecuencias positivas a largo plazo tiene que ser la aspiración de un buen líder. Es en el largo plazo en el que las empresas y las personas pasarán el resto de sus vidas. Una gestión muy de corto plazo roba futuro; se trata de un mal negocio.

Es un error tomar decisiones donde el referente sea el interés personal a corto plazo, especialmente cuando se excluyen las consideraciones sobre su efecto en terceros o a largo plazo.

¿Por qué? En primer lugar, porque el corazón tiene memoria: lo que se decida y vaya en contra de los intereses de los demás acabará deteriorando las relaciones con terceros y dificultará la cooperación futura. Una segunda razón tiene su fundamento en la plasticidad del cerebro: las decisiones dejan una huella neuronal. Por ejemplo, las decisiones tomadas exclusivamente desde la gratificación personal a corto plazo generan un hábito que se merece el calificativo de *vicio*.

Todos los grandes proyectos políticos han caído por la falta de virtud de sus gobernantes y gobernados. Y lo mismo podría aplicarse a empresas y a personas.

En su esencia, el trabajo directivo consiste en decidir y ejecutar bien. Ambos planos son complementarios e inseparables, tanto en la vida de la empresa como en la personal. Como veremos a continuación, el propósito puede ser un gran aliado en la toma de decisiones directivas y en su correcta ejecución.

2. El propósito, un elemento clave en la toma de decisiones

Es responsabilidad de los directivos contribuir a la efectividad (hacer lo correcto) y la eficiencia (hacerlo bien), en el corto y en el largo plazo, de sus empresas y, por supuesto, de sus vidas.

La gran contribución del propósito, en las compañías y en la vida personal, consiste en aportar un para qué en nuestros mecanismos de toma de decisiones e introducir la efectividad a largo plazo en las prioridades con las que tomamos decisiones. Veámoslo.

Una decisión debería integrar cinco elementos con una secuencia lógica que podría ser la siguiente:

- Se empieza con el *qué*, cuyo acierto influye en la efectividad a corto plazo.

- Se sigue con el *para qué* de la decisión, que introduce el propósito en la toma de decisiones y cuyo papel es hacer de filtro para comprobar que el qué tenga sentido. Con un para qué correcto se favorece la efectividad a largo plazo.

- Posteriormente conviene poner el foco en la cuestión del *cuándo*, del horizonte de tiempo para la ejecución. La decisión sobre el cuándo está muy condicionada por la decisión sobre el quién. El cuándo influye de manera más directa en la efectividad a corto y a largo plazo.

- El *quién* va muy unido al cuándo porque hay personas con más o menos disponibilidad, con mayor o menor capacidad de ejecución. El acierto en el quién favorece la eficiencia a largo plazo.

- El *cómo* es el elemento que mayor influencia tiene en la eficiencia a corto plazo.

Como se puede intuir, la consistencia interna de estos cinco elementos incrementa la probabilidad de que la decisión y su ejecución generen efectividad y eficiencia a corto y a largo plazo. Con ello se posibilita la entrega de resultados, a la vez que se avanza en la transformación que los mercados reclaman a las empresas. Estas y las personas tienden a primar el corto plazo con su énfasis en el qué y el cómo en detrimento de las consideraciones de más largo plazo, como el para qué y el quién.

La introducción del propósito en los mecanismos de toma de decisiones ayuda a equilibrar el corto y el largo plazo en las organizaciones y en la vida de las personas. Y es que el largo plazo importa porque hoy es el futuro que crearon mis decisiones de ayer, es decir: las decisiones de hoy configuran el futuro en el que viviré.

Joe Robles, siendo CEO de la empresa estadounidense de seguros USAA, afirmaba que el papel más importante de un líder es conectar a las personas con su propósito. Para realizar esa labor dentro de la empresa, tiene que haberse experimentado previamente con éxito el proceso a nivel personal.

3. Cómo articular el propósito en las empresas

El propósito en las empresas tendría que ser un llamamiento, una movilización de sus personas, alrededor de una causa a través de la que se entiende y se siente que puede contribuirse al bien común.

Además de este papel de integración interna, el propósito puede tener un papel valioso en la integración externa a través de la reconceptualización del terreno competitivo y de la propuesta de valor con la que se acude al mercado.

Un propósito, por tanto, ha de describir un resultado relevante que se obtiene en los clientes y que a la vez pueda servir como guía a la estrategia, al comportamiento interno y a la toma de decisiones.

Hay un animado debate en el mundo académico sobre la razón de ser de las compañías: en una posición está la escuela de Milton Friedman y su foco en un capitalismo cuya razón de ser es incrementar la rentabilidad de los accionistas y en la opuesta se encuentran todos los defensores de un capitalismo centrado en las comunidades de interés, una de las cuales es la de los accionistas, si bien también existen las de los clientes, los empleados, los proveedores, la sociedad, etc.

Para nosotros, la postura más sugerente es la del Dr. Adizes, quien pone el acento en que la principal responsabilidad de los dirigentes empresariales es construir y preservar la salud organizativa de sus empresas. Por *salud organizativa* se entiende la buena integración interna y la integración de la empresa con sus mercados.

Una organización sana genera rentabilidades a largo plazo y valor a sus comunidades de interés. Este es el papel del propósito: favorecer la salud de las empresas poniendo el acento en algún punto importante de la integración con el mercado que concite al esfuerzo y dé un sentido trascendente al trabajo de los integrantes de la empresa.

Este enfoque también se entrevé en la carta que Larry Fink, el CEO de BlackRock, escribió a sus accionistas en 2019, donde expresaba su convicción de que el propósito y la rentabilidad no son factores excluyentes, sino simbióticos. Los ciudadanos se merecen que la suma de un trabajo hecho con esfuerzo y creatividad les permita disfrutar de una vida digna.

Para que un propósito corporativo mueva de verdad a las personas, ha de cumplir las tres condiciones de las creencias que operan en los planos más físicos del cerebro: se ha de entender su contenido, se debe pensar que es posible y se tiene que desear emocionalmente que ocurra; todo ello hecho hábito a base de repetición.

Para que un propósito favorezca un enriquecimiento de las conductas y de la cultura empresarial, se pueden seguir los siguientes pasos:

1. Empezar creando de manera participativa una declaración del propósito noble. Se trata, la mayoría de las veces, de descubrir el propósito con el que se mueven las personas más ejemplares de la empresa.

2. Localizar ejemplos y datos dentro de la compañía que avalen ese propósito para que resulte fácil visualizar y explicar su contenido.

3. Empeñarse en ganar la batalla de la credibilidad. Proclamar un propósito automáticamente incrementa las expectativas de las personas que trabajan en la organización, por lo que resulta imprescindible poner en marcha un buen número de iniciativas emblemáticas que hagan palpable la voluntad del comité de dirección de ser consecuente con el enunciado del propósito.

4. Generar la máxima visibilidad del propósito en toda la empresa. Preparar un lanzamiento atractivo y con un formato que ayude a vencer el escepticismo.

5. Alinear las diversas áreas de la compañía con el propósito corporativo. Un enfoque sería *democratizar* internamente el proceso a base de que las funciones redactaran un propósito noble específico alineado con el general y pusieran en marcha varias iniciativas para ganar la batalla de su propia credibilidad.

6. Evaluar con periodicidad el alineamiento de las decisiones importantes y las herramientas de gestión con el enunciado del propósito. Las herramientas de gestión que más influyen en este sentido son: planeamiento estratégico, presupuestos, desempeño, selección y métricas de éxito.

7. Tener talleres de trabajo donde se identifiquen acciones que, en relación con el propósito, tiene sentido poner en marcha, seguir haciendo o dejar de hacer.

8. Activar e involucrar a las personas con una mayor predisposición a contribuir desinteresadamente en el logro del propósito.

Para el primero de los pasos anteriores, elaborar una declaración del propósito, puede ser útil movilizar a un buen grupo de empleados para que contribuyan con ideas dando respuesta a preguntas como las siguientes:

- ¿Qué efecto positivo tiene la empresa en sus clientes a través de los productos y servicios actuales o futuros?

- ¿Qué hace que esta compañía sea mejor que sus competidores?

- ¿Cuál es el propósito con el que se mueven las personas más destacadas del equipo, las que tienen mejores actitudes y hacen un mejor trabajo?

- ¿Qué propósito puede contribuir al crecimiento y a la rentabilidad de la organización?

Los criterios para filtrar las ideas de propósito pueden ser las siguientes: ha de ser corto, fácil de entender, concreto e ilusionante; generar un sentimiento de orgullo entre conocidos y amigos; proporcionar energía para sacar la mejor versión de las personas, y favorecer la confianza mutua con clientes y compañeros.

Estos son algunos ejemplos de propósitos que se han articulado en empresas de cierto tamaño:

- Securitas AB: contribuir a que la sociedad sea más segura.

- John Deere: ayudar a los agricultores a que puedan hacer mejor su trabajo de alimentar al mundo.

- Airbnb: hacer posible que las personas que viajan puedan quedarse en casas de particulares.

- Kellogg's: nutrir a las familias para que puedan florecer y prosperar.

- Google: organizar la información del mundo y hacerla accesible a todos.

- AIG: ayudar a las personas a administrar el riesgo y a recuperarse de las pérdidas inesperadas.

- SouthwestAirlines: democratizar los cielos.

- USAA: proporcionar un servicio extraordinario a las personas que hicieron lo mismo a su país.

La razón por la que un propósito puede tener una relación simbiótica con la buena marcha de la empresa está en las áreas de convergencia entre el interés personal, el bien común y la lógica de negocio.

Muchas empresas, cuando articulan un propósito creíble, generan una energía positiva contagiosa. También mejoran el autocontrol, la automotivación y la sana presión para hacer un trabajo correcto.

Un propósito noble y bien articulado hace que las personas se puedan sentir orgullosas, inspiradas para realizar un mayor esfuerzo, estimuladas para ser más creativas y con más determinación en los compromisos adquiridos. El propósito se puede convertir en una causa trascendente con capacidad de integrar a los miembros de la empresa en una tarea común.

El resultado de estos efectos es un círculo virtuoso que tiene como resultado más colaboración entre las personas, mejora del aprendizaje, mayor creatividad y, en definitiva, mejor desempeño con menor esfuerzo percibido.

En el siguiente apartado el foco cambia de la compañía a la persona. La intención es entender mejor el saludable efecto del propósito en los procesos cognitivos a través de los que las personas tomamos decisiones.

4. El propósito en las personas, una manera inteligente de activar la gratificación a largo plazo

La madurez personal consiste en tomar decisiones y hacerse responsable de sus consecuencias de futuro. Es propio de la inmadurez, que biológicamente puede durar toda la vida, reclamar libertad para decidir pero hacer que sean otros (habitualmente el Estado) los que paguen las consecuencias negativas de esas decisiones.

Como adultos, nos toca decidir cada día más sobre cuestiones importantes y asumir sus consecuencias. La capacidad de acertar en ellas y la de asumir las consecuencias es una habilidad compleja pero necesaria e importante y, para desarrollarla, resulta conveniente entender mejor los factores que influyen en la toma de decisiones.

Intentando simplificar un proceso de por sí complejo, al tomar decisiones ponemos en juego dos planos: el consciente y el inconsciente; dos mecanismos de gratificación: el de corto y el de largo plazo, y seis deseos emocionales (seguridad, conexión, singularidad, diversión, superación personal y contribución) que activan los mecanismos de gratificación.

Ese proceso nos predispone, sin obligarnos a ello, a tomar decisiones con el corazón (cerebro medio) y a justificar la decisión con la cabeza (neocórtex), con el consiguiente riesgo de optar por lo *bueno aparente* (mecanismo de gratificación a corto plazo) sin pensar con la cabeza si de verdad es lo *bueno real* (mecanismo de gratificación a largo plazo).

Una razón es que la *tasa de descuento* con la que habitualmente traemos al tiempo presente los acontecimientos del futuro resulta desproporcionadamente alta en la mayor parte de las personas. Otra razón radica en que los activadores de la gratificación a corto plazo son más poderosos en cuanto que más instintivos y están más presentes en los circuitos neuronales con los que operamos.

La *lógica del corazón* se rige por cuatro deseos (los básicos) y la *lógica de la razón* por dos deseos más (los avanzados), que son los que activan los dos mecanismos de toma de decisiones: el de la gratificación a corto plazo se activa con los deseos básicos y el de la gratificación a largo plazo con los deseos avanzados.

A la vez, los deseos básicos actúan más en el plano inconsciente (en el cerebro medio, que es más viejo y emocional) y los avanzados en el consciente (en el neocórtex, que es más reciente y procesa más el pensamiento racional).

Los deseos emocionales básicos son cuatro:

1. Deseo de seguridad-control. Suele implicar la búsqueda más bien inconsciente de comodidades, certezas y protección, pero

también de mejores conocimiento y análisis, actitud prudente ante el riesgo, etc.

2. Deseo de conexión-confianza. Fomenta la amistad, hacer equipo y la solidaridad, pero también el sentimiento de tribu, el nacionalismo, los guetos, el rechazo a lo diverso, etc.

3. Deseo de singularidad-relevancia. Muchas veces se torna en el deseo de dominio, poder, reconocimiento, afán de ganar dinero, agresividad y manipulación para conseguir resultados, pero también es el deseo que empuja el emprendimiento, la valentía, el arrojo, el esfuerzo, etc.

4. Deseo de diversión-novedad. Hace atractivo el cambio, genera tolerancia ante la incertidumbre, nos predispone a emprender y nos hace abiertos a personas distintas y creativas, pero también es la razón por la que podemos llegar a ser superficiales, promiscuos, desordenados, tendentes a los excesos, frívolos, etc.

Los cuatro deseos están presentes en todas las personas con intensidades distintas y, como sugieren los ejemplos, se pueden encauzar de maneras muy dispares.

Los deseos básicos son radicalmente legítimos en sí, pero la forma en la que se gestiona tiene consecuencias de futuro, unas mejores y otras claramente negativas, depende del grado de compatibilidad o coherencia con los deseos avanzados, que son solo dos:

1. Deseo de superación-crecimiento personal. Lleva a buscar nuestra mejora como persona en ámbitos como la bondad, la voluntad, la inteligencia, etc.

2. Deseo de servir y hacer contribuciones valiosas. Se traduce en iniciativas que buscan el bien ajeno de manera desinteresada.

Los deseos básicos permiten que se perciban como agradables decisiones con consecuencias autolesivas a futuro por ser contrarias al crecimiento personal y a la contribución al bien común.

Por ejemplo, la decisión de tomar drogas tiene su razón de ser en el deseo de diversión y la arrogancia la activa el deseo de relevancia. Ninguna de las dos es coherente con los deseos avanzados y, por tanto, son conductas que nos complican el futuro, le roban felicidad. Son buenos aparentes y fraudes de futuro.

Algunos ejemplos más de lo *bueno aparente pero fraudulento* son: la rigidez mental o las manías para sentir más control, la falta de personalidad propia o el argumento de «todo el mundo lo hace» para conectarse, la manipulación y la mentira para ganar y sentirse superior y la superficialidad o la promiscuidad para divertirse.

El corazón se equivoca cuando elige gratificaciones fáciles que son inconsistentes con los deseos avanzados. Esas decisiones son *fast food* emocional ya que quitan temporalmente el hambre de los deseos emocionales básicos, pero no suponen un alimento saludable a largo plazo. Son un fraude desde la perspectiva de sus consecuencias y por tanto de la futura gratificación.

Por fortuna existe también el bueno aparente que resulta ser un bueno real. Por ejemplo, prepararse bien para una prueba difícil y hacerlo con una intención noble. Este tipo de decisiones proporcionan seguridad, relevancia, conexión, etc., y a la vez son compatibles con el crecimiento personal y el deseo de contribuir.

Los dos mecanismos de toma de decisiones entran en conflicto con frecuencia. Forma parte de nuestra imperfección humana. El ganador de ese pulso marcará el futuro que nos espera y la construcción, o no, de un futuro mejor.

El papel de la buena educación es hacer que triunfe de manera habitual el sistema de gratificación a largo plazo.

¿En qué consiste una buena educación desde el punto de vista humano? Por un lado, en hacerse con mejores creencias para dotar a la conciencia de la clarividencia necesaria para activar los deseos avanzados y, por otro, en disponer de la fuerza de voluntad necesaria para postergar la gratificación a corto plazo cuando sea necesario.

Esa es la educación que hace posible la mejor versión de uno mismo y la que nos abre posibilidades de inspirar e influir positivamente en la marcha de la sociedad.

En colaboración con Fabricio Ponce.
Director de operaciones en Coca-Cola FEMSA
México

7

Estrategia y ejecución en entornos disruptivos. La necesidad de dar respuesta a la velocidad de los mercados

Somos espectadores, actores o víctimas, de combates cuerpo a cuerpo entre modelos de negocio tradicionales en industrias como la del taxi, la distribución, el turismo o las líneas aéreas, con nuevos modelos de negocio que desafían la viabilidad de empresas tradicionales poniendo en el mercado propuestas de valor radicalmente mejores. Se trata de nuevos modelos de negocio que desbordan las barreras legislativas, las fronteras entre países y las segmentaciones tradicionales desbancando, en muchos casos, a las organizaciones incumbentes que hasta ese momento dominaban esos mercados.

La estrategia, bien formulada, es el mejor mecanismo de alineamiento de las compañías con el mercado. La ejecución de la estrategia, por el contrario, se sustenta en un buen alineamiento interno para que no consuma un exceso de tiempo y de recursos. Para muchos equipos directivos, la buena ejecución constituye un reto aún mayor que la formulación de una buena estrategia. Esto resulta especialmente cierto en mercados con una alta velocidad de transformación ya que las ventanas de oportunidad se van haciendo más estrechas.

Este capítulo examina la cuestión de la estrategia y su ejecución en mercados disruptivos abordando tres temas: las seis batallas estratégicas que un equipo directivo ha de vigilar, la dificultad estructural de una correcta respuesta estratégica de los incumbentes cuando aparecen competidores disruptivos en sus mercados y la necesidad de una buena ejecución para estar a la altura de la velocidad de cambio de los mercados.

Antes de empezar, queremos hacer referencia a una distinción estratégica de la que haremos uso y que aparece en el libro *The Rule of Three,* de los profesores Sheth y Sisodia[1]. El libro afirma que las empresas tienen la doble opción de operar como generalistas (competidores en todas las gamas de productos y servicios del mercado) o especialistas (competidores de nicho) y que únicamente tres o cuatro competidores pueden mantener una posición competitiva como generalistas.

En mercados maduros estos tres o cuatro competidores generalistas acaban acumulando el 40-60 % de cuota de mercado, que mantienen pese a su falta de capacidad innovadora con la compra de empresas de tamaño medio con dificultades de algún tipo. Esas dificultades nacen de que esas organizaciones no han alcanzado el tamaño para contar con la escala que les permita tener costes competitivos y han perdido el foco que las hizo exitosas. También es frecuente que sus fundadores, sus familias o los inversores institucionales busquen monetizar su posición accionarial.

Empezaremos describiendo las seis batallas estratégicas, que han de vigilar los equipos de dirección para entender las oportunidades y los riesgos que conllevan. Posteriormente analizaremos las dificultades de los incumbentes para hacer frente a las disrupciones en sus mercados.

1. Las seis batallas estratégicas a las que prestar atención

Aunque cada sector tiene sus peculiaridades, entendemos que hay un mínimo de seis batallas transversales relevantes para la mayor parte de las industrias y que, por tanto, deberían ser objeto de las conversaciones estratégicas de un equipo directivo. Dichas conversaciones, si se tornan frecuentes, por ejemplo, un *off-site* trimestral, tienen la doble virtualidad de enriquecer la visión estratégica del equipo y generar su cohesión alrededor de esta visión.

1. Primera batalla: hacer seguimiento de la lucha por las posiciones dominantes de los jugadores generalistas que compiten por volumen.

Entre los líderes por tamaño, los generalistas, se da una batalla por ganar cuota y aumentar tamaño a costa de otro líder. Un síntoma habitual es utilizar los precios en este combate cuerpo a cuerpo entre el primer y segundo competidor en tamaño, lo que resulta habitualmente en la caída en cierta irrelevancia del tercero o cuarto.

Encontramos un ejemplo en la secular guerra de precios entre General Motors y Ford, que concluyó con la relegación del tercero en tamaño, Chrysler, a una posición irrelevante en la década de 1970. Otro ejemplo es la fusión entre los grupos químicos estadounidenses Dow Chemical y DuPont, primera y segunda compañías del sector a nivel mundial que en diciembre de 2015 acordaron su fusión con un valor de capitalización de 130 000 millones de dólares, reduciendo de cuatro a tres los generalistas en su mercado.

Un equipo directivo ha de observar y entender esta primera batalla por las oportunidades o los desafíos que le pueden suponer.

2. Segunda batalla: prever la expansión de un operador de nicho a otros nichos. El posible fracaso de los generalistas cuando adquieren empresas de nicho.

Esta batalla es la expansión de un operador de nicho a otros nichos adyacentes para ir construyendo un posicionamiento multinicho. El vehículo más predecible para ejecutar esta estrategia es el de las adquisiciones. Se trata de la estrategia de crecer convirtiéndose en una empresa multiespecialista, en la que unidades de negocio muy especializadas conviven con una unidad de servicios compartidos. Las primeras aportan foco y la segunda escala.

Una de las decisiones más importantes es la de integrar, o no, a la empresa adquirida. A favor de la primera opción suele argumentarse la necesidad de capitalizar las sinergias y de exportar las ventajas del modelo de gestión de la compañía adquiriente; a favor de la segunda los argumentos giran alrededor de no perder el foco de la organización adquirida o las capacidades emprendedoras del equipo directivo de dicha empresa. Discernir qué pesa más forma parte del trabajo de la alta dirección.

Cuando la adquisición de empresas nicho se ejecuta por parte de generalistas, es habitual que estos integren la compañía de manera que acaba fagocitando las capacidades y la cultura de la adquirida, lo que resulta habitualmente en la pérdida del talento y de las capacidades competitivas que se pretendía integrar inicialmente. El resultado es una compra que destruye valor en la que todos pierden salvo, económicamente, los socios que vendieron. Casos que se nos vienen a la cabeza son Telefónica y la compra de Lycos y Endemol o Banco Santander y la compra de Patagon.

Los operadores de nicho que pretenden ganar tamaño porque aspiran a convertirse en generalistas corren el riesgo de adentrarse fatalmente en el *valle de la muerte,* en el que se encuentran las empresas sin escala ni foco. Bill Davidson describía este valle en su libro *Breakthrough*[2] bajo la consideración de que un mayor tamaño económico no necesariamente implica mejores márgenes. Es decir, un contraejemplo de la lógica de más volumen implica mayores márgenes o, dicho de otra manera, la relación entre cuota de mercado y cuota de beneficios no es una relación lineal. Esa antigua lógica (lineal) no se cumple realmente, dejando a los competidores de la zona central en una situación comprometida ya que no se benefician de la escala ni del mejor margen de los especialistas, situación de la que pocos se recuperan indemnes y habitualmente caladero para adquisiciones de los generalistas.

Para evitar la trampa del valle de la muerte lo recomendable es crecer a través de nichos adyacentes siempre y cuando se genere simbiosis por habitar en un nuevo nicho. Es decir, que posicionarse en el nicho B hace a la empresa más competitiva en el nicho A, y viceversa.

3. Tercera batalla: seguir el pulso entre generalistas y especialistas.

Una compañía es generalista cuando tiene muchos productos para muchos segmentos y es especialista cuando tiene pocos productos para pocos segmentos. Por regla general, los generalistas ofrecen atributos de valor importantes para la mayor parte de los nichos, pero no los tienen al mismo nivel de excelencia que los especialistas.

Para ilustrarlo con un ejemplo, en la industria del automóvil podemos identificar múltiples categorías competitivas: eficiencia energética, capacidad del vehículo, propuestas de seguridad, todoterreno, lujo, prestaciones, etc. Si analizáramos la industria según estos parámetros, comprobaríamos que los generalistas ofertan todos estos elementos a través de diferentes marcas, modelos o gamas, si bien no desarrollados con el nivel de diferenciación y especialización de los especialistas. Es decir, los generalistas cumplen razonablemente bien casi todos los parámetros gracias a su amplia gama de productos; pero si buscamos el mejor automóvil según una única categoría, lo encontraremos habitualmente en una marca de nicho o especialista.

Pues bien, la tercera de las previsibles batallas en un sector es la de los generalistas avanzando a posiciones de nicho ya ocupadas por especialistas, o viceversa. Nuestra experiencia es que en esta batalla los especialistas tienen las de ganar a poco que sean congruentes con su esencia de gestionar por margen y a través de un modelo de negocio especializado en hacer pocas cosas pero muy bien.

4. Cuarta batalla: ponderar las oportunidades de conquistar los mercados adyacentes en la cadena de valor.

Esta batalla consiste en la expansión a mercados adyacentes de la cadena de valor de la industria en donde existan potenciales sinergias en costes o ingresos.

Uno de los ejemplos es el de UTi, empresa logística global que, operando en el sector internacional de operadores logísticos y expedidores de carga aérea y marítima, diseñó su estrategia de expansión a industrias adyacentes y conectadas en la cadena de valor, como los servicios de almacenaje y distribución de mercancías, la consultoría en cadena de suministros y la distribución de carga por carretera.

Otro ejemplo es Tesla, que como fabricante de vehículos eléctricos ha ampliado sus competencias al sector de sistemas de almacenamiento de energía (o viceversa), entrando a competir en la industria de baterías y acumuladores de energía que puedan ser utilizados, por ejemplo, en el mercado residencial.

Un equipo directivo ha de estar atento a estas oportunidades, monitorizar las mejores prácticas de sus mejores competidores y actuar con un punto de realismo ya que la cercanía de la actividad en la cadena de valor no siempre es un factor que asegura el éxito en dicha estrategia de crecimiento.

5. Quinta batalla: aprender de los esfuerzos por convertir al no cliente en cliente para aumentar el perímetro de los mercados.

La quinta batalla apunta a la expansión del perímetro inicial del mercado, es decir, a la conversión de no clientes en clientes, incrementando así el tamaño total del mercado. El esfuerzo de conversión de los no clientes conlleva actuar sobre los cuellos de botella que impiden su entrada en el mercado, que normalmente son el precio, el acceso a la industria, la complejidad del producto, la dificultad en su uso y la falta de afecto a la marca.

Uno de los ejemplos exitosos de conversión de no clientes es el de Vivendi y André Rieu en el mercado de la música clásica, que supo integrar a esa industria a clientes con poder adquisitivo medio-bajo y a la población infantil. Otro ejemplo parecido es el Cirque du Soleil, que transformó la industria del circo convirtiendo no clientes, como los padres o personas sin hijos, en clientes, aumentando así el tamaño total del mercado.

El caso de las *startups* basadas en la economía colaborativa, como Uber, eBay o Airbnb, es otro ejemplo, ya que son capaces de ofrecer un servicio existente (taxis, compraventa y habitaciones de hotel, respectivamente) con una propuesta de valor más atractiva (mejorando también los costes no monetarios, como las incomodidades e inseguridades) que la de sus rivales con modelos de negocio tradicionales. Aunque Uber capte clientes actuales del taxi, tiene en los antiguos no clientes de ese servicio una importante fuente de ingresos. Algo similar ha ocurrido con las aerolíneas *low cost* o con las series televisivas de pago a través de plataformas como Netflix.

6. Sexta batalla: evitar el riesgo de muerte por proximidad a un agujero negro.

La última batalla estratégica a la que prestar atención es el posible efecto de *vaciado* de un mercado fruto de la creación de una nueva industria que absorbe, y por tanto vacía, los mercados adyacentes; es lo que denominamos *agujero negro*.

El científico británico Stephen Hawking popularizó la teoría de los agujeros negros en su libro *Historia del tiempo: del* big bang *a los agujeros negros*[3]. Nos encontramos ante uno de los fenómenos astronómicos más misteriosos y fascinantes del universo: una estrella comprimida, colapsada sobre sí misma hasta alcanzar densidades inimaginables. Un objeto con densidad casi infinita genera a su alrededor un tirón gravitacional enorme, absorbiendo todo lo que lo rodea. Nada deja escapar, ni siquiera la luz; de ahí el *negro* en su nombre.

Esta teoría nos inspiró para describir la aparición de modelos de negocio que se alimentan y literalmente *vacían* de valor los modelos de negocio más tradicionales, de la misma manera que los agujeros negros se nutren de absorber la materia de los astros que se aproximan a su área de influencia. Tomamos la analogía del agujero negro para explicar los efectos que tiene sobre uno o más sectores la aparición de una nueva industria que *absorbe* o fagocita en su interior a las adyacentes, vaciándolas de contenido.

Siguiendo con la analogía, uno de los requisitos para que el efecto suceda es que la densidad de prestaciones de los productos de esa nueva industria sea extraordinaria. Un ejemplo de agujero negro es el de los *smartphones,* industria surgida tras el lanzamiento del iPhone en 2008, que, además de transformar el sector de la telefonía móvil, fagocitó en buena medida a otras industrias adyacentes: agendas personales, reproductores de música, GPS, calculadoras, relojes, cámaras fotográficas, mapas, despertadores, brújulas, etc.

En el cuadro 7.1 se ve cómo el *smartphone vació* sectores enteros, que en poco tiempo disminuyeron su tamaño e importancia. Apple se hizo con la mayor parte de la rentabilidad de la industria de los *smartphones,* industria recién creada cuyos efectos en las adyacentes ha sido devastador.

Cuadro 7.1. El agujero negro de los *smartphones*

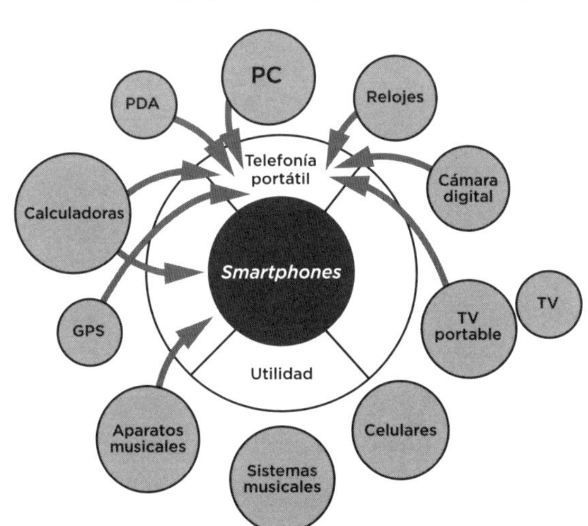

Una vez analizadas las seis batallas estratégicas a las que los equipos directivos han de prestar atención, pasamos a explorar las dificultades estructurales de los incumbentes para dar una respuesta adecuada a sus competidores disruptivos. Antes se tratará el acortamiento de la vida de las empresas, cuya causa puede estar en la velocidad de cambio en los mercados y su dificultad para adaptarse a dicha velocidad.

2. La dificultad estructural de una correcta respuesta estratégica de los incumbentes cuando aparecen competidores disruptivos en sus mercados

La aparición de nuevos modelos de negocio sustancialmente más poderosos tiene lugar a una velocidad de vértigo. Gana en los mercados quien tiene el mejor modelo de negocio y pierde quien lo tiene obsoleto.

La profesora Nadya Zhexembayeva[4] aporta datos en su libro que avalan la tesis de la rápida obsolescencia de los modelos de negocio. Según ella, la duración media de una organización desde que nace hasta que desaparece era a comienzos del siglo XX de 75 años, de solo 15 entre la década de 1980 y la de 2000 y de unos efímeros siete años en 2015. Todo apunta a que esa duración continúa disminuyendo.

¿Por qué sucede esto? ¿Por qué Nokia, o cualquiera de las grandes compañías de teléfonos móviles, fue incapaz de adaptarse a la revolución del iPhone? ¿Por qué Kodak inventó la fotografía digital y luego decidió no transformar su modelo de negocio en torno a ella?

Clayton Christensen, en su libro *The Innovator's Dilemma*[5], sugiere tres razones:

1. Los productos o servicios disruptivos suelen ser más simples y baratos y, por tanto, aportan márgenes menores que los productos o servicios que se aspira sustituir.

2. Las tecnologías disruptivas suelen aparecer y empezar a comercializarse en mercados que se están creando y que, por consiguiente, son insignificantes en tamaño o no son los *targets* de las empresas incumbentes.

3. Los clientes más rentables de las empresas incumbentes no son los primeros en adoptar los nuevos productos.

Esta dinámica, aunque entendible, puede llegar a ser perversa y ha de revertirse. ¿Cuáles son las razones que la generan? En primer lugar, la gestión cotidiana de una empresa viene condicionada por las tres fuentes principales de obtención de caja: la que proviene de las operaciones (condicionada por los ingresos de los clientes actuales) y las que proceden de los inversores, sean de capital o de deuda.

Los incumbentes se topan con dos frenos para modificar sus modelos de negocio: los inversores probablemente penalizarán cualquier apuesta arriesgada y la mayoría de los clientes actuales no estarán interesados en experimentar con el nuevo producto hasta que esté consolidado. La paradoja es que con el tiempo los clientes se interesarán en masa por el nuevo producto, pero será un competidor quien tenga la mejor oferta... y los inversores penalizarán a la compañía por no haber invertido antes.

En segundo lugar, el gestor de una empresa incumbente, cuando pondera la oportunidad de invertir en un mercado nuevo, puede verse desincentivado por el tamaño a corto plazo del mercado emergente. Es un sesgo entendible pero perverso: potenciales mayores retornos sobre una base relativamente pequeña (aunque creciente) son despreciables frente a ingresos más ciertos sobre una base de clientes muy grande.

Salim Ismail y Michael S. Malone en *Exponential Organizations*[6] (cuadro 7.2) sugieren que una de las causas subyacentes de la *ceguera* de los incumbentes es el beneficio que produce una pequeña reducción de gastos en una compañía grande porque supone mucha mejor inversión a corto plazo que destinar ese esfuerzo a entrar en un mercado nuevo. Así, una empresa con presión por mostrar resultados a corto plazo tiene mucho que perder al invertir en una innovación disruptiva: el dinero invertido en sí y el coste de oportunidad de no invertir en opciones más *seguras* ligadas a su eficiencia. En consecuencia, la inversión disruptiva se valora como una alternativa con poco retorno relativo... y la posibilidad de canibalizar su mercado tradicional fuente de sus ingresos actuales.

Un tercer elemento que desincentiva a las empresas incumbentes la inversión en modelos de negocio disruptivos es la dificultad de medir con precisión los mercados emergentes. En un mercado consolidado, se dispone de datos y ratios fiables del sector. Por definición, un mercado emergente no dispone de esos datos que suelen determinar las decisiones de inversión en las organizaciones tradicionales.

Cuadro 7.2. Las asimetrías riesgo-beneficio de las empresas *startups* vs. maduras

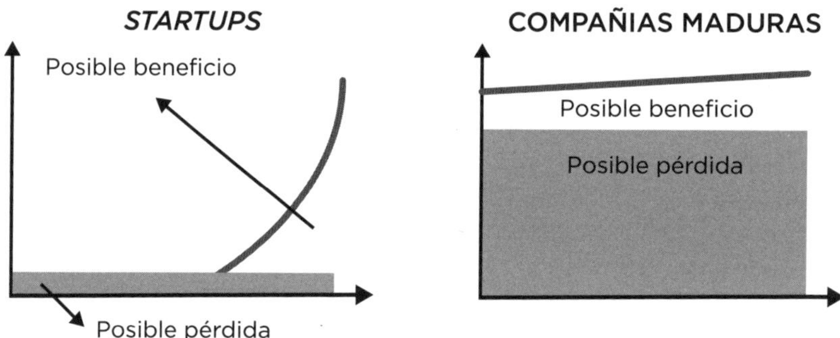

Finalmente, la inercia organizativa ayuda poco a las empresas incumbentes, es decir, la tendencia natural a seguir haciendo lo que funciona, sin cuestionarse la vigencia futura del negocio o del mercado en sí. El contexto en el que se gestionan muchas compañías incumbentes prima el control sobre la flexibilidad, los beneficios sobre el crecimiento y el corto plazo sobre el largo plazo, lo que crea una inercia, por ejemplo, en hacer robustos los procedimientos internos de la empresa, en seguir haciendo lo que se hace mejor o lo que arroja mejores resultados... a corto plazo. No se puede obviar que los mecanismos de refuerzo de los directivos, en forma de su remuneración variable y su permanencia en el puesto, suelen estar ligados a entregar resultados, no a transformar.

Una vez examinadas las batallas de los mercados y la dificultad de dar respuesta a los competidores disruptivos, nos queda explorar cómo adecuar la velocidad de cambio interno a la velocidad de cambio en los mercados.

3. La necesidad de una buena ejecución para adaptarse a la velocidad de cambio de los mercados

El cambio en los mercados ocurre sí o sí; es una variable exógena que se deriva de lo que sucede en la tecnología, la regulación y los estilos de vida de los consumidores. El efecto en el equipo directivo debería ser la iniciativa activa y consciente de transformar las compañías para adaptarse a los cambios. En cierta manera, el cambio es una variable externa e independiente de la organización y la transformación empresarial la respuesta interna y consciente.

En su libro *Competing for the Future*[7] Hamel y Prahalad señalan que una gran parte de las organizaciones buscan la rentabilidad intentando maximizar un cociente conceptual: beneficio dividido entre inversión, activos o capital. La tarea de reducir el denominador para incrementar el retorno es tentadora. Este enfoque, aplicado en exceso, conduciría a un resultado igual a 0: lo que se aumenta gracias a la disminución del denominador se pierde en el numerador a largo plazo porque tarde o temprano se evaporan los activos y las capacidades que acabarán generando los ingresos del futuro. Eventualmente se llega a fabricar con la mayor eficiencia posible un producto que el cliente ya no quiere.

Las acciones enfocadas solamente en el corto plazo y en reducciones de inversiones y recursos son un disparo al pie de la compañía. Aunque son necesarias las mejoras en productividad, las acciones creativas para el incremento del numerador son las que sostendrán la empresa en el largo plazo. Todas las operaciones de reconversión, reducción de costes, etc., tienen un recorrido limitado. El foco ha de ser mejorar el numerador construyendo nuevas vías de crecimiento sano.

Hay otro cociente al que sería bueno que los gestores prestaran su atención: en este caso en el numerador aparece la velocidad de cambio en los mercados y en el denominador la velocidad de cambio de la empresa.

La velocidad de cambio externo abarca elementos como productos sustitutivos, nuevas tecnologías, competidores emergentes, factores demográficos, influencia del regulador, propuestas de valor novedosas, modelos de negocio singulares, etc.

En el denominador, en este caso el cambio interno, se incluyen elementos como el diseño organizacional, la coordinación interna, la cohesión de los equipos, la cultura, el compromiso de las personas, la gestión sana de conflictos, la habilidad para crear e innovar, el liderazgo, etc.

Sería importante que la gestión de este cociente permitiera que el resultado sea menor que 1 y que la velocidad de cambio interno sea mayor o al menos igual que la externa. Cuando el resultado de este cociente es mayor que 1, la organización tiene fecha de caducidad en el medio plazo. La velocidad del cambio interno requiere una buena visión estratégica y un equipo capaz de ejecutarla, lo que implica que en ese equipo confluyan las tres variables que crean milagros: saber, querer y poder transformar.

Hay una serie de preguntas que solemos formular en nuestros procesos de apoyo a equipos directivos para diagnosticar el ritmo de cambio interno y externo de la organización. Son preguntas incisivas para que el equipo directivo se vea obligado a salir de la trampa operativa (su energía se destina 100 % a cuestiones del corto plazo) y se cuestione el largo plazo estratégico mirando las tendencias de futuro.

Preguntas que pueden ayudar a una mejor ejecución

Las preguntas que sugerimos que los equipos de dirección se hagan con cierta frecuencia en sus *off-sites* estratégicos son las siguientes:

- ¿Qué cambios son previsibles que ocurran en el ecosistema en el que habitamos y cómo deberíamos anticiparnos a ellos para que nos beneficien a nosotros como empresa y también a nuestros clientes? (tecnología, competidores, economía, estilos de vida de los consumidores, ciclo de vida de los clientes y de la empresa, etc.).

- ¿Qué o quién puede crear una disrupción en el mercado? ¿Qué jugadores de industrias distintas a la nuestra pueden entrar en la nuestra con un set de capacidades que les permita competir con ventaja? ¿Qué agujeros negros han ocurrido o pueden ocurrir en industrias colindantes?

- ¿Cómo será la industria en la que trabajamos en los próximos cinco años? ¿Qué nivel de madurez prevemos que tenga el mercado?

- ¿Cómo se consolidará el mercado? ¿Cuál es el enfoque con el que queremos jugar en el entramado de la consolidación del mercado?

- ¿Cuál es el terreno en el que nos sentimos más cómodos? ¿Qué identidad tenemos? ¿Liderazgo en producto, en costes, en calidad del servicio, en multicanalidad?

- ¿Tenemos una visión compartida de adónde queremos llevar el negocio en los próximos tres a cinco años? ¿Hemos traducido esa visión en proyectos transformacionales y en su buen seguimiento?

- ¿Qué cambios más importantes hemos de plantear en la propuesta de valor para que los segmentos con los que trabajamos sigan prefiriéndonos?

- ¿Cuál es la calidad de la información que obtenemos de los clientes? ¿La utilizamos para mejorar nuestra actividad comercial? ¿Qué cambios debemos implementar en los canales con los que hacemos la venta y posventa?

- ¿Tenemos operaciones y procesos internos de calidad mundial? ¿Contamos con una estrategia digital que nos permita transformar el modelo de negocio?

- ¿Tenemos en el equipo directivo el mix de capacidades y la psicología que necesitamos para tener éxito durante los próximos cinco años? ¿Contamos con el mix de personalidades y estilos que precisamos?

- ¿Disponemos de un ritmo de cambio dentro de la empresa similar al que se da en los mercados?

- ¿Cómo de resiliente y de vulnerable es nuestro modelo de negocio? ¿Cómo podemos responder ante modelos sustitutivos? ¿Cómo podría nuestra organización disrumpir?

- ¿Qué esfuerzo estamos haciendo por crear un entorno innovador? ¿Miramos el negocio con nuevos ojos? ¿Usamos nuevas perspectivas? ¿Formulamos nuevas preguntas? ¿Descubrimos nuevas pasiones en nuestro equipo que pueden servir para proyectos innovadores? ¿Diseñamos nuevos experimentos que nos permiten acelerar el aprendizaje?

• ¿Qué capacidad y *hambre* tiene nuestra organización para decidir y ejecutar ante un cambio radical en el entorno competitivo?

En colaboración con Carlos Escario.
Consultor, autor y conferenciante

8
Modelos de negocio. Las batallas en el mercado son entre modelos de negocio

La velocidad del cambio está entrando en fase exponencial. La aceleración de los mercados se incrementa año a año, destruye modelos de negocio que en su época fueron exitosos y posibilita el diseño de nuevas fórmulas de hacer negocio que serán las grandes protagonistas del futuro. Renovación o decadencia, liderazgo o conformismo; estas son las opciones entre las que tendrán que elegir los líderes empresariales.

La siguiente generación de multinacionales que dominarán los mercados verticales del mundo está siendo diseñada en estos momentos en lugares que no son los convencionales. Nunca ha importado menos la geografía desde la que operan las empresas o los emprendedores; lo fundamental es la innovación que nos conecta con las demandas futuras, la integración del talento en un proyecto en común, el aire que se respira en la compañía y la lógica estratégica con la que se diseñan los nuevos modelos de negocio.

Reinventar los modelos de negocio abre la posibilidad de innovar en mercados, productos, cadena de valor y canales de distribución. La innovación en el modelo de negocio permite crear, de manera estructural, mejores productos y servicios a mejor precio: eso es productividad hoy; eso es competitividad mañana; eso es riqueza pasado mañana.

La transformación de los modelos de negocio regenera las verdaderas bases en las que se asienta la productividad y competitividad de las empresas y de la economía en su conjunto. Por decirlo de alguna manera, las batallas en los mercados son entre modelos de negocio. Ganarán en sus mercados las organizaciones con mejores modelos de negocio, los países con los empresarios más innovadores que diseñen los mejores modelos de negocio.

Para las empresas, el modelo de negocio con el que operan determina su posición de costes y el binomio volumen de clientes e ingreso medio que se obtiene de ellos. Por tanto, el modelo de negocio acaba condicionando el modelo económico de las compañías: su modelo de ingresos, costes y márgenes. La estrategia de la empresa se hace real y tangible cuando se rediseña y mejora el modelo de negocio.

El mundo occidental vive de vez en cuando una crisis de demanda. Quizás parte de la solución requiera nuevos modelos de negocio que traigan soluciones innovadoras de oferta, que aumenten la exportación. Desde luego, eso sería mejor solución que las que nos ofrecen las recetas clásicas en economía: la emigración, la devaluación de las monedas o un ajuste a la baja de precios y salarios.

La innovación cuyo foco sea la mejora integral de los modelos de negocio es una forma inteligente de afrontar la crisis de demanda, de capturar las oportunidades de mercados en fase exponencial y de asentar las bases del bienestar. El gran objetivo de un país es la creación de muchas más empresas que, por la calidad de sus modelos de negocio, puedan ser jugadores dominantes en un mercado vertical a nivel global.

En las páginas que siguen se exploran los elementos básicos de los modelos de negocio, las fuerzas que los hacen competitivos y los dilemas más importantes en su diseño y gestión.

1. Elementos básicos de un modelo de negocio

Un modelo de negocio queda configurado alrededor de las decisiones que una empresa toma en cuatro áreas o elementos básicos (cuadro 8.1): la elección del cliente objetivo, el diseño de una propuesta de valor diferenciada, la configuración de la cadena de valor y la gestión de los canales y puertas de acceso con los que los clientes acceden e interaccionan con la compañía.

Los cuatro elementos han de ser elegidos de una manera que haga coherente e innovador el conjunto. Un buen modelo de negocio suele tener mucho foco (hacer cosas concretas para clientes concretos), consistencia interna y un efecto de autorrefuerzo entre sus elementos que haga difícil la imitación de los elementos por separado.

El buen diseño de los elementos pensando en el todo es el que genera las cuatro fuerzas que se señalan en el cuadro 8.1 y que se explicarán a continuación de los elementos básicos.

Cuadro 8.1. Cada vez hay más necesidad de diseñar un modelo de negocio singular

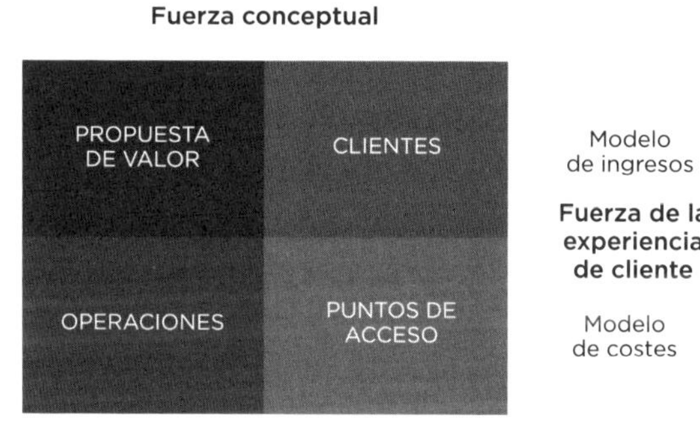

Clientes objetivo

El primer elemento es la elección del mercado al que se quiere servir, el tipo de cliente que será objeto de una atención preferente y, por tanto, por exclusión, el perfil de cliente que se evitará de manera explícita.

Este primer elemento del modelo de negocio es el eje sobre el que se deberían diseñar el resto de los elementos. En efecto, si se entiende bien el mercado objetivo con todas sus sutilezas, se puede, por ejemplo, diseñar ofertas que hagan a la empresa la mejor opción de los clientes objetivo o innovar creando una nueva categoría en el mercado. Las compañías han de tener claro con qué clientes quieren trabajar y a cuáles deben evitar a toda costa.

Un modelo de negocio innovador ha de aportar algo sustancialmente mejor en la forma de entender y de mirar el mercado comparado con lo que se hacía hasta ese momento. Lo normal es que una organización tenga algo nuevo que decir sobre las segmentaciones del mercado e identifique grupos de clientes con necesidades singulares mal servidas por la competencia.

Un ejemplo en esa dirección es la empresa de seguros estadounidense Progressive, que centra su negocio en consumidores de alto riesgo, sensibles al precio y con un buen conocimiento de lo que un buen servicio implica en el mundo del seguro. Sobre esa base esta compañía ha diseñado ofertas de seguros en las que se pueden personalizar *online* las coberturas que se quieren añadir al seguro y ver el efecto que tiene en el precio de la póliza su inclusión o no.

Los mejores modelos de negocio miran el mercado para identificar necesidades mal servidas por la competencia y utilizan segmentaciones mejores a las usadas hasta ese momento. Por eso ponen especial atención en entender el mercado y en emplear, entre la información que proporciona el cliente, la que encaja en la mejor integración del modelo de negocio elegido.

Otro ejemplo es la empresa asiática de hoteles de lujo Soneva, que emplea un esquema en el que distingue cinco segmentos en el tipo de demanda que recibe en sus hoteles. De los cinco, Soneva pone el foco en el cuarto y, secundariamente, en el segundo y el tercero.

El primer segmento de la demanda tiene su razón de ser en la necesidad de un grupo de clientes de mostrar públicamente su riqueza. Se trata de un lujo al servicio de la ostentación y del deseo de manifestar una superioridad económica, normalmente adquirida hace poco tiempo.

Un segundo grupo de consumidores es aquel que hace un discernimiento del valor intrínseco del objeto de lujo. En esta etapa el lujo ya no es ostentación, sino una opción que se hace sobre la base de un gusto refinado, un discernimiento de lo que tiene calidad o no y una buena capacidad de discriminación.

La tercera de las demandas del lujo pone el énfasis en el disfrute emocional de instantes y experiencias singulares ligados a momentos de celebración. Para estos consumidores la marca no es muy relevante, o al menos no está al nivel del valor que dan al impacto emocional del momento en el que disfrutan del producto o servicio de lujo.

La cuarta demanda del lujo pone énfasis en el significado profundo de los atributos de la marca y en que tanto la experiencia prometida como los demás elementos de la oferta se correspondan legítimamente con su precio. Aquí, más que la marca en sí, lo que importa es la autenticidad y el atractivo de los valores de la empresa que se comunican a través de ella.

Por último, hay una demanda del lujo que tiene un fuerte componente poético e intelectual. En ella converge un cliente que tiene un profundo conocimiento de la categoría a la que pertenece el producto de lujo, con una situación personal en la que abundan los recursos intelectuales, económicos y espirituales.

Para la gestión de este primer elemento del modelo de negocio, pueden formularse las siguientes preguntas:

- ¿A quién nos gustaría tener como cliente?

- ¿Cuáles son las características en común de los segmentos más importantes a los que podemos atender?

- ¿Qué dimensiones funcionan mejor para segmentar el mercado? ¿Las demográficas o las psicográficas?

- ¿Cómo son de importantes cada uno de los segmentos del mercado? ¿Qué necesidades singulares tiene cada uno?

- ¿De qué manera son servidas esas necesidades singulares? ¿Por parte de quién?

- ¿Qué segmentos pueden ser más rentables para nosotros?

Un elemento disruptivo del mercado es la creciente polarización que se está dando en la demanda: crece lo simple y lo sofisticado; decrece el mercado medio. Esa polarización no obedece necesariamente a un mayor número y a la distancia entre pobres y ricos, sino también al atractivo creciente de las ofertas en los extremos.

Hay una creciente percepción en los consumidores de que las necesidades simples se pueden satisfacer con productos *no frills* (sin añadidos), es decir, los que, siendo suficientemente buenos, tienen un precio bajo y además son fáciles de utilizar y entender. La innovación en este tipo de oferta está haciendo que muchos clientes de clase media e incluso alta estén migrando a este tipo de productos. Por el contrario, las necesidades singulares están siendo servidas por atractivas e innovadoras ofertas en las que en ocasiones se hacen *trajes a medida* o se introducen productos con prestaciones avanzadas en las que el precio pasa a ser un factor secundario.

La polarización, por tanto, resulta fruto de la percepción de que las ofertas con más valor percibido se están creando en los extremos del mercado y no en su parte más central. El efecto de todo ello es un crecimiento de la demanda en los extremos a costa de un adelgazamiento en el centro.

General Electric fue un ejemplo sugerente de cómo se puede gestionar esa polarización de la demanda. Tradicionalmente los fabricantes de equipos industriales han seguido la estrategia de fabricar en países emergentes sus modelos más sencillos. Esto tenía, aparentemente, dos ventajas al menos: reutilizar modelos ya amortizados y aprovechar las ventajas de coste de la mano de obra de los países emergentes.

Una vez probado con éxito ese modelo de negocio para la demanda de países emergentes, se introduce en países occidentales como elemento disruptivo en el mercado, ya que permite romper el binomio calidad/precio existente hasta ese momento e introducir un modelo de negocio competitivo para atender a la demanda *no frills* existente en esos mercados.

Un caso similar es el de la empresa Dow Corning con la exitosa introducción de XIAMETER, su división de siliconas de bajo precio comercializadas a través de una nueva unidad de negocio con un modelo de negocio que le ha permitido bajar los precios, mejorar la comodidad del cliente, crecer y a la vez incrementar la rentabilidad.

Propuesta de valor diferenciada

El segundo elemento del modelo de negocio es la propuesta de valor que se pone a disposición del mercado, que incluye toda la filosofía de los beneficios o resultados tangibles e intangibles que se ofertan y del precio con el que se busca tener un lugar en el mercado.

Una propuesta de valor también abarca la filosofía sobre cómo disminuir las incomodidades que suponen al cliente la compra y el uso del producto o servicio y la manera de hacer frente a sus inseguridades y percepciones de riesgo. Lógicamente, dentro del elemento de propuesta de valor también se incluyen decisiones más clásicas, como la gama y el rango de productos, el mayor o menor foco en productos o servicios, la paquetización o no de los elementos de la oferta, etc.

Por tanto, las empresas tienen el reto de responder a la creciente polarización de la demanda. Los productos de calidad media a precio medio y con un enfoque de comercialización tradicional es posible que no crezcan, sobre todo si se les pone en el contexto del crecimiento de la demanda de los extremos. Por eso, para las compañías es un imperativo el diseño de propuestas de valor especializadas para demandas con necesidades simples, medias y altas. El concepto de propuesta de valor trasciende el de producto o servicio al poner más atención en el beneficio o la solución aportados a las necesidades del mercado. La singularidad y el atractivo de la propuesta de valor residen no solo en la innovación que se haya conseguido en el producto o servicio, sino también en el resto de los elementos del modelo de negocio.

Una propuesta de valor singular y a la vez atractiva para un segmento del mercado es sinónimo de un buen precio o un buen volumen. Por ejemplo, Zara, de Inditex, ofrece ropa de moda casi de pasarela con calidad media a precios asequibles. El intangible de oferta *fresca* lo consigue mediante la sensación de escasez del producto y el ambiente atractivo de sus tiendas. Esta sensación de escasez se refuerza con *stocks* pequeños, estanterías abastecidas escasamente y, por tanto, la creación de una percepción deliberada de falta de existencias.

Para pensar sobre este elemento del modelo de negocio, las organizaciones pueden hacerse las siguientes preguntas:

- ¿Cuáles son los elementos más importantes de la propuesta de valor si se expresan desde el punto de vista de los resultados o beneficios que proporcionan a los clientes?

- Desde la perspectiva de los clientes, ¿cómo se puede describir la propuesta de valor?

- ¿Cuáles son los atributos más valorados por el cliente final?

- ¿Qué aportamos respecto a los competidores más cercanos en la manera en la que gestionamos la propuesta de valor, la calidad o el precio? ¿Somos mejores que la competencia en los atributos más valorados?

Cadena de valor/operaciones

El tercer elemento básico de un modelo de negocio es la configuración y gestión de las operaciones o cadena de valor. Dentro de este elemento se incluyen la gestión de compras, proveedores, logística, localización de los procesos operativos, procesos administrativos y de gestión, eficiencias por tamaño, productividad de la mano de obra, digitalización del *back-office,* etc. Este elemento pone encima de la mesa decisiones críticas, como la deslocalización, fabricar o comprar fuera, la propiedad o no de activos, qué se externaliza y a quién, etc.

Esta área está sometida a una fuerte transformación por efecto de las nuevas tecnologías y de la globalización, que está permitiendo el diseño de sistemas de operaciones radicalmente más eficientes que los anteriores. En ellos la combinación de escala, simplicidad, tecnología e involucración del cliente en el proceso productivo está dando lugar a posiciones de coste que después posibilitan precios disruptivos respecto a los modelos de negocio más tradicionales.

Un ejemplo interesante fue el de Commerce Bank en Estados Unidos, cuya propuesta de valor enfatiza aspectos como las relaciones con el cliente y la simplificación de la oferta precisamente para tener una cadena de valor más eficiente y focalizada en el servicio al cliente. Las operaciones se diseñan con la intención de crear satisfacción en él: la empresa ofrece un servicio mejor que el de sus competidores con un gran número de canales para la entrega del servicio y elementos de acceso al cliente para sus transacciones. Los momentos de interacción entre cliente y empleado se diseñan de manera que el criterio de selección del personal sea la amabilidad y que el porcentaje de éxitos en la interacción pueda resultar muy alto.

Algunas preguntas que pueden ayudar a pensar sobre este elemento son las siguientes:

- ¿Qué elementos son críticos en la cadena de valor si se miran desde una perspectiva global? ¿Operaciones, logística, compras, recursos humanos, métricas, finanzas?

- ¿Cómo se conseguirá una ventaja en costes respecto a la competencia?

- ¿Cómo se medirán, gestionarán y recompensarán las mejoras en calidad y productividad?

- ¿Qué objetivos se quiere conseguir en productividad, compromiso y lealtad de los empleados?

- ¿Qué uso hacemos de las capacidades digitales para la mejora de procesos y la mayor exactitud en las previsiones, la monetización de los datos o la personalización del servicio a clientes y empleados?

Sistema de entrega/canales

El último elemento de un modelo de negocio es el sistema de entrega del producto o servicio al cliente, lo que equivale a hablar de los canales de distribución y de la manera en la que se articulan los procesos de venta, servicio y posventa. En este elemento del modelo de negocio también ha habido una auténtica revolución: los canales digitales, que están haciendo posible las transacciones desde cualquier sitio a cualquier hora y desde cualquier pantalla. La omnicanalidad permite una experiencia integrada y una gestión mucho más eficiente del *customer journey*.

En el caso de Zara las tiendas se utilizan como promotoras de marca. Son sofisticadas y exclusivas y están situadas en puntos clave. Se abastecen mediante un sistema de distribución centralizado con envío por franja horaria. Se envían directamente desde la central dos veces por semana, de manera que se elimina la necesidad de almacén en las tiendas y casi todo el espacio del local se utiliza para exposición al público.

Muchas de las innovaciones de las que estamos siendo testigos en el sistema de entrega tienen su eje en la coproducción, el coconsumo o la cofijación de precios con el cliente. La estrategia de canales y la forma de articular la posventa resultan cada día más valiosas para triunfar en el mercado.

Así, uno de los cambios más interesantes es la aparición de opciones de autoservicio, que son preferidas por el cliente a la utilización de opciones de servicio realizadas a través de mano de obra. Hoy la mayoría de los clientes prefieren hacer sus trasferencias bancarias o compras de billetes de avión por su cuenta y desde la comodidad de su casa u oficina.

Otro desarrollo interesante es el de las tecnologías, que permiten aprender de las transacciones para personalizar el posterior servicio. Uno de los casos más conocidos es el de Amazon: cuanto más se compra en sus tiendas, mejores servicios de posventa y de asesoramiento se reciben. Igual pasa en eBay, Apple, Airbnb, etc.

Como resultado, la figura clásica del vendedor está en proceso de transformación. El contenido de su trabajo abarca más tareas y hay una migración hacia la venta basada en la educación al cliente, lo que implica un nivel de interlocución de mayor nivel que a la vez requiere un perfil de comercial más sofisticado, especialmente con clientes en los que hay un recorrido de mejora en la relación.

Las preguntas que pueden servir para reflexionar sobre este elemento del modelo de negocio son las siguientes:

- ¿Cómo diseñamos y gestionamos los puntos que configuran la experiencia del cliente?

- ¿Qué más podemos hacer para disminuir los elementos de inseguridad y de incomodidad de los clientes a lo largo de los distintos elementos de contacto? ¿Qué emociones suscitamos en las interacciones con el cliente?

- ¿Cuáles son los canales y las puertas de acceso que los clientes prefieren utilizar en sus interacciones con nosotros?

- ¿Cómo se deben gestionar esos elementos para lograr una excelencia en ventas y posventa? ¿Qué papel desempeñan las personas, la tecnología, los procesos y procedimientos y las instalaciones y el *layout* de las operaciones de *retail*?

2. Modelos de negocios centrados en el producto o en el cliente

El orden con el que se priorizan estos elementos del modelo de negocio o su peso relativo tienen su importancia, ya que definen la orientación al cliente o al producto de las empresas.

Las compañías con el foco en productos tienden a utilizar la siguiente secuencia: propuesta de valor, operaciones, canales de distribución y clientes; en cambio, las que ponen el foco en el cliente cuentan con una secuencia distinta: clientes, canales de distribución, propuesta de valor y operaciones. Poner al cliente en el centro de la organización supone adoptar esta segunda secuencia.

En muchos sectores en los que el foco del producto ha sido mayoritario en el pasado, la irrupción de un competidor con un foco de clientes puede cambiar las reglas del juego del sector. Tal fue el caso de Zara hace años.

En el cuadro 8.2 se recoge esquemáticamente el cambio de modelo de negocio que se ha visto en muchas empresas que operan en el *retail* de artículos de moda. En el modelo tradicional el productor se centraba en las operaciones de diseño, producción, distribución y marketing. Por el contrario, otros empresarios de *retail* centraban su actividad en el resto de las actividades, como diseño de la tienda, rango de productos, gestión inmobiliaria y venta/posventa. Todo eso ha cambiado. La cadena de valor se ha sofisticado y ha dado entrada a nuevos actores que se reparten las operaciones de manera bien distinta.

Cuadro 8.2. La transformación de los modelos de negocio de *retail*

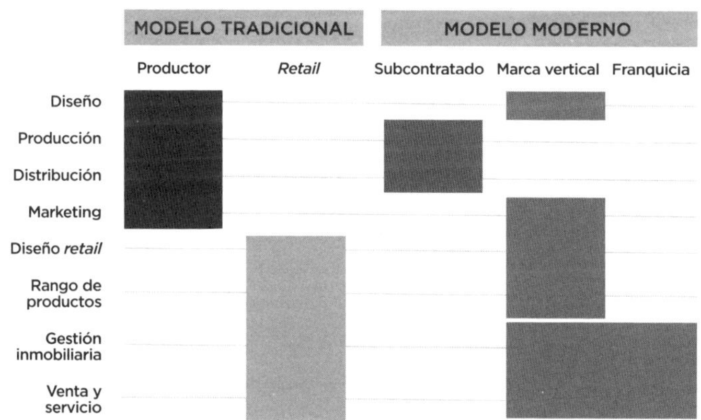

Mercadona en España y Tesco en el Reino Unido son dos empresas con un modelo de negocio centrado en el cliente. En ambos casos la información de retorno de los clientes se ha convertido en un elemento básico en la toma de decisiones de negocio y en la configuración del resto de elementos del modelo de negocio.

Mercadona hace continuas pruebas a ciegas para conocer las preferencias de sus consumidores sobre los productos que ocuparán los estantes de sus tiendas y su obsesión por rebajar precios tiene una parte de cruzada para ayudar a los consumidores a mejorar su poder de adquisición.

En esta cruzada tiene como aliados, forzados o no, a los interproveedores, con los que mantiene una política de largo plazo y de exigencia mutua para buscar las mejores maneras de servir al consumidor tanto desde la calidad como desde el precio del producto.

3. Las fuerzas que hacen que un modelo de negocio sea competitivo

La fuerza de los modelos de negocio viene determinada por la integración y simbiosis que se consiga entre esos elementos básicos. Los elementos tienen que retroalimentarse entre sí y encajar de manera innovadora para generar diversas productividades (más *output* y menos *input*) que, como veremos en los párrafos siguientes, confieren mucha fuerza competitiva.

Fuerza conceptual

La simbiosis entre la propuesta de valor y el foco del mercado confiere al modelo de negocio fuerza conceptual y de comunicación respecto al mercado. Un diseño brillante de estos dos elementos del modelo de negocio permite una preferencia de marca alta con unas inversiones en marketing más bajas. Esta productividad es muy importante para crear marcas queridas y respetadas con pocos recursos invertidos en su comunicación.

Un enfoque para dotarse de fuerza conceptual, que ha resultado útil en el pasado, es la articulación de marcas con mentalidad de *challenger,* donde se hace explícito el deseo de perfilar una nueva forma de pensar. Esto se hace enfocándose en algún elemento de la categoría que históricamente se ha hecho mal desde el punto de vista del consumidor y ofreciéndose como una alternativa con una causa o misión, ya que pretende solucionar precisamente ese elemento históricamente frustrante. A los consumidores les gustan las marcas que acaban siendo agentes de cambio en la categoría.

Un ejemplo clásico es Starbucks cuando hace ya años se posicionó como ese *tercer lugar* (los otros son el trabajo y nuestra casa) en el que no nos presionan y donde uno puede recargar pilas y reconectarse consigo mismo. El resultado hizo que el concepto y la comunicación no se centraran en el café, sino en la experiencia y su efecto en el *alma* del consumidor. Otros ejemplos son Virgin, Wikipedia, Ryanair, Dove o ThePowerMBA.

La fuerza conceptual permite multiplicar la preferencia de marca sobre el gasto en marketing que hubiera sido hasta ese momento el típico de la categoría.

Algunas de las preguntas que pueden ayudar a mejorar la fuerza conceptual de los modelos de negocio son las siguientes:

- ¿Hemos conseguido un buen posicionamiento de la propuesta de valor en relación con las necesidades de los clientes y la oferta de la competencia?

- ¿Cuáles son las barreras de entrada de los competidores al posicionamiento que ocupamos?

- ¿Sabemos gestionar y comunicar bien nuestros intangibles?

- ¿Percibe el mercado nuestra singularidad en el servicio que proporcionamos o en los precios con los que trabajamos? ¿Ponemos el foco en los atributos más valorados por el cliente?

Fuerza operativa

El encaje singular de la propuesta de valor con el modelo de operaciones permite mejorar la calidad percibida o la cantidad sobre el coste, dotando al modelo de negocio de más fuerza operativa.

La fuerza operativa tiene su expresión práctica en lograr hacer lo mismo que la competencia pero a menor coste o con más rapidez o, en su lado más brillante, permite hacer cosas, elementos de la propuesta de valor, que otros no saben hacer.

Parte de la fuerza operativa se asienta en un modelo que permite desplegar con rapidez los recursos que se necesitan para atender los volúmenes cambiantes de la demanda. El modelo operativo tiene un efecto directo en el modelo económico, ya que determina los tiempos de respuesta, la rotación de inventarios, la utilización de los activos materiales, etc.

Esta fuerza permite apalancar la calidad o la cantidad de los productos y servicios sobre los gastos en compras y operaciones.

Las preguntas para pensar sobre la mejora de esta fuerza del modelo de negocio pueden ser las siguientes:

- ¿Cuáles son los elementos clave que permiten conseguir más calidad o cantidad con mejor posición de costes que la competencia?

- ¿Tenemos más flexibilidad o agilidad que la competencia?

- ¿Cómo estamos eliminando la complejidad que resulta innecesaria en toda la cadena de valor?

Fuerza de coordinación lateral

Un modelo de negocio brillante se distingue también por la simbiosis entre las operaciones y la gestión de canales en donde se crea la interacción con el cliente. Esta sinergia dota al modelo de negocio de una fuerza de coordinación lateral que permite ganar en capacidades analíticas y en el grado de colaboración entre operaciones y comercial.

Capacidades analíticas

La fuerza de coordinación lateral se asienta, en primer lugar, sobre unas capacidades analíticas que permiten transformar la información sobre clientes que se genera en los canales en inteligencia de clientes y en un conocimiento que permite tomar mejores decisiones empresariales. En ese proceso se pueden distinguir cuatro etapas: en la primera, se pone en común en una base de datos toda la información dispersa que había en la empresa sobre los clientes; en la segunda, se consigue generar conocimiento que permite descubrir perfiles en los comportamientos pasados de los clientes; en la tercera, se genera conocimiento que permite predecir comportamientos futuros de los clientes con bastante fiabilidad, y en la cuarta, se reconfigura la capacidad de respuesta de la empresa a las peticiones de sus clientes basándose en el conocimiento desarrollado sobre la base de la información analizada de los clientes.

Cultura de colaboración

La fuerza de coordinación lateral se asienta, en segundo lugar, en la cultura de colaboración interna que se ha desarrollado dentro de la empresa. Tanto la falta de confianza como la inexistencia de buenos protocolos de coordinación deterioran la colaboración interfuncional. El resultado final se traduce en ineficiencia en la toma de decisiones, falta de efectividad en la ejecución y mal ambiente de trabajo. Y al revés: coordinación más confianza igual a colaboración, mejor toma de decisiones, mayor efectividad en la ejecución y mejor ambiente de trabajo.

El problema de la colaboración entre áreas es importante, ya que sin ella se dificulta la obtención de las sinergias necesarias para la disminución de costes o la mejora de ingresos. Si el problema de la falta de colaboración es general y a la vez importante, ya se ve que no tiene fácil solución y que se requerirá un buen número de actuaciones.

Ninguna solución por sí sola lo resolverá, pero puede que la suma de varias permita avanzar en la dirección querida. En los siguientes párrafos se mencionan algunas iniciativas para mejorar la cultura de colaboración interna en las empresas:

- Fomentar carreras horizontales en las que un buen número de directivos vayan rotando de un departamento a otro. Los objetivos son tanto adquirir una experiencia más plural del negocio como fomentar una red de relaciones humanas en los departamentos en los que se ha trabajado que favorezca la resolución de problemas entre las áreas. La rotación impide que los directores de áreas las diseñen y dirijan más a la medida de su propia personalidad que de lo que requiere la estrategia de la empresa en ese momento. Por otra parte, un directivo que esté mucho tiempo en la misma función y que crea que es el director de esa área porque es el que más sabe sobre ella puede llegar a matar, inconscientemente, el conocimiento nuevo en su departamento. ¿Quién va a atreverse a llevar la contraria a su jefe?

- Fomentar la carrera de los directivos con una actitud más cooperativa hacia sus colegas. En esa línea tendría sentido darle alas a un programa de directivos de alto potencial a los que se les diseña un plan de carrera en distintos departamentos y a los que se les insiste en su entrevista de desempeño en la importancia de tender puentes entre las áreas de la compañía.

- Programar a lo largo del año más y mejores eventos lúdico-comunicacionales entre departamentos para fomentar las relaciones informales entre las personas de la organización. Los eventos, cuando hay una base mínima de cultura sana, refuerzan las relaciones personales, destensan el ambiente y permiten conocer facetas distintas de las personas.

- Reubicar la cafetería, las salas de reuniones, los lavabos, la zona de descanso e incluso los despachos de las personas con la intención de que sea inevitable el encuentro en los pasillos y el roce cotidiano. Esta reubicación resulta especialmente importante hacerla con las funciones que estén más distantes emocionalmente entre sí y cuya mejor coordinación sea importante para la empresa.

- Hacer un diseño del organigrama de los departamentos, funciones y áreas lo más simétrico posible y que favorezca que las personas con responsabilidades de nivel intermedio sepan quiénes son sus pares en los otros departamentos, áreas o funciones. La idea es que la paridad y la simetría fomenten la comunicación y la coordinación sin necesidad de tener que escalar los temas más arriba.

- Crear métricas de rendimiento e incentivos al desempeño que fomenten el trabajo coordinado y los objetivos comunes. Asegurarse de que no existen objetivos, métricas de rendimiento y recompensas en distintos departamentos que no sean consistentes entre sí y que institucionalicen el conflicto entre ellos.

- Invertir más en sistemas de información que integren a toda la organización de tal manera que se pueda tener información a tiempo real de otras áreas y se acabe construyendo un conocimiento colectivo y no en forma de chimeneas. Por ejemplo, la Intranet debe tener la virtualidad de hacer fácil el acceso a la información de otras áreas y de que sea posible el *autoservicio* sin necesidad de escalar las peticiones o *pedir favores*. Ligado a este punto está la necesidad de integrar las bases de datos para desarrollar mejor inteligencia de negocio y capacidad de respuesta a las peticiones de los clientes.

- Acostumbrar a la organización a trabajar en forma de grupos de trabajo interdepartamentales para la mayoría de los proyectos importantes de futuro. Hacer que las personas sientan que su rendimiento en el equipo tiene casi tanta importancia para su desempeño como el trabajo funcional. Para ello es muy importante que los equipos cuenten con una metodología de trabajo eficiente y que el *output* del equipo tenga un efecto real en la marcha de la empresa.

- Fomentar que la alta dirección responda con pautas de solución a los conflictos entre departamentos que le lleguen para evitar el hábito de que escalen constantemente los mismos problemas las personas de su equipo. El objetivo es impedir que la organización se acostumbre a que la única forma de solucionar los problemas sea escalarlos hacia arriba y esperar a que otro solucione los problemas que pueda tener con un par de otra área.

- Dar más poder informal o indirecto a los directivos que tienen que coordinar el trabajo de colegas que no dependen jerárquicamente de ellos. En organizaciones verticalizadas por productos, estos directivos coordinadores suelen ser los responsables de las geografías o de los segmentos y su trabajo puede ser extenuante si no disponen de algunas herramientas que les den cierto poder formal, por ejemplo, capacidad de decisión sobre un porcentaje relevante del bono de las personas que coordinan o disposición de poder de veto de sus carreras profesionales.

- Si se utiliza una estructura matricial, seguir intentando una mayor simetría entre los distintos directivos a los que se reporta para que tengan un peso similar en la definición de los objetivos que se pretende lograr y en la medición del desempeño. La descoordinación entre los directivos de una matriz hace imposible el trabajo profesional de las personas con doble o triple reporte.

- Apartar de la compañía, aunque consigan buenos resultados a corto plazo, a las personas con una mentalidad de *macho alfa*. Los directivos con el síndrome del macho alfa hacen que sus reportes despachen los temas importantes de uno en uno y dificultan, por intereses personales, la creación de equipos donde se comparte la información y se crea un sentimiento compartido de futuro. La jugada de fondo es ganar poder, hacerse imprescindibles y sentirse dominantes sobre el resto para imponer su agenda de intereses personales.

- La fuerza de la colaboración lateral permite apalancar la coordinación interna, la capacidad de respuesta a las peticiones del mercado y las capacidades analíticas de la información de clientes sobre los gastos en sistemas de información y sobre todo en gasto en directivos encargados de hacer que el sistema funcione de forma coordinada.

Algunas de las preguntas que pueden servir para mejorar la fuerza de la colaboración lateral son las siguientes:

- ¿Qué se está haciendo desde operaciones para ayudar a que las actividades de venta y posventa tengan más éxito?

- ¿Se tiene una manera de gestionar la calidad percibida mejor que la de la competencia?

- ¿Tenemos un enfoque competitivo de inteligencia de clientes?

- ¿Hemos creado una buena cultura de colaboración entre operaciones y comercial que permita capturar sinergias en ingresos y reducción de costes?

Fuerza de gestión de la experiencia del cliente

Por último, los mejores modelos de negocio también ponen un esfuerzo especial en integrar la forma en la que conceptualizan el mercado con el diseño de sus sistemas de entrega o distribución. El encaje creativo de estas dos piezas proporciona al modelo de negocio una gran fuerza de gestión de la experiencia del cliente.

Esto permite apalancar el coste comercial sobre el número de clientes que se consigue y su voluntad de permanencia. Si se logra una alta percepción del valor en la experiencia de compra y en la posventa, se acaban reduciendo los costes de adquisición de clientes y los de retención y vinculación de los clientes.

Si se retiene y vincula a un cliente, se hace más probable la mejora de su margen medio a través de más transacciones, venta cruzada, disminución de los costes de servicio, mejora operativa derivada de la información de retorno que proporcione ese cliente, menor sensibilidad al precio, etc.

El resultado es una nueva productividad en forma de más captación y fidelización de clientes con menos gasto comercial.

Para pensar sobre esta nueva fuerza del modelo de negocio se puede trabajar alrededor de las siguientes preguntas:

- ¿Se ha diseñado la experiencia del cliente de una manera coherente respecto a sus necesidades y diferenciada respecto a los competidores?

- ¿Cuál es nuestro coste de captación de clientes en relación con la competencia?

- ¿Hemos desarrollado un enfoque innovador para lograr una mejora de la fidelización de nuestros clientes?

4. El modelo económico que sustenta todo lo anterior

El diseño de los elementos mencionados anteriormente tiene un efecto directo en el modelo de rentabilidad o modelo económico del negocio. De hecho, el modelo de negocio es la conceptualización de la manera particular de hacer dinero que tiene una empresa.

Para entender el modelo económico, es útil distinguir sus tres elementos más importantes:

1. **Modelo de ingresos.** Viene condicionado directamente por las decisiones relativas a los *targets* de la demanda y a la conceptualización de la propuesta de valor que se pone en el mercado (elementos 1 y 2 del modelo de negocio). Hace referencia a las variables clásicas de volumen y precio. El volumen puede ser medido como cuota de mercado, frecuencia de compras, etc.

2. **Modelo de estructura de costes.** Está determinado en gran parte por las decisiones de configuración de la cadena de valor y de canales y distribución (elementos 3 y 4 del modelo de negocio). En este modelo debe hacerse explícito cómo se asignarán los costes fijos, la envergadura de las inversiones más importantes, los costes directos e indirectos, la eficiencia de las actividades más críticas, etc.

3. **Modelo de margen de contribución.** Viene determinado por las cuatro fuerzas del modelo de negocio. Da la clave de cuánto contribuye cada transacción a la absorción de los gastos fijos y dónde están el punto muerto de la operación y los niveles de rentabilidad en los distintos escenarios de volumen que se manejen.

Así, se puede afirmar sin ningún lugar a dudas que la mejora de las cuatro fuerzas antes mencionadas permite mejorar los márgenes con los que opera la empresa.

EJERCICIO
Rediseñando el modelo de negocio
para ganar en competitividad

La idea

Las batallas en los mercados son entre modelos de negocio. Un modelo de negocio es para la empresa su morfología. Si es fuerte, ganará cuando compita.

Cuando hay integración entre la morfología y el terreno en el que se compite, las probabilidades de ser competitivo aumentan.

Para mejorar la competitividad hay que entender la compañía como un porfolio de capacidades que han de reformularse dando lugar a un mejor modelo de negocio que aumente la integración de la empresa con el mercado.

Los cambios acelerados en los mercados obligan a modificar la estrategia con más frecuencia. El rediseño de un modelo de negocio es una parte sustancial de la estrategia, ya que en él se han de definir e integrar entre sí cuatro elementos clave de la estrategia: la propuesta de valor, la tipología de clientes más deseados, el diseño de las operaciones y los puntos de acceso de los clientes para informarse, comprar o requerir un servicio.

Tanto la propuesta de valor como los clientes objetivo determinan el modelo de ingresos; por el contrario, el diseño de la cadena de valor y los puntos de acceso configuran el modelo de costes.

Igualmente, la calidad de la integración de la propuesta de valor y los clientes objetivos resultan en un modelo con fuerza conceptual; la integración de la propuesta de valor con las operaciones en fuerza operacional; la integración de las operaciones y los puntos de acceso en fuerza de coordinación interna, y la buena integración de los puntos de acceso con el perfil de clientes genera modelos de negocio con fuerza desde la perspectiva de la experiencia de clientes.

La idea en la práctica

A continuación se incluyen unas preguntas cuyas respuestas pueden ayudar a mejorar el modelo de negocio tanto en sus elementos básicos como en su integración.

Propuesta de valor

Desde la perspectiva de los resultados creados a nuestros clientes, ¿cuáles son los elementos más importantes de nuestra propuesta de valor? Dicho de otro modo: ¿qué resultados generamos desde una perspectiva funcional, emocional y sociológica? ¿Qué añadimos respecto a la competencia en el enfoque de precios, reducción de incomodidades y gestión de las inseguridades?

¿Qué parte de nuestra gama de productos y servicios se enfoca a necesidades singulares del mercado? ¿Sabemos traducir en precio la diferenciación de nuestra oferta?

Clientes

- ¿A quién vende esta organización?

- ¿Cuáles son las características comunes de los segmentos de mercado importantes?

- ¿Qué dimensiones pueden usarse para segmentar el mercado? ¿Demográficas, psicográficas? ¿Cuál es la importancia de los diversos segmentos?

- ¿Qué necesidades tiene cada segmento? ¿Cómo son servidas esas necesidades, con qué calidad y por quién?

- ¿En qué segmentos nos hemos de centrar? ¿Por qué?

Cadena de valor

- ¿Cuáles son los elementos clave en la cadena de valor? ¿Operaciones, logística, compras, recursos humanos, finanzas, digital, plataformas tecnológicas?

- ¿Cómo podemos tener ventajas de costes respecto a nuestros competidores más directos? ¿Cómo controlamos y premiamos la calidad y el coste? ¿Qué relación tenemos con nuestros proveedores?

- ¿Qué resultados esperamos en términos de productividad, integridad, colaboración y lealtad de nuestros empleados?

Sistema de entrega

¿Cómo diseñamos y gestionamos la interacción con el cliente desde la perspectiva de canales y puertas de acceso? ¿Qué estrategia de omnicanalidad desean los clientes? ¿Cómo gestionar mejor el pasillo del cliente? ¿Hacemos un buen uso de los datos del cliente?

¿Cómo disminuimos el número de incomodidades e inseguridades de nuestros clientes durante la mayoría de sus contactos con nosotros? ¿Dónde podemos crear emociones positivas?

En la interacción con el cliente (venta y posventa), ¿qué nos diferencia de la competencia? ¿El rol de la gente, el uso de los datos, la tecnología o el equipamiento, los procesos o procedimientos, las instalaciones, la capacidad de respuesta?

Poder conceptual (integración de clientes y propuesta de valor)

- ¿Cuán atractiva y diferencial es nuestra propuesta de valor en relación con las necesidades de los clientes y la oferta de la competencia?

- ¿Cuáles son las barreras de entrada a nuestro posicionamiento para nuestra competencia?

- ¿Cómo gestionamos y comunicamos nuestros intangibles?

- ¿Percibe el mercado una diferenciación valiosa o un mejor precio en nuestra oferta?

Poder operacional (integración de propuesta de valor y operaciones)

- ¿Tenemos la capacidad de *fabricar* nuestra propuesta de valor con ventajas (coste, calidad, rapidez, etc.) respecto a la competencia?

- ¿Tenemos capacidades operacionales singulares en los atributos más relevantes de nuestra propuesta de valor?

Poder de coordinación interna (integración de operaciones y sistema de entrega)

- ¿Qué grado de colaboración hay entre las actividades de soporte y las de venta y posventa? ¿Hay una buena cultura de clientes en las personas de soporte operacional?

- ¿Hasta qué punto aseguramos mejor los estándares de calidad en la venta y posventa que nuestros competidores?

- ¿Cómo podemos sacar más partido a los datos de los clientes para aumentar las ventas y la satisfacción de los clientes?

Poder de experiencia de clientes (integración de sistema de entrega y clientes)

- ¿Cómo desean los clientes que se les venda y se les sirva?

- ¿Cómo es el coste de adquisición de nuestros clientes en comparación con el de nuestros competidores?

- ¿Estamos construyendo una fuerte lealtad de clientes en comparación con nuestros competidores?

Más preguntas para rediseñar el modelo de negocio y ganar en competitividad

- ¿En qué aspecto es nuestro modelo de negocio indistinguible del de tu competencia?

- ¿Qué aspectos de nuestro modelo de negocio han permanecido inalterados entre los últimos tres y cinco años?

- ¿Qué está pasando en las variables que configuran los mercados (tecnología, regulación, estilos de vida, sociología, competidores, etc.) que podría trastocar las viejas reglas del juego de la industria?

- ¿Qué tendencias de largo plazo están ganando relevancia? ¿Qué cadena de reacciones se podrían activar con esas tendencias?

- ¿Qué habilidades o activos tenemos que de verdad sean diferenciales e importantes en la creación de valor para los clientes?

- ¿En qué otros mercados o segmentos podrían añadir valor nuestras habilidades o nuestros activos singulares?

- Si Google, Facebook, Amazon, Virgin o empresas similares intentaran reinventar nuestra industria, ¿cómo usarían sus habilidades y fortalezas para hacerlo? ¿Qué podríamos ganar asociándonos con estas compañías?

9
La experiencia de marca

Las marcas son a una empresa como la cultura y el arte son a la sociedad. En ellas se entrevé el refinamiento de las civilizaciones, de las compañías en el caso de las marcas, y su gusto estético. Sin marcas el mundo sería grisáceo o, lo que es peor, un árido desierto. Las marcas nos interpretan como seres humanos y proyectan hacia el futuro los legítimos deseos de nuestro subconsciente.

Hacen que el mundo sea más seguro, diverso, divertido, sorprendente, inconformista, singular, cercano, humano, solidario... En cierta forma nos proporciona a los individuos de esta generación raíces, que nos permiten entender de dónde venimos, y alas, que nos proyectan hacia un futuro de más felicidad.

Una marca es la socialización de un prestigio. En cierta forma se trata de un proceso natural que debe acelerarse desde las organizaciones. Las marcas tienen personalidad propia cuando el mercado objetivo las asocia a un conjunto de atributos o virtudes relevantes, creíbles y diferenciales.

Para muchas empresas, especialmente las de servicio, un 80 % de la fuerza de su marca se hace desde la calidad de la experiencia. La experiencia del cliente ha de estar, por tanto, tematizada con los atributos de la marca.

1. La clave está en ganar el corazón y la cabeza de los clientes

La cabeza de los clientes se gana cuando se consigue que piensen que tenemos el mejor producto, el mejor servicio o el mejor precio. A la cabeza le gusta en cierta manera maximizar su ventaja entre las ofertas que tiene disponibles y elegir la ganadora desde el punto de vista racional. En cambio, el corazón se gana cuando los clientes sienten que se les escucha, se les conoce, se les valora, se les atiende o cosas similares.

Las emociones de los clientes tienen su lógica y esta acaba dictando la lógica que rige el comportamiento y las decisiones humanas. En síntesis, para hacer que los clientes sientan bien la marca: deben poder fiarse de la promesa que se les hace; ver que lo que se les oferta tiene un elemento de novedad y de humor; sentirse importantes, creando valor aspiracional, y sentirse identificados y asociar como propios algunos de los atributos de la marca. Ganar la cabeza y el corazón son dos enfoques distintos con objetivos aparentemente diferentes pero que convergen en hacer que el cliente se vincule con la marca y se *sienta* propietario.

Los atributos ligados al corazón de las marcas han de experimentarse en el trato que se recibe en el lugar de creación del servicio. De lo contrario, se diluye la comunicación de la personalidad de la marca hacia el cliente y este deja de *creer* en los mensajes que le envía la empresa. Un cliente que deja de creer es muy difícil que llegue a ser fiel.

Una compañía que trabaja estos ejes consigue el milagro de la conexión afectiva con sus clientes. Estos ejes se tienen que trabajar desde la política de comunicación de la marca, pero aún más desde el trato y la experiencia que se dispensan en el lugar de creación del servicio.

Aplicando todo lo anterior a la gestión de marcas, podemos concluir que las queridas son las que han ganado el corazón y la cabeza de los clientes. Si se gana solo la cabeza, los clientes serán infieles… hasta que los convirtamos en *creyentes*.

2. Los clientes son infieles… hasta que los convertimos en *creyentes*

Los clientes son fieles a sus intereses. Pueden llegar a ser fieles a una determinada marca si acaban creyendo que está alineada con sus intereses de manera que supere el oportunismo del momento. En cierta forma, los clientes son fieles solo si se les *convierte* a la idea de que la empresa vela por sus intereses de manera sincera y profesional. Esta *conversión* no es necesariamente espontánea, sino el resultado de un proceso que requiere cierta representación escénica cuyo acto final sea esa conversión.

Soneva, empresa de hoteles tailandesa, ha traducido estas ideas en un modelo de prioridades en forma de círculo virtuoso. La primera prioridad está en el diseño de nuevos conceptos de servicios y en la mejora de la cultura corporativa. Esta prioridad tiene su sentido si se entiende la *conversión* de clientes como una pequeña obra de teatro. Los conceptos son el guion que representar, la cultura, el estímulo intelectual y emocional que reciben los actores para dar lo mejor de sí mismos y la innovación, el interés por representar obras distintas que sigan sorprendiendo gratamente al cliente.

La segunda prioridad para el equipo directivo de Soneva está en desarrollar el compromiso y el orgullo por el trabajo de sus empleados. La vida enseña que quien más fe tiene en un proyecto suele ser el que más conversos consigue. Aquí pasa algo parecido: los empleados que mejor sienten su trabajo son los que más fidelizan a los empleados. Para hacer una buena representación delante de los clientes, los actores (empleados) han de ser buenos y creer en su papel.

La tercera prioridad radica en superar las expectativas con las que los clientes vienen a los hoteles, lo que resulta francamente difícil cuando se dispone de muchos clientes repetitivos.

Si el guion, el escenario y la representación son correctos, es inevitable que los clientes acaben creyendo lo que ven y se vinculen al negocio. Aquí es donde llega la cuarta prioridad: un negocio económicamente sostenible y del que puedan sentirse orgullosos los directivos que lo gobiernan al ver que el modelo funciona y que su liderazgo resulta efectivo.

Por otro lado, los humanos somos animales sociales. Nos gustan las comunidades y sentir que tenemos cosas en común con los demás, especialmente si en la comunidad hay otros individuos con intereses comunes.

Quizás por eso muchas marcas están haciendo esfuerzos por crear comunidades de clientes alrededor de algunas de sus tiendas emblemáticas y desarrollando actividades lúdico-formativas para congregar a sus *fieles*. Otra iniciativa similar se realiza a través de las webs, donde se crean contenidos de manera conjunta entre los clientes y la empresa.

La idea de fondo es que en una comunidad de personas con intereses similares resulta más fácil preservar o incrementar la creencia de que una empresa es singular. Las comunidades incrementan mucho el sentimiento de pertenencia a la marca y su valor aspiracional y hacen que los clientes se sientan casi propietarios de la marca. Los ejemplos aquí abundan: desde las comunidades Harley-Davidson, las Nike *stores* y las webs de Coca-Cola hasta las tiendas Apple.

3. Todo comunica: la gestión de los momentos de la verdad

Los momentos de la verdad son todas las interacciones con el cliente susceptibles de crear percepciones o recuerdos en él o ella. En estos momentos las cosas han de salir bien. Por muy numerosos que sean, todos comunican y tienen su influencia en la memoria y, por tanto, han de ser gestionados.

Comunicar es un arte complicado. Entre lo que uno quiere decir y lo que el otro acaba entendiendo se suele perder una parte sustancial del contenido. Precisamente por ser una materia compleja, las empresas han de poner mucha atención en los elementos de la entrega del servicio que comuniquen mensajes.

4. La proactividad de los clientes en el lugar de encuentro

En el lugar de entrega del servicio se observa un desplazamiento de la conducta de los clientes: de una actitud pasiva en la que se limitaban a ser en gran parte espectadores a otra más proactiva en la que absorben con sus iniciativas el contenido que se les quiere transmitir, o esa proactividad se manifiesta en una inmersión del cliente en las operaciones propias de la entrega del servicio.

Un ejemplo del primer caso es el de las tiendas Apple, donde hay cantidad de eventos que reúnen a fanes de sus productos y se profundiza en las posibilidades de uso de los productos y programas; un ejemplo del segundo caso es el de las tiendas Ikea, donde se le traslada al cliente una parte importante de las operaciones y su inmersión en el proceso de decisión, compra, recogida del producto en almacenes, traslado y montaje del mueble en su casa resulta casi total.

Existen muchas posibilidades de desplazamiento de las operaciones de la empresa al cliente que, en contra de lo que podría pensarse, no solo no destruye valor percibido, sino que lo incrementa. Hay muchos clientes que se quieren sentir protagonistas y quienes les gusta *ser utilizados* en la entrega del servicio si esto redunda en otra serie de ventajas para ellos.

5. La frase mágica: hacer cosas originales para que te recuerden y hablen de ti

La memoria graba solo lo que ha resultado sorprendente. Por otro lado, las personas tendemos a hablar y a contar a terceros las anécdotas curiosas, sorprendentes y singulares de las experiencias de servicio en las que hemos estado presentes. Eso es un poco injusto, pero es así.

Por eso, si queremos que se hable de nosotros y que se nos recuerde, hemos de introducir en la entrega del servicio algún elemento de sorpresa, de novedad, de drama, etc., que dé que hablar, obviamente de forma positiva.

Los clientes tendemos a crear, de forma espontánea, una *frase mágica* compuesta por dos elementos que sinteticen, desde la perspectiva del servicio recibido, las dos cosas que más nos hayan sorprendido o gustado.

6. Los atributos de marca han de tematizar la experiencia del cliente

Las marcas tienen que clarificar lo que quieren que el cliente piense y sienta sobre ellas. En total no deben ser más de tres a cinco cosas. Una vez decididas, se ha de poner toda la carne en el asador para comunicar esos mensajes a los clientes.

La mejor manera de que esos mensajes lleguen al cliente es reflejando esos atributos en la experiencia que vive en la entrega del servicio. Si se consigue tematizar la experiencia del cliente y, además, es consistente con la imagen creada a través de la comunicación más tradicional, se logra cerrar con fuerza el círculo virtuoso de las marcas.

Kevin Roberts, en su libro *Lovemarks,* sugiere media docena de atributos de marca que en su opinión podrían enriquecer y hacer más atractivas las marcas de productos de lujo, como misterio, magia, sensualidad, intimidad, encanto, etc., atributos que conectan con las llamadas *sensibilidades emergentes* de muchos segmentos del mercado.

7. La personalidad de las marcas se acrecienta cuando se integran elementos aparentemente contrarios

La síntesis de elementos contrarios resalta la personalidad de las marcas. Y todos sabemos lo importante que es que las marcas tengan una personalidad propia que las distinga del resto de competidores.

Representativos de esto son los Hoteles Riu, cuyo mercado natural es el de clientes centroeuropeos. Su posicionamiento es de *hoteles donde se personaliza el turismo de masas* y de *servicios entregados con corazón.* Esta declaración de identidad, aparentemente inocente, ha sido el eje de muchas iniciativas de mejora de la experiencia del cliente con resultados espectaculares.

8. El éxito de los empleados en su labor de atención al cliente

El encuentro entre un cliente y un empleado sigue siendo un momento mágico que empobrece o enriquece las marcas. Los trabajadores pueden llegar a ejercer cierto magnetismo positivo que hace que ese momento sea memorable para el cliente y la causa más importante de su vinculación con la empresa.

Por eso el estado de ánimo de las personas que atienden a los clientes es fundamental y hay que gestionarlo de alguna manera; una de las más eficaces es seleccionándolas en base a su actitud y no en tanto por su currículum.

Otro enfoque complementario consiste en hacer un gran esfuerzo en diseñar procesos de servicio que les permitan tener éxito en su labor de atención al cliente. Este es el enfoque utilizado por Starbucks para sus tiendas-cafeterías. Los responsables de su franquicia en varios países europeos se quedaron muy sorprendidos por la sofisticación de los procesos operativos con los que trabajaban. En Starbucks les comentaron que utilizan ingenieros de proceso del nivel de la NASA para hacer que el trabajo de los empleados y la interacción con los clientes pueda resultar, de manera continuada, un éxito. La razón por la que la mayor parte de los empleados de Starbucks proporcionan un buen servicio está por tanto en una buena selección, unos procesos que hacen que su tarea sea atractiva y una cultura de empresa donde resaltan muchos valores que son sentidos positivamente por sus trabajadores. Muchas veces hará falta también una formación específica en comunicación, persuasión, técnicas de negociación y de control del estrés, etc.

El éxito en las tareas cotidianas de las personas que trabajan en el punto de encuentro con el cliente resulta imprescindible si se quiere conseguir una actitud positiva de los empleados. La explicación está en que existe una sutil pero real concatenación entre el sentimiento cotidiano de eficacia y el concepto que las personas tienen de sí mismas. A su vez, el concepto que uno tiene de sí mismo influye en la autoestima, está en las actitudes y, por tanto, en último término, en las conductas.

Si se quiere lograr que las conductas sean brillantes y las actitudes positivas, se ha de conseguir que la probabilidad de tener éxito en lo que se hace cotidianamente resulte alta.

10
El futuro del comercio y su influencia en las marcas y en la distribución

El comercio es una parte sustancial de la identidad y de la calidad de vida de la sociedad a la que pertenecemos. Lo que compramos y lo que no compramos habla de nosotros como sociedad y como personas. Las identidades se construyen desde lo que compramos, pero también desde lo que no compramos.

Eso resulta especialmente cierto para cada uno de nosotros como personas: nuestro estilo de vida se hace visible en las marcas y los comercios que elegimos y rechazamos. La persona que nos gustaría ser se proyecta, consciente o inconscientemente, en lo que compramos o no, en cuándo lo hacemos y en dónde elegimos hacerlo.

Hablar del futuro del comercio es por consiguiente hacerlo del futuro de la sociedad y de las personas que la conforman. Crear un mejor comercio es crear una mejor sociedad y más calidad de vida para sus integrantes.

El propósito de este capítulo es dar algunas claves de la evolución previsible del comercio y de las posibles respuestas que habrán de tomar las marcas, sus agencias y las cadenas de distribución.

A más cambio, más oportunidades y desafíos; más decisiones e implementaciones complejas que los equipos directivos habrán de tomar y llevar a cabo; más ventaja competitiva al alcance de las compañías que sepan anticiparse a esos cambios de forma constructiva.

La información que se incluye a continuación es cualitativa y fruto de conversaciones con directivos que son protagonistas de muchos de los cambios y de las recomendaciones que se describen.

1. Quince claves del futuro del comercio

Las claves que se describen a continuación están pensadas para ser discutidas en reuniones de equipo entre los responsables de marketing y ventas de las empresas a las que incumba el futuro del comercio.

La dinámica puede empezar repasando las claves y después discutir cuáles les son relevantes o no y en cuáles se está o no de acuerdo. Posteriormente se puede pedir a los participantes que aporten nuevas claves no recogidas en la lista.

El resultado final del trabajo consiste en hacer una lista de claves personalizada y enriquecida por el equipo que pueda emplear la organización para desplegar iniciativas que permitan capitalizar las oportunidades que surgirán con los cambios.

Algunas de las claves del futuro del comercio son las siguientes:

1. El comercio electrónico *(e-commerce)* en sus modalidades de *Buy Online Pick In Store (BOPIS)*, *click and collect* y entrega a domicilio seguirá incrementando su cuota de mercado en las categorías de productos en las que la experiencia de compra no se valore como factor clave por parte del consumidor. El eje impulsor de la compra *online* y *offline* es diferente: el primero se basa más en la facilidad y sencillez y la compra física en una experiencia más completa y pausada.

2. No se prevén grandes cambios en el comercio del futuro para las categorías en las que el consumidor valora la experiencia física de compra porque aprecia buscar, probar, tocar, descubrir, emocionarse, inspirarse y ser aconsejado.

3. Los enfoques *Direct To Consumer* (DTC) funcionarán mejor para marcas de nicho y menos para aquellas cuyo modelo de negocio se sustente en un volumen alto que necesite el canal de distribución masiva.

4. Hay una tendencia en las marcas nativas digitales (y tambіén en las que nacieron con una distribución DTC) de abrir tiendas físicas, como Tesla o Shein. Mientras que el canal *online* canibaliza las ventas de las tiendas físicas, el canal físico incrementa notablemente las ventas de las marcas con distribución DTC, que solo se venden en el canal *online*.

5. El valor percibido de la compra presencial en tiendas físicas seguirá siendo alto para una parte importante del mercado minorista. Las estimaciones con las que se trabaja apuntan a que a largo plazo el comercio electrónico tendrá una cuota cercana al 30 % del comercio minorista y, por tanto, el 70 % continuará desarrollándose a través del canal de tiendas físicas.

6. Una experiencia integrada sin importar el canal o el dispositivo es la fórmula ganadora, como lleva tiempo haciendo Sephora. Ya en 2015 creó tiendas más pequeñas y conectadas a la Red para poner a disposición de sus clientes solo 3500 referencias; el resto de los artículos podían adquirirse a través de pantallas instaladas en el punto de venta.

7. La fuerza de la compra presencial en tienda favorecerá a las marcas que desarrollen una buena estrategia omnicanal. Es previsible que empresas con un enfoque integrado *online* y *offline* recuperen terreno, cuota de mercado, que Amazon les había arrebatado.

8. Los clientes de tienda física, y sobre todo los acostumbrados a la omnicanalidad, gastan más que el resto de los perfiles.

9. El margen del comercio electrónico es, y previsiblemente seguirá siendo, menor que el margen en *retail* en la gran mayoría de los casos.

10. Las aplicaciones de los aparatos móviles continuarán siendo el dispositivo preferido por los consumidores que optan por el comercio electrónico.

11. Los medios en manos de las cadenas de distribución (sus propiedades digitales y las pantallas en sus tiendas) tendrán una importancia creciente en el reparto de la inversión publicitaria. Un porcentaje cada vez mayor de la tarta publicitaria se destinará a la búsqueda *online* en las webs de la distribución y en los soportes físicos o digitales en las tiendas.

12. Aumentará el uso de algoritmos que buscan un incremento de la eficiencia del distribuidor y mayor personalización para el consumidor. Para lo primero, por ejemplo, se condicionan los resultados de la búsqueda *online* al nivel de *stocks* de los productos y a los artículos con más margen.

13. Los *marketplaces* intermediarios (Deliveroo, Glovo y similares) irán a más. Su fuerza competitiva radica no solo en el reparto en la última milla, sino también en la riqueza de datos que acaban acumulando. Con ellos se podrán hacer promociones cada vez más efectivas.

14. Las plataformas logísticas con base en tiendas existentes y en las redes de restaurantes de proximidad son socios con los que se podrá vencer en conveniencia a Amazon al crear entregas en un tiempo muy corto.

15. Se prevé más conexión entre contenido y comercio. Las redes sociales se convertirán en tiendas digitales. El comercio social crecerá. Se espera también un gran crecimiento de conceptos horizontales de compra en torno a *influencers*.

2. Quince recomendaciones para el futuro del comercio

Los cambios traen consigo oportunidades y desafíos para todos los actores del mercado que obligan a tomar decisiones y a ejecutarlas de la mejor manera posible. Para ayudar en esa labor, hemos recogido un listado de quince recomendaciones.

La lista que se ofrece a continuación puede utilizarse de la misma manera que la de tendencias descrita anteriormente. Puede ser la materia prima de una reunión de los equipos de marketing y ventas en la que, a través de una discusión rica, se acaben tachando, añadiendo y priorizando estas recomendaciones, y se pongan así en marcha iniciativas que permitan capturar las oportunidades y protegerse de los desafíos que conllevan los cambios futuros del comercio:

1. Las marcas y la distribución tienen que invertir más recursos en entender las nuevas dinámicas de compra y en identificar

los nuevos recorridos del consumidor. Las dinámicas de dónde invierten su tiempo y dinero los consumidores son todavía muy cambiantes e inestables y por ello requerirán un seguimiento cercano.

2. Se ha de trabajar en aumentar la capacidad de influencia en los puntos de decisión de compra de los consumidores. Los responsables de marketing deben entender que el consumidor está en todo momento en modo compra. Por ello se han de identificar estrategias que *empujen* la compra en cualquier fase del recorrido del consumidor y no solo en las fases previas a la venta.

3. Ganar la batalla de estar presente en los puntos de compra de los consumidores precisará de las marcas un esfuerzo de coordinación interna grande, ya que conlleva un trabajo conjunto de los equipos de comercio electrónico, *branding, shopper* y marketing.

4. Esos equipos diversos han de sumar fuerzas para planificar y ejecutar de manera colaborativa enfoques omnicanal identificando los puntos de compra en cada una de las principales cadenas de distribución con las que se trabaje.

5. Trabajar en los recorridos del consumidor de esas cadenas de tiendas conlleva decisiones de inversión en los medios en manos de estos minoristas, es decir, en su web y en sus paneles en las tiendas. Una vez más, esto conlleva un trabajo conjunto de los equipos de ventas y marketing. Los presupuestos publicitarios destinados a los medios en manos de la distribución aumentarán significativamente.

6. El desafío para las marcas consistirá en ofrecer experiencias de compra individualizadas y sincronizadas a través de dispositivos y canales donde las diferentes interacciones se complementen y aumenten entre sí. El objetivo es acercar las experiencias *offline y online.* Para ello, hay que incorporar elementos del *online* a la compra *offline,* con más tecnología en el punto físico para ampliar información en pantallas y uso de la realidad aumentada que permita *ver,* por ejemplo, cómo quedaría un mueble o un electrodoméstico en el espacio donde se ubicará después de la compra. Y también a la inversa: desde los canales digitales las nuevas realidades, como el metaverso, abren posibilidades para generar una experiencia mayor y más cercana a la física.

7. Las estrategias de venta necesitarán, en las marcas y en la distribución, flujos de trabajo nuevos, ideas rompedoras y herramientas analíticas que sustenten esa revolución interna. Todo esto obligará a cambiar la estructura organizativa, es decir, los organigramas, la capacidad de ejecución de los responsables y los sistemas de dirección por objetivos.

8. Habrá una batalla por elevar el número de clientes omnicanal y poner en marcha iniciativas que hagan del elemento de tienda física una ventaja competitiva para fidelizarlos.

9. Aumentarán los datos que se generan en todos los puntos de contacto del consumidor con la marca o con la distribución. Estos datos habrán de capturarse y procesarse para incrementar la personalización y la efectividad de, entre otras cosas, las campañas publicitarias y promocionales.

10. Los clientes deben sentirse en el futuro más cómodos con los datos que la empresa maneja de ellos. Habrá que hacer más tangibles a los consumidores los beneficios de compartirlos y se tendrá que crear un relato convincente sobre su uso por parte de las marcas y de la distribución; de lo contrario, habrá una tensión entre la personalización y la experiencia mejorada que nos ofrecen las nuevas tecnologías y la privacidad y la ética por el empleo de dichos datos.

11. El aquí y ahora demandado por las nuevas generaciones impulsará el Q *commerce* (Quick *commerce*). Los drones unidos a otras soluciones inteligentes de movilidad favorecerán esta tendencia. Para dar respuesta a los problemas operativos y logísticos, se tendrán que crear mejores relaciones con las plataformas logísticas y tecnológicas que actúen como intermediarias.

12. Por su creciente influencia en las decisiones de compra, se deberán abordar de modo más decidido las cuestiones ligadas a la reputación, el propósito como empresa, la responsabilidad social, la ética del consumo, etc.

13. Las marcas y la distribución tendrán que incorporar mucho más talento digital y analítico y, a la vez, enriquecer su cultura de empresa con más iniciativas y políticas que fomenten la colaboración y la experimentación.

14. Los cambios en el comercio obligarán también a las marcas y a los distribuidores a utilizar mejores métricas de éxito, sobre todo para conjugar de manera simbiótica la gestión del corto y del largo plazo.

15. Las inversiones en plataformas y analítica de datos tendrán que seguir aumentando. El incremento de la densidad digital puede ayudar a las compañías a reducir costes, hacer mejores predicciones, monetizar sus datos y aumentar la personalización que se ofrezca a clientes y empleados.

Articulando una declaración estratégica

La idea

El proceso de redactar una declaración estratégica es un ejercicio muy beneficioso para la alta dirección ya que genera foco y cohesión, por lo que debería realizarse con una frecuencia al menos semestral.

Si se hace correctamente, puede proporcionar la energía, el diálogo y el foco necesarios para tomar decisiones estratégicas correctas y ejecutarlas brillantemente. También puede ayudar a comunicar la dirección estratégica elegida de manera más eficaz en los diferentes estamentos dentro y fuera de la empresa.

Uno de los objetivos del proceso es contribuir a la creación de un equipo de dirección que, de forma proactiva y constructiva, sea capaz de identificar y gestionar las oportunidades y amenazas que los cambios en el entorno generen en su compañía.

La idea en la práctica

Para crear una declaración estratégica, sugerimos que se utilicen como guía los siguientes cinco elementos rellenando los inicios de frases que se enuncian en cada uno de los elementos.

1. Quiénes somos

- Estamos en el negocio de servir a...

- Con nuestras capacidades únicas que son...

- Con una causa noble movilizadora que consiste en...

2. Qué está sucediendo externa e internamente

- Esperamos que en un futuro próximo se produzcan una serie de cambios internos y externos importantes, que son los siguientes...

- De los cambios significativos que hemos mencionado, como equipo directivo vamos a gestionar proactiva y colaborativamente los siguientes...

3. Oportunidades y amenazas

- Estos cambios externos e internos en principio nos suponen las siguientes oportunidades y los siguientes desafíos...

4. Hacia dónde vamos y cómo llegaremos

- Teniendo en cuenta nuestro punto de partida, junto con la necesidad de gestionar las oportunidades y amenazas, en los próximos X años nos proponemos los siguientes objetivos...

- Las iniciativas estratégicas más importantes para conseguir los objetivos son las siguientes....

5. Valores y conductas

Para realizar con éxito el trayecto que nos lleve desde la situación actual hasta el cumplimiento de los objetivos estratégicos, nos falta...

- ... desarrollar los siguientes valores...

- ...abandonar estos valores...

- y mantener estos otros...

PARTE 3

LA BUENA IMPLEMENTACIÓN DE LA ESTRATEGIA REQUIRE MÁS INTEGRACIÓN INTERNA

11
Movilizando el talento para innovar

La actual generación de directivos será espectadora y protagonista de unos cambios sin parangón en la historia de la gestión empresarial. La revolución digital, uno de los vectores de esos cambios, solo acaba de empezar. Las tecnologías en fase disruptiva se están retroalimentando unas a otras generando un escenario de muchas transformaciones en el ámbito empresarial. Todo cambio, especialmente si es rápido, origina para las empresas desafíos y problemas a los que hay que enfrentarse.

El cambio produce desintegración de los subsistemas que conforman las compañías. La solución por tanto irá por la vía de reintegrar creativamente lo que el cambio ha desintegrado. Esto requiere un talento creativo y una capacidad de entender todas las interdependencias que se dan dentro y fuera de la organización.

Estamos en un contexto en el que las empresas tendrán que innovar mucho y bien, y esa innovación pasa por el compromiso y la involucración de todos los que trabajan en ellas. Este compromiso no surgirá espontáneamente; debe ser fomentado, encauzado y sostenido a través de sistemas de gestión que tengan su centro en el crecimiento humano en todas sus dimensiones y que sepan capitalizar el anhelo de superación de las personas que trabajan en la compañía.

Esta tarea precisa una gran credibilidad del equipo de dirección para estar en condiciones de crear creencias inspiradoras en sus equipos, elegir buenas metodologías de innovación y conformar culturas de autodisciplina para hacer un buen seguimiento de los avances.

Hay dos elementos de esta movilización innovadora que nos interesa destacar en este documento: la vertiente más de negocio, es decir, la mejora de la velocidad del cambio interno con todas las implicaciones que esto tiene en lograr una *frescura* atractiva en el mercado; y el lado más humano, o sea, el efecto de la movilización innovadora en la mejora del talento, la empleabilidad, la autoestima y la felicidad de las personas con el consiguiente efecto multiplicador positivo de estas realidades en sus familias.

Este segundo elemento constituye una de las mejores contribuciones simbióticas que pueden hacer las organizaciones al bien común. Una relación es simbiótica cuando simultáneamente ambas partes salen beneficiadas de ella. Empresa y familia han de tener este tipo de dinámica. La familia es la institución más eficiente en la creación de capital humano y, a la vez, la empresa, la institución más eficiente para crear valor económico siempre que disponga de buen capital humano y de una sociedad que respete la palabra dada y que construya instituciones robustas que generen seguridad física y jurídica. Ambas, familia y empresa, se necesitan y, si entran en una relación simbiótica, pueden contribuir a la creación de una sociedad próspera y estable.

La familia, cuando funciona bien, crea capital humano a través del cuidado de la salud, la higiene, la educación cívica, el desarrollo intelectual, la educación emocional y en valores, etc. Las compañías deben favorecer el buen funcionamiento de las familias no solamente con medidas de conciliación, sino también favoreciendo y encauzando el anhelo de superación personal que todas las personas llevamos inscrito en nuestra naturaleza.

La movilización innovadora que detallamos más tarde favorece la autoestima en las personas, permite aumentar su empleabilidad y al final genera mejores ciudadanos, muchos de los cuales son madres o padres de familia que gracias a ello desempeñarán mejor su papel en la familia.

A través del mejor uso del talento de sus empleados, las organizaciones contribuyen de manera relevante a cambiar el mundo. Y esto, en gran parte, lo hacen a través del efecto multiplicador que un trabajador, al que se le ha dado más oportunidades de autorrealizarse, tiene en el ambiente y en la gestión de sus familias.

1. Innovación y negocio

La disrupción digital ha cambiado las reglas de juego de los mercados

Las disrupciones tecnologías dan una oportunidad única para que los entrantes derriben de su posición de dominio a los incumbentes. Así ha ocurrido a lo largo de la historia cuando una tecnología relevante para el modelo de negocio entraba en disrupción (fabricación de hielo, televisiones de plasma, cámaras digitales, Internet, mensajería de texto, comercio electrónico, etc.) y así será aún más en los próximos años. Muchas empresas se enfrentan a cambios exponenciales no ya en una tecnología importante para su modelo de negocio, sino en media docena o más.

Cuando varias tecnologías entran en la fase exponencial al mismo tiempo, se produce un efecto simultáneo de retroalimentación que rompe todavía con más velocidad las reglas de juego de la industria posibilitando la emergencia de nuevos modelos de negocio ganadores. Algunas de las tecnologías relevantes cuyas prestaciones crecen exponencialmente (al menos al ritmo de la ley de Moore: mejoras del 100 % en 18 meses en el binomio prestaciones-coste) son el acceso con herramientas móviles a Internet, el *big data,* la inteligencia artificial, el Internet de las cosas, las tecnologías *cloud*, el reconocimiento de voz e imagen, el genoma, los automóviles semiautónomos, las impresoras 3D, el almacenamiento de energía o las energías renovables.

¿Qué es digitalizar?

Digitalizar no es hacer digitales los procesos que antes se hacían no digitalmente, sino la voluntad de atender las necesidades no satisfechas de los clientes y, prácticamente partiendo de cero, diseñar con el uso creativo de funcionalidades de las nuevas tecnologías un modelo de negocio que permita crear más valor percibido a menor coste.

Como el mundo es en gran parte predecible, muchas de las compañías que serán líderes en su sector están ahora naciendo, usando de manera creativa algunas de las nuevas tecnologías y desarrollando modelos de negocio totalmente disruptivos.

La salvación de los incumbentes pasa por ganar flexibilidad, agilidad y compromiso en transformar con rapidez sus modelos de negocio y sus culturas de empresa, lo que en general no es lo que mejor hacen las organizaciones que han tenido éxito en el pasado. Cuantos más activos y personal se tienen, más lentos suelen ser los cambios, quizás por lo que se llama *el legacy del pasado* y también por el apego que los humanos tenemos a las fórmulas con la que tuvimos éxito en el pasado.

Tomemos como referencia el mundo de los servicios financieros: la tecnología ya está propiciando nuevos modelos de negocio estructuralmente mejores de los que usa actualmente la banca. Un escenario muy probable es que *alguien* fuera de la industria pueda dar una experiencia de cliente superior y a menor precio que la que ofrecen los bancos tradicionales: primero en los límites de la actividad minorista y con servicios basados en la red bancaria (ApplePay, PhotoPay y WorldRemit, por ejemplo) y después, cabe pensar, con sus propias redes y en el negocio de depósitos y de préstamos.

La barrera de salida de los clientes de los bancos tradicionales a otros modelos de negocio alternativos resulta todavía grande, en parte gracias al regulador, lo que otorga años de relativa tranquilidad. Puede que ese marco regulatorio que por un lado ayuda a preservar los negocios por otro impida *sentir* internamente la velocidad de cambio de los mercados y el potencial efecto disruptivo de ese cambio en sus ingresos futuros. El resultado puede ser disfuncional: no priorizar en la agenda estratégica la disrupción digital.

Si a una posible reducción *técnica* de las barreras de salida de los clientes por efecto de la tecnología o del regulador se uniera una pobre vinculación afectiva de los clientes (en términos relativos frente a otras marcas), se podría crear un escenario de disrupción rápida de ingresos.

Adecuar la velocidad de cambio externa e interna

Las empresas han de igualar la velocidad del cambio de los mercados a la velocidad del cambio interno. Si no consiguen esa adecuación de ritmos, las instituciones envejecen y pierden su vitalidad y atractividad para los mercados.

El incremento de la velocidad del cambio interno se puede lograr a través de varias vías:

- Con la creación de contextos de cultura de empresa y de liderazgo que atraigan a los mejores perfiles de *artistas* y *emprendedores* que se explican más adelante.

- Con un modelo de gestión que equilibre la atención que se presta tanto a las tareas transaccionales como a las transformacionales.

- Con un sistema de gestión que deje de ser únicamente *top-down* y se enriquezca con fórmulas *bottom-up* efectivas.

- Con claridad y cohesión de la alta dirección alrededor del proyecto de transformación digital.

Las señales de que la velocidad del cambio interno es inferior a la del cambio externo suelen ser: la existencia de una *aristocracia* dentro de la empresa (el poder recae en personas intocables cuyo proyecto se centra en preservar los privilegios que le proporciona el *status quo* más que en fomentar las transformaciones que la empresa necesita), el incremento de la recriminación mutua (unos se echan la culpa a otros) y la burocratización excesiva (exceso de controles, énfasis en el cumplimiento normativo, contenidos de trabajo estrechos, *reporting,* etc.). El efecto en ambos casos es la rigidez a costa de la flexibilidad, el foco interno a costa del externo, el exceso de eficiencia a costa de la efectividad, el énfasis en el corto plazo respecto al largo plazo y al final culturas de cumplimiento a costa del compromiso real de los empleados.

Una de las vías para incrementar la velocidad de la transformación de las compañías es la mejor integración de los tres *perfiles* o *dones* de personas que han de convivir en una institución:

- Artista. Es el genio cuya gran motivación es aprender para saber mucho de un tema, con lo que esto conlleva de dedicar un número exagerado de horas a ese tema que le interesa y le gusta y la potencial pérdida del sentido del contexto.

- Gestor. Este don se concreta en unas habilidades especiales para organizar, hacer seguimiento, planificar, controlar, repartir tareas en el equipo, etc.

- Emprendedor. Su mentalidad hace que la persona se sienta cómoda en entornos inciertos y con escasez de recursos. Los emprendedores tienen dones especiales para entender el mercado y su evolución, el tipo de propuesta de valor que los clientes desean recibir, la forma de escalar el negocio para hacerse con esa oportunidad, el momento de entrar y de salir del mercado, etc. Se trata de personas que saben diluir con otros actores el riesgo inherente a un nuevo negocio, asumiendo, claro está, su porción de riesgo.

Hay pocas empresas que integran bien estas tres figuras. En muchas la figura del gestor está sobrerrepresentada. Nadie discute que en una empresa en un sector maduro se requieran muchos y buenos gestores; el matiz es que esto no debería ser a costa de expulsar en la toma de decisiones a las otras dos figuras.

Ese efecto de expulsión ocurre cuando los gestores imponen una especie de dictadura de herramientas de gestión que ahoga la creatividad y la iniciativa de los artistas y emprendedores haciendo que se vayan o que se queden desconectados.

Las compañías han de hacer un gran esfuerzo para atraer y hacer florecer a los mejores artistas y emprendedores de las nuevas generaciones (personas con menos de treinta años) de las disciplinas críticas para el futuro de la institución (inteligencia artificial, *big data,* reconocimiento de imagen y de voz, seguridad, microsegmentación, etc.).

La tecnología aplicada a los negocios nunca ha sido ni será una *commodity* que se pueda comprar por precio en el mercado. El uso de la tecnología para el logro de ventajas competitivas es una obra de arte que precisa la conjunción de verdaderos artistas-genios, emprendedores y, por supuesto, gestores de proyectos.

La necesidad de innovar, y mucho

Las disrupciones tecnológicas en primer lugar, pero también los cambios en los estilos de vida de los consumidores y en la regulación, obligan a las empresas a innovar, y mucho. Esto implica crear un sistema de gestión que involucre en ese empeño innovador a todo el talento tanto interno como externo. Innovar también es integrar lo que el cambio de por sí desintegra. Los equipos directivos no se pueden permitir el lujo de ignorar las oportunidades de mejorar el servicio y por ende la relación con sus clientes y con las demás figuras del ecosistema con el uso de las nuevas posibilidades que brinda la nueva tecnología.

Cuando una organización emplea una nueva tecnología y a la vez modifica sustancialmente su modelo de negocio, está apostando por una innovación radical. Hay tiempos, y este es uno, en los que los equipos directivos no tienen más remedio que considerar si ha llegado el momento de movilizar a la organización en búsqueda no solo de innovaciones incrementales, sino también de innovaciones radicales.

Para impulsar procesos de transformación hay que empezar respondiendo al por qué, después al qué y al quién y por último, y quizás más importante a efectos prácticos, al cómo.

El por qué se puede contestar con preguntas del siguiente tipo: ¿qué nueva necesidad existe en el mercado que se podría abordar con las nuevas posibilidades que abre la tecnología? ¿Qué posible disrupción vemos en el horizonte que pueda romper las reglas del juego en nuestra industria?

Con razones poderosas para cambiar se está en mejor estado anímico para abordar las siguientes preguntas: ¿qué transformamos? ¿Qué elementos de nuestra propuesta de valor deben cambiar? ¿Qué cambios hemos de hacer en el modelo de negocio? ¿Y en la cultura?

Con un primer buen borrador donde se visualicen los cambios que se han de hacer y por qué, se entra en la fase decisiva: movilizar mediante un sistema de gestión al talento de toda la organización (y al externo que sea relevante) para que innove eficaz y eficientemente.

2. Innovación y bien común

Los grandes anhelos de las personas son ver crecer e integrarse sus capacidades personales y poder realizar a través de ellas contribuciones consideradas de valor para otros. Eso es lo que genera felicidad y hace estas capacidades relativamente estables en el tiempo.

Hay cuatro capacidades personales determinantes del crecimiento personal que además se interrelacionan entre sí de manera que pueden llegar a ser simbióticas o disfuncionales: las capacidades físicas/salud, las intelectuales/racionales, las emocionales/relacionales y las espirituales/conciencia. El anhelo de ser mejor conlleva el crecimiento armónico y simbiótico de estas cuatro capacidades. Una parte del secreto de la felicidad radica en integrar su crecimiento para que estén a la par y en encontrar enfoques que permitan que la mejora en una repercuta positivamente en las demás.

Hay otro plano conceptual que permite prever el grado de satisfacción de los empleados con su trabajo. En él se identifican cinco variables. Tres inciden positivamente en la satisfacción: dinero que se gana, contenido de las tareas que se realizan (y el ambiente en el que se hacen) y orgullo por la empresa. Las otras dos variables que pueden influir negativamente en la satisfacción son el exceso de incomodidades y de incertidumbres.

A través del modelo de gestión de la innovación que sugeriremos en las páginas siguientes se puede incidir positivamente en los dos anhelos de las personas y por consiguiente en su felicidad personal. La movilización para la innovación obliga a las empresas a invertir en crecimiento del talento al dotar a todos sus trabajadores de más formación, mejor conocimiento de la estrategia de negocio, un diseño de las tareas más rico, más conexión en los equipos, etc. La innovación también ayuda a tangibilizar las contribuciones de valor que las personas anhelamos hacer. En ese sentido puede ser un grano de arena para construir una sociedad mejor.

El efecto potencialmente negativo de la digitalización en el mercado de trabajo

Posiblemente tengamos que enfrentarnos como sociedad a la polarización del mercado de trabajo. Existen cuatro grandes tipos de trabajo, cada uno con distinta suerte en la etapa histórica que se está iniciando:

1. Trabajos manuales rutinarios (como el trabajo en la fábrica o en el campo). Sufrieron una gran poda en la primera Revolución Industrial y seguirán siendo reducidos por las nuevas tecnologías. De hecho, se empieza a observar una reindustrialización del primer mundo con fábricas prácticamente sin obreros.

2. Trabajos manuales no rutinarios (como el trabajo de un camarero o algunos trabajos en el sector de la construcción). Aguantarán bien precisamente por el componente cognitivo de lo no rutinario, pues los humanos todavía haremos estos trabajos mejor que las máquinas. El problema de estos trabajos radica en su bajo salario.

3. Trabajos intelectuales rutinarios (como contabilidad, vigilancia, banca o mantenimiento). Serán los grandes perdedores

de la revolución digital. En términos relativos serán los que más desaparezcan. Hasta hoy han sido el soporte de lo que hemos llamado *clase media,* al menos en Europa.

4. Trabajos intelectuales no rutinarios (como el de un artista, un cirujano, un dentista o un emprendedor). Se mantendrán firmes, aunque serán transformados por la tecnología. Serán los ganadores de la era digital, ya que la digitalización del contenido de estos trabajos permitirá que las personas más brillantes en estos sectores expandan sus mercados y globalicen la demanda de sus servicios.

Por tanto, lo no rutinario gana; lo rutinario pierde. El peligro está en que la base de la clase media se reduzca en favor de los dos extremos, creándose así una sociedad aún más fragmentada que la haga poco estable e integrada en el futuro. Si a eso se añade la posibilidad real de que la proporción de rentas que retribuyen al capital frente a las que retribuyen al trabajo se incline a favor de la primera, el resultado final probablemente sea poco favorable al tipo de sociedad que queremos dejar a nuestros hijos y nietos.

Habría unos grandes ganadores: los profesionales cualificados con capacidad de crearse una demanda global y los ciudadanos capaces de invertir inteligentemente sus ahorros. Los perdedores serían quienes no cumplan ninguno de esos dos requisitos.

Las empresas no deberían permanecer pasivas a este fenómeno de polarización del mercado de trabajo. En la medida en la que hagamos menos rutinarios los trabajos hechos con la cabeza y movilicemos el talento para la innovación a las personas que anteriormente hacían trabajos rutinarios, es posible que preservemos y ampliemos esa base de clase media tan necesaria para tener una sociedad mejor integrada.

3. Los cómos de la innovación

La mejora de la innovación requiere un cambio en el modelo de gestión que haga más inclusivo el trabajo operativo y transformacional. ¿Qué entendemos por *modelo de gestión*? Una aproximación es pensar en una sistemática de hacer cosas coherente, inclusiva, global y con una filosofía por detrás que le dé consistencia. Un buen modelo de gestión crea un contexto en el que las personas entran en una dinámica de innovación, aprendizaje, compromiso, desarrollo personal, automotivación, etc., que resulta vital para lograr el ritmo de transformación que precisan los mercados. Por ejemplo, el programa líder que Miguel Iraburu impulso desde la presidencia de Alstom integraba elementos tan dispares como ejemplaridad, trabajo en equipo, autogestión, coherencia entre perfiles y propósito estratégico, esfuerzo, empatía, austeridad, compromiso con resultados, resiliencia, apoyo mutuo, proactividad, evaluación y premios, visitas a fábricas con mejores prácticas, DPO, etc. En el modelo de gestión el centro eran las personas, sus actitudes y aptitudes. No se dejaba espacio a las conductas disfuncionales, como las propias de los sociópatas o narcisistas.

Los grandes cambios que se deberían hacer en los modelos de gestión

Los modelos de gestión de demasiadas empresas ponen excesivo énfasis en el pensamiento transaccional (operativo) y en el enfoque *top-down*. Con este enfoque resulta improbable que anticipemos y nos preparemos para las futuras batallas digitales, como el eventual asalto de los *bárbaros* (empresas entrantes con modelos de negocio estructuralmente mejores) al corazón de la relación con los clientes o al efecto disruptivo de la tecnología en los ingresos tradicionales de la institución.

Se necesita un modelo de gobierno más ambicioso que además del enfoque tradicional (transaccional y *top-down*) potencie e integre otros enfoques de gobierno corporativos más efectivos para la gestión del cambio:

- Reuniones y estímulos para el pensamiento transformacional *top-down* de la alta dirección. Por ejemplo, con cuatro *off-sites/* año del top 30 en el que se discutan con efectividad los desafíos de la digitalización e incorporando a la cúpula de la institución mayores ingredientes de artistas y emprendedores.

- Reuniones y estímulos para fomentar el pensamiento transformacional *bottom-up*. El reto estriba en movilizar el talento interno para que codiseñe y ejecute la transformación digital. Por ejemplo, a través de foros de estrategia, talleres de trabajo, redes informales, cultura colaborativa, estilos de dirección más integradores, rotura de silos, etc.

No siempre las fórmulas del pasado sirven para ganar el futuro. Hay que evitar el contagio de una espiral conocida: el éxito genera conformismo y este, decadencia. Un sano ejercicio de inconformismo prolonga el éxito en el tiempo. Es el momento de crear más claridad y cohesión desde la alta dirección sobre la agenda transformadora.

¿Cómo impulsar una innovación que sirva al propósito institucional y por tanto al proyecto de nuestras empresas?

La respuesta podría venir por rediseñar e integrar mejor actividades que directamente tocan el corazón de la estrategia de innovación. A través de cinco actividades básicas y tres de soporte se podría poner en marcha un proyecto estratégico de innovación que tendría muchas posibilidades de regenerar las bases sobre las que se compite. Junto a ello se haría un mejor uso del talento existente en la organización y se anclaría en la cultura de la empresa un gusto por el tipo de innovación que genera valor al negocio.

Las palancas básicas

Son actividades que aportan una base segura a la empresa sobre la que se puede edificar un enfoque ambicioso de innovación. El concepto que subyace en el modelo que se describe a continuación está tomado de la obra de Michael Porter y de su distinción de los anillos que componen una cadena de valor.

Las actividades básicas de la innovación son los elementos o procesos más críticos y que ejercen más influencia en la personalidad con la que se innova y en su carácter estratégico.

1. Modelo de generación y recogida de nuevas ideas

Incluye la creación de procesos y metodologías que permiten a la empresa generar, de forma continuada y generalizada, nuevas ideas. También comprende la valoración de estas ideas para seleccionar las mejores y desechar las peores y la mejora de las capacidades creativas de las personas que trabajan en la compañía.

Este modelo es la base de toda la cadena de la innovación. A través de ella se estimula un flujo de ideas tanto de los empleados como de los clientes con necesidades más avanzadas. Para estimular la producción de ideas, es más que probable que se necesite dotar a las personas de técnicas de generación de ideas, facilitar jornadas grupales, crear entornos reales y virtuales de colaboración, etc.

La utilización de personas externas a la compañía para generar ideas de innovación se llama *innovación abierta (crowdsourcing)* y es una alternativa que no hace sino crecer. Al final consiste en poner en contacto a individuos dentro de la empresa con problemas en las áreas de ciencias, ingeniería y negocios con expertos aficionados en condiciones de resolverlos que están fuera de la organización esparcidos por todo el mundo. Esas personas compiten (por el derecho de alardear de sus logros y, a menudo, a cambio de un premio simbólico) por aportar ideas innovadoras que resuelvan esos problemas.

Uno de los casos más conocidos es Google Labs, donde se cuelgan los aplicativos en su versión beta para que usuarios de fuera de la empresa den sugerencias e información de retorno que permita su mejora. Esta práctica, común en el mundo de las empresas de Internet, la están aplicando también organizaciones de otros sectores, como consumo.

Otro caso muy representativo del *crowdsourcing* es el de Procter & Gamble con su modelo Connect + Develop. Se generó un sistema mediante el cual el 50 % de las ideas vendrían de las conexiones externas de la empresa, fuera a través de centros tecnológicos de investigación, universidades, clientes o proveedores. Asimismo, se quiso incrementar la capitalización de la innovación sin incurrir en mayores costes. De esta manera, la compañía pasó de tener cuatrocientos a dos mil proveedores comprometidos con la innovación y de contar con trescientos a siete mil expertos externos. Hoy Procter & Gamble es una compañía líder por número de patentes a nivel mundial.

2. Modelo de filosofía de la innovación

Permite moldear y focalizar en las cuestiones estratégicas la actividad innovadora de la empresa. Con ella se pretende que las personas que trabajan en la generación de nuevas ideas tengan una guía de los aspectos y de las áreas en los que la innovación es prioritaria (por ejemplo, crear nuevos canales de distribución o componentes comunes para ofertas integradas, rediseñar los procesos operativos esenciales, hacer más mítica la marca, etc.).

Un gráfico tipo araña puede servir para hacer una foto de dónde se está innovando actualmente y el objetivo a largo plazo de esa innovación. Con este elemento se baja al caso concreto de cada compañía la definición de qué se entiende por *innovación* y en qué ámbitos se entiende que ha de ser incremental, semirradical o radical.

Los elementos del modelo de negocio (filosofía de producto, necesidades de los clientes, sistema de entrega del servicio y cadena de valor interna) podrían servir para priorizar los elementos más importantes de la estrategia de innovación. Un buen modelo de negocio, con la integración de sus elementos que esto supone, constituye un factor básico de hacer competitiva la empresa en el mercado. Cuanto más innovador sea el modelo de negocio, más tiempo tendrá la organización a su disposición para aprovecharse de su aportación innovadora.

La pérdida de ingresos y beneficios que traen las sucesivas crisis influye, en un primer momento, en una mentalidad de recorte de costes, lo que no es bueno para la innovación. Sin embargo, a continuación, comenzará una fase en la que se tendrá que saber qué partes del modelo de negocio no funcionan ni son sostenibles en el tiempo. En esta fase surgirán alternativas que impliquen una reinvención del negocio.

3. Modelo de métricas de la innovación

Con este modelo se quiere conseguir medir la calidad de la gestión que se hace de la innovación. Las mediciones no pretenden ser solamente cuantitativas (rentabilidad de la inversión, años de recuperación, etc.), sino también cualitativas (capacidades innovadoras de la organización, calidad de la capacitación, generación de conocimiento, etc.).

La adecuación del modelo de métricas de la innovación a su filosofía es un desafío conceptual ya que su posible inadecuación hace muy difícil toda innovación disruptiva o radical. Las métricas deberían prestar más atención a un enfoque de opciones y de porfolio de proyectos que al método tradicional estático de evaluación de la innovación por el valor presente líquido (VPL).

Muchos autores mencionan este punto como una de las razones por las que empresas bien dotadas en recursos económicos y técnicos acaban siendo ineficaces en la gestión de innovaciones radicales. Son las de menor tamaño, pero con un sistema de métricas más audaz y una cultura de empresa menos burocrática las que suelen traer las innovaciones radicales al mercado.

4. Modelo de anclaje neuronal

Un cuarto elemento de la cadena de valor de la innovación contiene todas las actividades relacionadas con la sensibilización, comunicación interna, información de retorno y demás iniciativas que se emprendan con el objetivo de hacer que los empleados mantengan y acrecienten las ganas de seguir innovando.

Los anclajes neuronales que asocian la innovación a un sentimiento positivo se logran con repetición y con intensidad emocional. Por eso habrá que realizar revistas, boletines internos informativos, bases de datos de acceso general, reuniones presenciales, pósteres con datos, guías de quién es quién y qué hace quién para intentar que las ideas se queden en el subconsciente.

La cultura es la última frontera de la gestión ya que, por un lado, su mejora es un proceso largo y complejo y, por otro, su efecto en los resultados resulta indiscutible. Su importancia para la innovación no debería minusvalorarse.

5. Modelo de compensación

Los esfuerzos por innovar han de estar recompensados de alguna manera y, a ser posible, con un fuerte componente no monetario. El objeto de la recompensa debería ser, no solo la generación de ideas ganadoras, sino también el desarrollo de competencias ligadas a la innovación, como capacidad de crear, creatividad, apertura al cambio, predisposición a colaborar, tolerancia al desorden, etc.

Las recompensas, desde el punto de vista de los trabajadores, han de recompensarles perceptualmente. Por ejemplo, que sean ellos mismos quienes elijan entre un conjunto de premios puede hacer incrementar el valor percibido de la recompensa. Las nuevas generaciones de empleados puede que den un gran valor a cuestiones relacionadas con su independencia, visibilidad, flexibilidad o interconexión con otros miembros. En estas áreas se han de centrar las recompensas. Boeing realiza esta práctica a través de una dotación ilimitada de presupuesto a la formación académica de sus ingenieros, dándoles opción a escoger la tipología de los cursos o posgrados siempre que sean reconocidos por una institución universitaria.

Las palancas de soporte

Una vez descritas las cinco actividades básicas de la innovación, quedan por analizar las tres actividades de soporte que sirven para canalizar el valor añadido generado por las actividades básicas y transformarlo en valor percibido para el cliente y en resultados de negocio para la empresa.

1. Modelo para la gestión del conocimiento de la innovación

La nueva base de conocimiento que se genera a través de las palancas básicas necesita *ser administrada* para que pueda sacarse el máximo provecho. *Gestión* significa que exista un espacio virtual donde acceder a la información y toda la organización pueda aportar ideas, debatirlas, elegir las mejores, etc.

Una buena gestión del conocimiento permite agilizar las decisiones, universalizar el acceso a la información y democratizar de manera sana el proceso de innovación que haga mejorar en agilidad y ahorrar costes y tiempo. Por ejemplo, Google tiene una Intranet en la que cada proyecto de innovación tiene su propia web accesible a todos. Los miembros de los proyectos de innovación se sienten impulsados a mantener la web actualizada ya que esto repercute en el intercambio de ideas y la cooperación con otros equipos que puedan estar trabajando en proyectos similares.

Esta palanca comprende la creación de *sites* corporativos, comunidades de prácticas donde se compartan ideas y experiencias y todo un entramado para la retención y gestión de las ideas generadas. Hay herramientas colaborativas, como SharePoint, de Microsoft, que permiten manifestar el conocimiento colectivo en un único espacio, no interferido y canalizado a través de reglas del juego de las que la comunidad se hace responsable. También existen ejemplos en la red de *software* que permiten emplear técnicas creativas que posibilitan a varios usuarios trabajar en la misma idea desde diversos lugares.

Los sistemas de gestión del conocimiento han de cuidar la renovación constante de este mediante la publicación de contenidos *online*, el acceso fácil a esa información y a su modificación, la participación de usuarios como creadores de contenidos, sistemas de alertas, informes, etc.

2. Modelo para definir la estructura del área de innovación

Esta palanca de soporte cubre las decisiones sobre la creación o no de una estructura dedicada a la gestión de la innovación. Parece bastante lógico que exista al menos una pequeña oficina técnica que coordine la ejecución de los planes y proyectos que se generan en la cadena de valor de la innovación. Su papel no debería ser tanto monopolizar la gestión de la innovación como actuar de catalizador y consultor del resto de la organización.

Parte de su trabajo podría ser actuar como observatorio externo de tendencias de la innovación que ayude a la empresa a situarse en el mercado y por comparativa a conocer su situación relativa respecto a otros competidores. El trabajo del observatorio consiste en localizar en fuentes externas la información interesante, capturarla, procesarla y difundirla internamente. Ha de convertirse en observador e impulsor de las mejores prácticas de innovación.

En CEMEX, la tercera mayor empresa de cementos del mundo, con sede en México, se ha creado una estructura centralizada, el Comité de innovación, una de cuyas tareas más importantes es dar cauce al banco de ideas en el que se recogen sugerencias sobre desarrollo de negocio de los directivos de los casi cincuenta países donde la compañía tiene actividad.

3. Modelo de liderazgo de la alta dirección y cultura de empresa

Los sistemas de gestión y el estilo de dirección influyen en la buena marcha de la estrategia de innovación. La alta dirección debe ser un referente que dé ejemplo en las capacidades que fomentan la innovación, como la mejora de la coordinación entre las áreas y los departamentos y el foco en el mercado, la curiosidad por las cosas que ocurren, la actitud inconformista, etc.

Sientan bien a la innovación conceptos de gestión como la limitación de las estructuras jerárquicas, la creación de equipos de trabajo multidisciplinares con una amplia capacidad de autogobierno y de equipos horizontales que fomenten la coordinación entre áreas, la selección de las mejores personas (no solamente desde el punto de vista técnico), el cambio en la ubicación física en donde se hace el trabajo, etc. Es responsabilidad de la alta dirección hacer que la organización asuma con naturalidad estos conceptos de gestión.

Cada vez resulta más crítico que la innovación se fomente desde la cultura de la empresa y por impulso de la alta dirección. La creación de culturas que fomentan la innovación sigue un perfil de iniciativas y actuaciones cada vez más conocido y por tanto que puede importarse.

Las culturas al final son el contexto más cercano que moldea la forma de pensar y la conducta de los colaboradores. Si se mejora la cultura, mejoran las personas. Un equipo directivo puede y debe influir en la cultura a través de las siguientes palancas:

- Prioridades que se comunican a los colaboradores.

- Métricas con las que se mide el éxito de la organización.

- Herramientas de gestión que los colaboradores entienden que son más críticas para el equipo directivo.

- Valores que se siente que están detrás de la conducta de la alta dirección.

- Calidad del liderazgo que ejercen los directivos.

- Experiencia 360º de trabajo de los colaboradores, con especial foco en el sistema de remuneración.

- Diseño de la estructura organizativa.

- Perfil de las personas que trabajan en la compañía.

Cuando un equipo directivo se empeña en construir una cultura que fomenta la innovación y la refuerza con sus conductas cotidianas, está poniendo las bases para conquistar una ventaja competitiva en el mercado.

4. Reflexiones finales

Actuando sobre las palancas de la cadena de valor de la innovación se puede tener una estrategia de innovación muy pegada al negocio. Orientarse a la innovación implica un compromiso a largo plazo que parte de la creencia de que lo único constante es el cambio y la flexibilidad supone la cualidad que permite adaptarse a él.

Los enemigos de la innovación están dentro de la empresa: inercia, complacencia, políticas que sesgan las decisiones en el corto plazo, canibalización de las capacidades actuales, etc. Innovar en los procesos de negocio se ha de convertir en una ventaja competitiva sostenible y estructural.

La innovación requerirá mayor grado de coordinación interna y por tanto cambios en la cultura de la empresa. Por ejemplo, aunque el ejemplo sea de otro ámbito, en Finlandia se va a unir la principal escuela de negocios a la de diseño y tecnología para formar una *universidad de la innovación* multidisciplinar.

Las empresas que impulsen su innovación se verán favorecidas por el fenómeno de la subcontratación de la innovación. Por ejemplo, en el sector farmacéutico, las grandes compañías están subcontratando innovaciones creadas por empresas pequeñas del sector de biotecnología. Este fenómeno será también perceptible en muchas otras industrias. La innovación tiene un mercado creciente.

Observadores del fenómeno de la innovación predicen que buena parte de las innovaciones radicales migre de las grandes empresas a las de menor tamaño y sin los lastres de la cultura del pasado, las ataduras de sus procesos de gestión, métricas para analizar inversiones, etc.

Gestionar la innovación de la forma aquí sugerida puede incrementar el sentimiento de *propietarios* tanto en los empleados como en los clientes. Con ello se ponen las bases de un futuro mejor para la sociedad en su conjunto. El relato histórico de Google afirmaba la siguiente idea: «Nos tomamos muy en serio que cada empleado no solo tenga un gran trabajo, sino que también acabe teniendo una vida personal que sea magnífica».

12
El papel de la medición en los procesos de mejora. La metodología OKR

Muchos propósitos, decisiones y objetivos se acaban *gasificando* en la vida de las personas e instituciones. *Gasificar* es una expresión coloquial con la que expresar que no acaban en nada tangible, en nada real. Los propósitos, decisiones y objetivos se los acaba llevando el viento.

Revertir el proceso de gasificación se torna necesario para todas las personas e instituciones que quieran vivir con los pies en el suelo e imprimir un buen ritmo a su proceso de mejora.

Para ello, el sentido común sugiere tener un diagnóstico de la situación de partida y un marco estratégico de futuro, identificar iniciativas relacionadas con cómo transitar de la situación presente a la futura y elaborar un plan de seguimiento para el buen fin de esas iniciativas.

Las ideas de este capítulo pueden ser de utilidad tanto a personas como a instituciones para que transiten con éxito el proceso descrito.

1. La importancia de medir en los procesos de mejora

Sobre la utilidad de medir los procesos de mejora no suele haber mucha controversia en la bibliografía de negocios. Tampoco la hay sobre la disfuncionalidad de algunos enfoques radicales, como los que utilizaban algunos banqueros cuando hablaban de que «lo único que cuenta son las cuentas, y todo lo demás son cuentos».

Las personas y las instituciones son sistemas en los que se mezcla, lo mecánico y lo orgánico. El buen funcionamiento de un sistema viene condicionado tanto por la calidad de las partes como por la de su integración tanto desde el punto de vista mecánico como orgánico.

En ese sentido, las *cuentas* son muy útiles para la integración mecánica de los sistemas, pero quizás menos para la integración orgánica de esos mismos sistemas.

Hay elementos importantes en la parte orgánica de los sistemas, como el sentimiento de pertenencia o la transversalidad en la toma de decisiones, que, a pesar de que no son fáciles de *contar,* han de gestionarse.

Desde el punto de vista de los procesos de mejora, en lo mecánico bendita sea la claridad que aportan los números. En lo orgánico, lo mismo podríamos decir de la cohesión interna que aporta un buen liderazgo capaz de integrar la diversidad en los puntos de vista y la convergencia de los intereses de las partes que conforman el sistema.

El concepto de cohesión interna también se aplica a individuos. La cohesión en personas es, por ejemplo, alinear lo que deben hacer con lo que les gusta hacer y, por último, con lo que acaban haciendo.

En el cuadro 12.1 cruzamos las variables claridad y cohesión en una matriz de dos por dos para visualizar el efecto de una sobre la otra en los procesos de mejora tanto de instituciones como de personas.

Cuadro 12.1. La claridad y la cohesión en los procesos de mejora

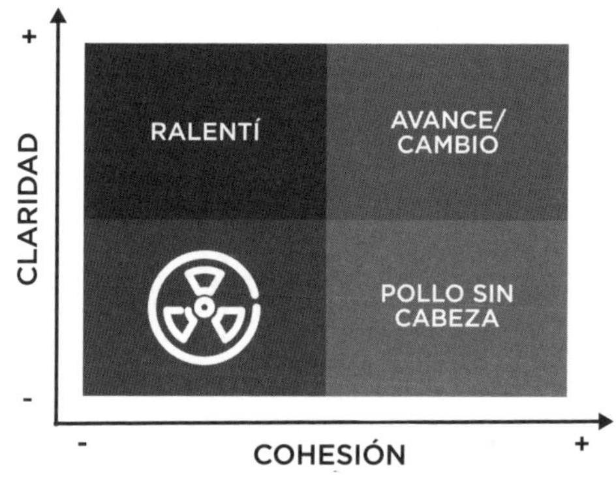

Cómo interpretar el cuadro:

- Mucha claridad y poca cohesión es igual a mala ejecución, es decir, a ir a ralentí.

- Mucha cohesión y poca claridad tampoco funciona. Equivale a ir como pollos sin cabeza.

- La peor situación es la de poca claridad y poca cohesión, que acelera la entropía propia de todo sistema.

- La situación idónea es la suma de mucha claridad y cohesión, pues equivale a velocidad y buen ritmo en los procesos de mejora. Esto, en mercados cambiantes, puede ser una clara ventaja competitiva.

En resumen, no hay nada mejor para la mejora de un sistema (sea una persona o una institución) que dotarse de cierta claridad estratégica (la dirección hacia dónde ir y las razones para ello), ponerse objetivos (concretos, medibles, alcanzables, relevantes y acotados en el tiempo) y a la vez lograr una cohesión interna para su ejecución (fruto de la convergencia entre saber, poder y querer).

En el caso de las instituciones, hablaríamos de *cohesión de equipos,* y en el de individuos, de su *cohesión interna.*

Para evitar la gasificación de las iniciativas y por tanto avanzar en los procesos de mejora, sugerimos utilizar una metodología muy sencilla, conocida como *objetivos y resultados clave* (*Objectives and Key Results,* OKR).

2. ¿Qué son y en qué consisten los OKR?

Se trata de un método para establecer los objetivos, los resultados que puedan medir el logro o la validación de esos objetivos, y las iniciativas que puedan acercarnos a los resultados que a la vez nos permitan alcanzar el objetivo (cuadro 12.2).

La creación de los OKR se atribuye a Andy Grove, cofundador de Intel junto con Robert Noyce y Gordon Moore, si bien su popularidad viene de Larry Page, cofundador de Google. En palabras de Larry, «Los OKR nos han ayudado a lograr un crecimiento diez veces mayor. Han ayudado a hacer que nuestra loca y audaz misión de "organizar la información del mundo" sea posible. Nos han mantenido en el camino correcto cuando era importante». Hoy cientos de compañías los usan.

Cuadro 12.2. El método OKR

OBJETIVO	RESULTADO CLAVE	INICIATIVAS
Lograr un estado físico saludable	Reducir mi peso un 20 % (de 100kg a 80kg)	3 entrenamientos en el gimnasio/semana
	Lograr correr 5 Km en 25 min (de 40' a 25')	3 comidas nutritivas al día
		1 kilo menos cada quince días

Grove, en su libro *High Output Management,* insiste en las dos preguntas clave para lograr el éxito de los OKR:

1. ¿A dónde queremos llegar? La respuesta permite identificar objetivos importantes desde la perspectiva del proyecto estratégico y la causa noble que deberían guiar tanto a personas como a instituciones.

2. ¿Cómo controlamos, medimos y avanzamos hacia dónde queremos ir? La respuesta posibilita identificar los resultados y las iniciativas clave para cada objetivo.

Para visualizar la metodología en su aplicación a empresas, nos puede ser útil el cuadro 12.3, en el que aparecen desplegados los elementos más importantes que conforman el enfoque OKR.

Estos son algunos comentarios relativos al cuadro 12.3 para su mejor comprensión:

- Hay que asegurarse de que los objetivos (anuales y trimestrales) sean coherentes con la visión de futuro y la causa noble. Esto facilitará mayor coherencia y motivación en su ejecución.

- Los resultados clave han de ser indicadores que capturen bien los avances en los objetivos.

- Las acciones o iniciativas clave son los pasos que permiten mejorar los resultados clave y por tanto avanzar hacia los objetivos.

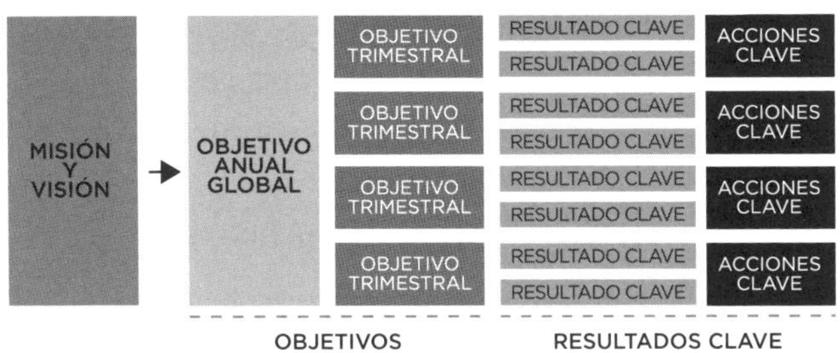
Cuadro 12.3 Coherencia en el proceso

Una aportación interesante para las instituciones de esta metodología es que posibilita traducir el proyecto estratégico y los indicadores clave de negocio (KPI) en un lenguaje (OKR) y en una serie de comportamientos (acciones clave) fáciles de entender y asimilar por quienes tienen que ejecutarla.

En nuestra opinión, además, la metodología OKR es distinta y mejor que la forma tradicional de fijación de objetivos en las empresas. En el cuadro 12.4 se comparan ambos enfoques.

Cuadro 12.4. Comparación con la forma tradicional

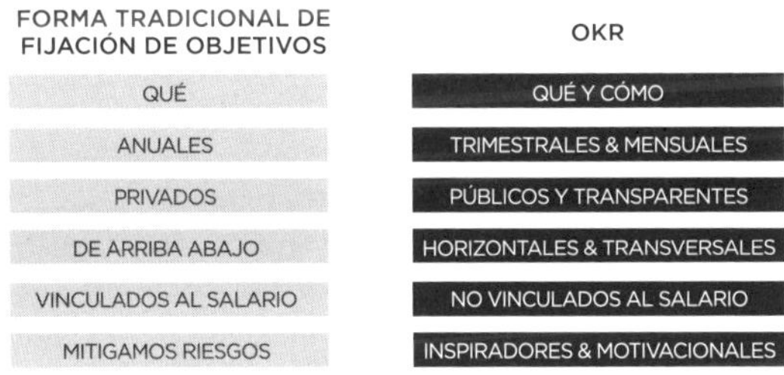

3. Algunas recomendaciones en el uso de OKR

Algunas recomendaciones concretas pueden ser las siguientes:

1. Definir, preferentemente en equipo en el caso de instituciones, lo que se necesita mejorar y cuáles son los objetivos a los que han de apuntar los resultados e iniciativas clave.

2. No tener demasiados objetivos. Puede bastar con un máximo de tres o cuatro en un trimestre. Los objetivos deben permitir que sea fácil visualizar los avances a través de los resultados clave.

3. Medir el progreso en los resultados clave. Hay que limitarlos a cuatro o cinco por objetivo.

4. Aportar una razonable estabilidad en los objetivos, resultados y acciones, ya que los períodos para ver los avances suelen llevar cierto tiempo.

5. Ser estrictos con las fechas, que tienen que verse alcanzables.

6. Organizar bien la información para hacer seguimiento de los avances en los objetivos. Hay *softwares* de seguimiento de metas, aunque una simple hoja de cálculo puede funcionar.

   A modo de ejemplo, en el cuadro 12.5 podemos observar tres objetivos en relación con tres áreas de mejora donde se quiere profundizar: trabajo, salud y estilo de vida. Hay una evaluación semanal en los resultados clave, que en este caso coinciden con las iniciativas. Con todo ello se puede crear un indicador de avance en cada resultado clave para medir el progreso (0-100).

7. Comunicar los OKR fijados de forma transparente y valiente.

8. Hacerlo todo sencillo y entendible.

9. Fijar victorias fáciles que motiven.

10. Formular los objetivos en positivo.

Cuadro 12.5. Ejemplo del método OKR

OBJETIVO	RESULTADO CLAVE	PROGRESO	W1	W2	W3	W4
TRABAJO	70					
	Dedicar al menos 6h al día al *site project*	74	67	90	70	85
	Escribir un artículo a la semana	71	40	90	35	95
	No visitar redes sociales mientras trabajo	58	80	55	35	70
SALUD	81					
	Mover el cuerpo 5 veces a la semana	68	60	60	80	80
	Pesar menos de 86,5 kg	100	100	100	100	100
	Acostarme a las 00.00h como tarde	91	55	100	100	100
ESTILO DE VIDA	86,5					
	Leer un poco todos los días	69	5	40	100	100
	Guardar 3 citas de texto a la semana	65	0	24	100	100
	No coger el ascensor	100	100	100	100	100

En colaboración con Álvaro Marín.
Consultor y *coach*

13
Las ocho etapas en la toma de decisiones en equipo

La toma de decisiones constituye una tarea directiva clave, y es en las reuniones de trabajo donde habitualmente tiene lugar. Toda decisión conlleva incertidumbre y riesgo.

Para disminuir la incertidumbre, resulta recomendable crear espacios de discusión donde el respeto mutuo permita poner en valor la complementariedad de los distintos puntos de vista de los participantes.

El riesgo va más unido a la ejecución de esas decisiones. Para afrontarlo, la clave está en haber sabido construir una buena base de confianza mutua entre las personas que han de ejecutarlas. En muchos casos, esas personas serán las que hayan estado presentes en la reunión de trabajo en la que se ha tomado la decisión.

La confianza se basa en el conocimiento mutuo y en la inteligencia de querer apostar por una reciprocidad que se retroalimente.

El modelo de toma de decisiones en equipo que exponemos, tiene como objetivo mejorar la calidad de la decisión tomada a través del respeto mutuo y de la calidad de su ejecución a través de la mejora de la confianza mutua.

En el cuadro 13.1 se refleja un modelo con las etapas del proceso, las fluctuaciones en el estado anímico del equipo y la afinidad de los diversos perfiles humanos de los participantes (A es azul, E es amarillo; I es verde y P es rojo) con una u otra fase del proceso.

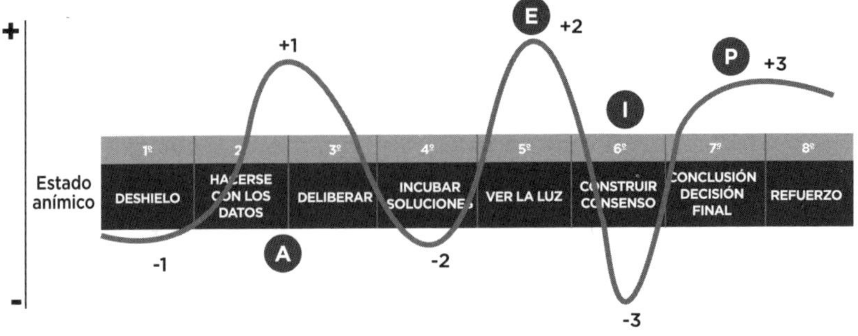

1. Las ocho etapas del proceso de toma de decisiones en equipo

La falta de rigor en la dinámica de toma de decisiones en equipo resta efectividad al trabajo de todos y muchas veces es causa de frustración y desmotivación de las personas que lo conforman. Si se siguen las etapas que indicamos a continuación es mucho más probable que un equipo construya una buena decisión, lo cual es infinitamente mejor que simplemente tomar una decisión. Las etapas que se sugieren son las siguientes:

1. **Deshelar.** Habitualmente funcionamos en modo resolución de problemas y, cuando llegamos a una reunión, nuestra cabeza está todavía en lo que hemos hecho anteriormente. Necesitamos pararnos y conectar con la parte derecha del cerebro, que abre paso a la conexión y a la creatividad. Una breve ronda inicial sobre cómo se encuentra cada uno ayuda a conectar con cada miembro del equipo antes de abordar el asunto en cuestión. Con cinco o diez minutos es suficiente. Eso sí, debe haber una puntualidad germánica al inicio del proceso para poder hacer este ejercicio todos a la vez y crear un sentimiento compartido.

2. **Hacerse con los datos.** Es el momento de poner sobre la mesa la información, los criterios necesarios para centrar el problema y las variables que entran en juego en el asunto sobre el que se va a tomar una decisión: números, hechos, histórico, factores,

intereses, etc. Se trata de la etapa donde se recopila y estructura toda la información.

3. **Deliberar.** Sobre la información compartida, el equipo se cuestiona los porqués, relaciona, busca patrones que puedan repetirse y conecta puntos. Puede ser útil diferenciar qué elementos son manifestaciones, cuáles son síntomas (las causas de esas manifestaciones) y cuáles son más causa raíz (las causas de los síntomas).

4. **Incubar soluciones.** Llegados a este punto, se debería contar con un buen análisis. Todavía no hay claridad sobre qué hacer; solo potenciales soluciones. Resulta necesario tomar cierta distancia para tener perspectiva y empezar a generar posibles soluciones.

5. **Ver la luz.** Es el momento en el que algún miembro del equipo aporta una idea brillante que permite hacer convergentes las soluciones que estaban sobre la mesa. Se ve con claridad cuál es el problema y cuál puede ser la mejor decisión para solucionarlo.

6. **Llegar a un consenso.** Lo que acaba de aparecer como idea brillante todavía necesita pulirse; hay que resolver dudas y explorar las posibles consecuencias negativas de la decisión. El equipo aún debe perfilar los matices y ponerse de acuerdo en que esa es la mejor solución y en cómo implementarla.

7. **Tomar la decisión final.** Con todas las cuestiones prácticamente resueltas, en esta etapa el equipo está en la situación óptima para tomar la decisión final.

8. **Reforzar.** El equipo tiene claro qué se hará. En esta última etapa se acuerdan los aspectos más tácticos: quién lo hará, cómo, el calendario y el seguimiento. Con estos elementos, podemos dar el proceso por cerrado.

La diversidad de estilos directivos hace que cada miembro del equipo recorra estos pasos a un ritmo diferente, lo que causa en muchas ocasiones desconexión, aburrimiento, toma precipitada de decisiones o frustración. Si todos tienen claro qué se está haciendo en qué momento, el proceso resultará más efectivo y eficiente.

¿Estamos recopilando información? Es tiempo de apertura, de escucha, de considerar múltiples alternativas posibles. ¿Estamos tomando la decisión final? Es momento de poner el foco y de dejar a un lado la generación de nuevas ideas y las ideas que se han ido descartando.

Cuando un equipo diverso es consciente de la etapa en la que se encuentra dentro del proceso de toma de decisiones, trabaja mejor porque fluye de manera más natural la alineación. Esta es una gran ventaja del proceso.

2. Los diferentes perfiles en la toma de decisiones en equipo

Según el modelo de colores que utilizamos, podemos prever el modo en el que cada perfil intervendrá en las reuniones. Así, el productor y el emprendedor serán muy ágiles, el administrador y el integrador pondrán el foco más en el proceso que en el resultado, el emprendedor y el integrador seguirán un proceso desestructurado y el productor y el administrador tendrán una óptica más racional, más enfocada en la estructura del proceso.

De este modo, conociendo de antemano las preferencias de cada estilo en la toma de decisiones, podemos gestionar mejor al equipo para que el proceso fluya y todos sus miembros pongan en valor sus capacidades complementarias:

- El administrador (A). Con perfil racional e introvertido, se sentirá cómodo en la fase de hacerse con los datos y en la deliberación. Puede ser de gran utilidad también en la última etapa, en la que se reparten los encargos. Sin la aportación de los demás estilos, podría quedarse estancado aquí en una búsqueda exhaustiva de información.

- El emprendedor (E). Con perfil emocional y extrovertido, se lucirá en la fase de ver la luz concibiendo nuevas ideas. Sin la aportación del resto del equipo, podría mantenerse en un perpetuo estado de generación de nuevas ideas sin extraer una conclusión al terminar la reunión.

- El productor (P). Con perfil racional y extrovertido, se verá urgido a llegar cuanto antes a la acción. Sin la complementariedad del equipo, podría apresurarse en la toma de decisiones provocando efectos colaterales de falta de alineamiento en el equipo que pasarán factura en el momento de la ejecución. Además, un foco prematuro en la acción dificultaría la creatividad y la visión global.

- El integrador (I). Con perfil emocional introvertido, se adaptará al equipo, sintiéndose especialmente cómodo en la etapa de deshielo, si bien resultará especialmente útil en la fase de búsqueda de consenso.

3. El estado anímico del equipo en el proceso de toma de decisiones

Una derivada interesante es tener en cuenta que desde el punto de vista emocional el equipo involucrado en el proceso de toma de decisiones experimentará momentos de energía positiva y otros de energía negativa:

- Las reuniones suelen comenzar con un nivel de energía más bien negativo: se intuye que uno ha sido convocado a una reunión más quizás sin un objetivo claro.

- El momento de hacerse con los datos provoca una ligera subida de energía: es posible que la reunión lleve a alguna conclusión valiosa.

- La deliberación e incubación llevan a una energía negativa de nuevo: falta claridad sobre el problema y no parece factible llegar a un acuerdo respecto a la solución.

- La iluminación trae un pico de energía positiva: por fin aparece una idea brillante.

- El momento de mayor energía negativa es el de consenso: cada miembro del equipo está aferrado a su opinión y no resulta fácil llegar a un acuerdo. Surgen las dudas.

- La toma de decisión final lleva al equipo al pico de mayor energía positiva: objetivo conseguido.

La complejidad de las decisiones a las que se enfrentan las empresas requiere cada dia más el buen funcionamiento de equipos diversos en donde la diversidad genere una sana complementariedad.

La toma de decisiones en equipo es la pieza fundamental de ese liderazgo de equipos que inevitablemente ira sustituyendo a ese liderazgo tradicional centrado en una persona que se cree capaz de decidir sobre todo tipo de materias.

No hay activo sin pasivo. De igual forma que un equipo tiene un enorme potencial en la mejor toma de decisiones, lo mismo, pero en sentido contrario, ocurre cuando las dinámicas de trabajo del equipo son disfuncionales.

Esperamos haber aportado ideas y metodologías que permitan a las empresas activar todo el poder de la inteligencia colectiva de un equipo. No en vano un principio de la buena gobernanza sugiere involucrar en la toma de decisiones a todos aquellos que vayan a tener un papel relevante en la ejecución.

14
Los conflictos, ¿ayudan o entorpecen?

A principios de la década de 1980, tras más de treinta años de Guerra Fría, dos líderes muy distintos ocupaban la presidencia de las dos principales potencias en conflicto: Ronald Reagan en Estados Unidos y Gorbachov en la Unión Soviética. El primero, actor de profesión y no muy ducho en política exterior, pasó a la historia como el presidente que supo cambiar las relaciones con su hasta entonces enemigo del tono más hostil al más amistoso.

En su libro *Diplomacia,* Henry Kissinger elabora un interesante perfil de ambos líderes y de las razones de la victoria de uno frente al otro. Según este autor, ambos creían firmemente en estar *del lado de Dios,* del lado de la verdad y el bien, y, por tanto, deseaban fervientemente la victoria de su propio bando.

Sin embargo, las circunstancias de cada uno eran muy diversas. Gorbachov había ascendido al poder abriéndose paso entre las intrigas del Kremlin y las brutales guerras de poder del politburó y en el camino había perdido algo que Reagan siempre retuvo: la conexión con su pueblo, con su propio país, la empatía con las personas normales, la autenticidad. Esa desconexión llevó a Gorbachov, según Kissinger, a sobredimensionar la capacidad de su país de mantener el pulso tecnológico, económico y militar con Estados Unidos. El pensamiento de grupo genera ese sesgo cognitivo ya que crea una dinámica en la que quien discrepa es un traidor y ser traidor trae consecuencias.

Así, la década de 1980 se inició con una Unión Soviética en pleno apogeo a ojos de todo el mundo (incluidos los analistas estadounidenses) y unos Estados Unidos en retirada (la derrota en Indochina, la hostilidad de Irán tras la caída del *sha,* la inicialmente exitosa invasión de Afganistán por parte de la Unión Soviética, etc.). Pero en 1989 el mundo asistió atónito al desmoronamiento de una de las mayores superpotencias de la historia.

¿Qué sucedió? Muchos analistas coinciden con Kissinger en que la Unión Soviética cayó por los mismos motivos que la encumbraron: la cultura autoritaria, hostil, de absoluto control y persecución de la disidencia, de pensamiento único. Esto la llevó a sobreexpandirse, a abarcar mucho más de lo que realmente podía; un gigante con pies de barro.

Porque cuando una institución se asienta en el control casi exclusivamente, pierde la capacidad de responder a los nuevos desafíos; pierde flexibilidad y creatividad. La supervivencia de todo sistema depende de la adaptabilidad a su entorno. Pero tras más de sesenta años de férreo control, ya nadie pensaba por sí mismo ni tenía la autonomía para hacerlo. La creatividad brillaba por su ausencia, principalmente por la ideología que alimentaba el control como mecanismo de poder al servicio de una élite extractiva y ejecutado sin ningún escrúpulo ni respeto a las personas.

Deberíamos preguntarnos por qué todos los líderes de tinte autoritario temen la disidencia, el conflicto, la diversidad. Un buen liderazgo construye entornos que no solo no evitan el conflicto, sino que saben sacar provecho a la legítima diversidad humana.

En la toma de decisiones los conflictos entre ideas en personas que se respetan pueden ser muy provechosos para configurar una mejor decisión. El espacio psicológico para decir las cosas como se piensan, de forma educada y profesional, y un respeto de fondo hacia la otra persona ponen en valor la diversidad humana, hacen que genere complementariedad. Para ello hace falta desarrollar el talento de manejar conversaciones constructivas.

1. La tipología de conflictos

Personas y culturas distintas viven el conflicto de forma diversa. La actitud de la gente ante el conflicto puede venir determinada tanto por la personalidad de sus protagonistas como por el contexto histórico y cultural.

En parte a ello se refiere el llamado *power index,* un índice de en qué medida es políticamente correcto expresar en público un desacuerdo con alguien con más poder que uno. Las sociedades asiáticas tienen un índice elevadísimo («más te vale asentir a todo lo que diga el jefe»), mientras que las occidentales, especialmente las anglosajonas, tienden a presentar índices bajos.

Sin embargo, como una parte natural de la vida humana, el conflicto es una realidad ineludible. Cualquier persona que tenga que gestionar relaciones y a personas necesita aprender a ver el conflicto no como un peligro, sino como un reto, una oportunidad, una fuente de aprendizaje.

Para desarrollar la actitud adecuada, lo primero es aprender a distinguir de qué tipo de conflicto se trata. Hay conflictos, los menos, eso sí, funcionales. Porque la creencia de que el conflicto es malo y entorpece se basa en nuestra experiencia dolorosa al lidiar con los conflictos disfuncionales, es decir, los que destruyen relaciones y dinámicas de trabajo, pero no construyen.

En la Unión Soviética, el sistema de control conseguía que los conflictos no se aireasen. Pero eso no quiere decir que no se diesen. El conflicto resulta inevitable en cualquier cultura, sociedad, empresa, familia o equipo ya que resulta consustancial con la diversidad humana.

Lo que determina su funcionalidad o no es su tipología, y esta depende de dos variables: la libertad de expresión de las diferencias (la seguridad psicológica) y la calidez de las relaciones (basadas en la convergencia de intereses y también en el *feeling* personal) entre las personas. Así, según estas dos variables, existen básicamente cuatro tipos de conflicto, como se puede observar en el cuadro 14.1.

Cuadro 14.1. Los cuatro tipos de conflictos

La confrontación o guerra abierta

En un entorno en el que exista libertad de expresión pero sus integrantes no tengan una relación muy cordial (por falta de respeto o de confianza o por simple y llana animadversión), el conflicto clásico será el que conocemos como *guerra abierta:* nadie se guardará su opinión, pero las discusiones erosionarán y agotarán el ánimo de los implicados.

Aunque no es el peor de los escenarios, debe abordarse a fondo el problema de las relaciones: un entorno sincero pero hostil hará aflorar los problemas, pero no llegará a soluciones operativas que todos puedan aceptar. Además, el terreno de la guerra abierta es jugar en campo propio para quienes tengan una personalidad marcada por los rasgos racional y extrovertido.

La ley del silencio (*omertá*)

El segundo tipo de conflicto es el opuesto: los miembros de un equipo se llevan bien, existe cordialidad y respeto entre ellos, pero no se dicen las cosas ni se sacan a la luz los problemas. Es lo que conocemos como *omertá* en referencia a la famosa ley del silencio de la mafia: de puertas a fuera, sonrisas y buen trato, pero con el peligro constante de una puñalada por la espalda. Es lo que por desgracia encontramos en equipos de instituciones grandes en las que los objetivos y su propósito han quedado tan diluidos que los miembros solo se preocupan de cubrirse entre sí más que de buscar el bien de la compañía (el clásico «Hoy por ti, mañana por mí»). La omertá casi siempre es producto de intereses cruzados y de la existencia de cadáveres en el armario. Hay personas que prefieren no ver, no entender y no hablar cuando conlleva riesgo de quedarse sin una prebenda, como un buen salario.

El cinismo y la hipocresía

Pero la omertá no es el peor escenario. Con diferencia, la peor situación posible es la que se da cuando en un equipo, una sociedad o una empresa no existe buena relación entre sus miembros ni se sacan los problemas a la luz. Se genera así un entorno cargado de cinismo e hipocresía en el que cualquier brizna de aire fresco o de renovación es sofocada rápidamente.

El caso de la Unión Soviética estaba entre la omertá y el cinismo, tirando hacia este. Las guerras de poder, el excesivo control y la sospecha como única forma de relación con los compañeros ahogaban cualquier posibilidad de renovación, de cambio, de novedad. Por desgracia, constituye la situación de bastantes compañías que aparentemente van funcionando hasta que una amenaza o un problema que se venía desarrollando desde hacía mucho se hace ineludible... y se tropieza ante la falta de capacidad adaptativa de la organización.

¿Acaso nadie había visto el problema venir? No. Simplemente, el entorno de la propia empresa había desalentado a todos los que podrían haber ideado una respuesta.

La discrepancia y las conversaciones constructivas

Por todo ello, el entorno ideal no es aquel en el que no estallan los conflictos, sino en el que son abordados de la mejor manera posible. Se trata de contextos en los que impera la sana discrepancia, entornos en los que la relación entre sus miembros es buena (se respetan y se aprecian) y no hay miedo a poner encima de la mesa los problemas o ideas de renovación. La diferencia con la guerra abierta consiste precisamente en que una relación cordial entre los integrantes de un equipo es la clave para hallar soluciones que involucren a todos. Con la discrepancia los problemas no se personalizan. Un problema no acaba cuando se detecta o se expone, sino cuando se acuerda una estrategia conjunta para abordarlo y se ejecuta exitosamente. Esa es la ventaja de la que disfrutan las personas (y los equipos y las empresas) que han desarrollado ese grado de madurez.

2. Haciendo frente a las fuentes de los conflictos

Como líderes nos interesa favorecer un entorno de discrepancia sana a nuestro alrededor. Una primera idea que hay que considerar es que, de entrada, otorgamos un sentido negativo a la palabra *conflicto*. Lo percibimos como un peligro para las buenas relaciones o el avance en los proyectos de un equipo. Sin embargo, los conflictos son absolutamente necesarios precisamente para poder innovar, adaptarse y mejorar.

Así, el primer paso consiste en disolver la creencia de que un conflicto es malo y trabajar en la construcción de un relato mejor: que la mayor parte de los miembros de un equipo comparten el deseo de servir al bien de todos (el bien común) y buscan crecer como personas, como equipo y, las más de las veces, como organización.

Obviamente, no hablamos de repetir mecánicamente esta idea hasta que nos la creamos de manera artificial. No nos referimos a esto al hablar de *sustituir una creencia.* Hablamos de construir un entorno en el que esta forma de funcionar (percibir positivamente el conflicto, buscar el bien de todos) resulte una realidad palpable, lo que requerirá medidas concretas, a veces costosas, como repensarse los indicadores de gestión, aumentar la cercanía jefe-colaborador, alinear intereses particulares o evitar los conflictos de intereses, tarea ardua que decididamente merece la pena.

El segundo paso consiste en entender que no todos los perfiles humanos respondemos igual ante los conflictos, las discusiones o los problemas. A continuación aportamos algunos criterios para entender estas distinciones y las fuentes de las que emanan algunos de los conflictos más comunes:

- **Las definiciones.** Es fuente de conflictos el significado distinto que otorgamos a las palabras, expresiones y gestos. Conseguir mayor claridad en nuestro uso del lenguaje verbal y corporal resulta esencial para afrontar los conflictos adecuadamente.

- **El momento del proceso de la toma de decisiones.** En un equipo debe existir democracia en las decisiones que se van a tomar, pero recurrir a la dictadura para implementar la decisión que se ha tomado. Si la decisión ya se ha tomado, todo el equipo ha de estar centrado en su implementación y alineado. Una vez que la decisión se ha tomado escuchando a las partes, no debería haber espacio para discrepar.

- **El estilo con el que nos comunicamos.** Corresponde al cuadrante del talento (rojo, azul, verde o amarillo) más afín a uno mismo. Así, somos efectivos comunicándonos con una persona que comparte nuestro perfil, pero tenemos más problemas con quien no se comporta como nosotros. Lo que decimos y lo que queremos decir no van siempre de la mano, y menos cuando lo comunicamos a alguien que no suele hacer las mismas asociaciones de significado.

- **El rol de los participantes.** A la hora de hablar, muchas veces se hace desde el rol profesional que se ejerce en ese momento, con sus correspondientes particularidades desde el punto de vista de preocupaciones e intereses.

- **La percepción de la realidad.** El mismo suceso puede significar algo muy distinto para personas distintas del equipo. Se dan tres tipos de percepción de la realidad: lo que es, lo que me gustaría que fuese y lo que debería ser. Una posible forma de operar puede consistir en explicitar las tres perspectivas: determinar entre todos qué ha pasado, lo que a cada uno le hubiese gustado que sucediese y qué debería haber ocurrido desde la perspectiva del grupo.

- **Los conflictos de intereses.** Se trata de una de las fuentes de conflictos más clásicas. Los conflictos suelen venir de la divergencia en los objetivos y es tarea de todos los involucrados detectar y remediar las posibles incongruencias en los objetivos, métricas y recompensas de las partes involucradas.

- **La diferencia de valores entre las partes.** Los conflictos por este motivo son los más difíciles de afrontar y resolver. Los valores son creencias y, como tales, información *dura* almacenada en el cerebro. En el caso de los valores, se trata de información que se quiere volver a experimentar con frecuencia. Por ejemplo, alguien que ha vivido en un entorno acogedor y lo valora por encima de todo buscará por inercia (y por gusto) un entorno laboral que fomente la colaboración y el compañerismo. Cada persona tiene un conjunto distinto de valores, tanto en su naturaleza como en su orden de importancia. Esas diferencias son causa de conflictos más o menos graves.

Tenemos el deber de hacer más funcionales los conflictos en nuestro entorno. Para ello la receta es clara: más respeto mutuo, más seguridad psicológica, más cordialidad entre las partes y una buena dosis de asertividad y visión de conjunto para que la conversación resulte constructiva y beneficiosa para las partes.

Gestionar conflictos es una habilidad directiva clave. La razón está en que los conflictos ayudan o entorpecen extraordinariamente la buena marcha de un equipo, una empresa o una institución.

15
Cultura colaborativa. Hacia un liderazgo colaborativo

Los directivos tienen que impulsar en sus empresas una cultura colaborativa. Se juegan en ello la obtención de muchos ahorros y sinergias en forma de ingresos. Por ejemplo, hay una correlación muy alta entre colaboración interna y dos variables críticas de negocio: gestión de la experiencia de clientes e innovación.

Para impulsar la colaboración entre departamentos, hay que trabajar en sus dos ingredientes básicos: coordinación y confianza. El primero es más *hard* (procesos de tomas de decisión, arquitectura de comités, diseminación de la información relevante, etc.), y el segundo, más *soft* (calidad de las relaciones, frecuencia de las conversaciones, generosidad de las partes, etc.).

La colaboración entre áreas no es una asignatura en la que las empresas suelan sacar buena nota, pese a que se trata de una de sus asignaturas más importantes. ¿Por qué es tan difícil lograr una buena coordinación entre departamentos, áreas o funciones? ¿Por qué cuesta tanto hacer crecer la confianza?

Las razones radican, como siempre, en los estímulos. Hay tres grandes estímulos que mueven la conducta en las compañías: el ético, el cultural (social) y el económico. La solución, como es obvio, ha de ser un conjunto de actuaciones que incluya la mejora del perfil ético de los directivos, la creación de buenos estímulos culturales y el diseño de métricas e incentivos económicos que favorezcan la colaboración.

La colaboración entre áreas se hace visible en tres áreas que son un tesoro para las organizaciones: la capacidad de resolver problemas complejos con respuestas inteligentes, la agilidad en la ejecución de las prioridades de negocio y el buen ambiente de trabajo.

1. Los estímulos organizativos que generan culturas colaborativas

Si el problema de la falta de colaboración es general y, a la vez, importante, ya se ve que no tiene fácil solución. Precisamente porque el problema no es fácil, su solución requerirá la suma de un buen número de actuaciones. En los siguientes párrafos se menciona una lista larga de posibles estímulos que las empresas deberían poner en marcha si quieren lograr todas las ventajas que la cultura colaborativa reporta:

- Revisar los procesos de toma de decisiones para clarificar el papel de cada uno y evitar los malentendidos. La falta de claridad en el papel de cada cual en la toma de decisiones genera lentitud y mal ambiente.

- Fomentar carreras horizontales en las que un buen número de directivos van rotando de un departamento a otro. Una compañía destruye la colaboración si solo utiliza carreras verticales, pues fomentan una competitividad insana y provocan que los directivos estén mucho más pendientes de los de arriba que de su trabajo y de su gente. Los objetivos de las carreras horizontales son tanto adquirir una experiencia más plural del negocio como fomentar una red de relaciones humanas en los departamentos en los que se ha trabajado que favorezca la resolución de problemas entre las áreas. La rotación impide que los directores de área las diseñen y dirijan más a medida de su propia personalidad que de lo que precisa la estrategia de la organización en ese momento y que se instalen en su zona de confort, se vuelvan conformistas y sean psicológicamente prisioneros del *status quo*.

- Trabajar con los directivos de alto potencial para desarrollar sus capacidades colaborativas. En esa línea tiene sentido poner en marcha programas para directivos de alto potencial a los que se les diseñe un plan de carrera en distintos departamentos y se les forme expresamente en las claves de la cultura colaborativa.

- Tener tres o cuatro *off-sites* anuales para fomentar las relaciones informales del equipo directivo y enriquecer la comunicación entre ellos. Un *off-site* es una gran oportunidad de pensar con perspectiva, ayuda a tejer relaciones personales, destensa el ambiente y permite que las personas se conozcan mejor.

- Repensarse la distribución física de los espacios en los que se trabaja para fomentar la comunicación. La idea es intentar reubicar la cafetería, las salas de reuniones, los lavabos, la zona de descanso e incluso los despachos de las personas con la intención de que sea inevitable el encuentro en los pasillos y el roce cotidiano. Esta proximidad física resulta especialmente importante entre las funciones que están más distantes emocionalmente entre sí y cuya colaboración es más importante para la empresa.

- Procurar que los procesos críticos se diseñen *end to end,* de manera que exista un *dueño* del proceso que se implique en su mejora global. Muchas organizaciones tienen los procesos demasiado fragmentados, con los consiguientes desgaste, erosión de la calidad, lentitud e ineficiencia.

- Intentar que haya más simetría organizativa en departamentos, áreas y funciones para que las personas con responsabilidades de nivel intermedio sepan quiénes son sus pares. Tanto la paridad como la simetría deben fomentar la comunicación y coordinación lateral y evitar tener que escalar los temas hacia arriba para que se solucionen.

- Usar métricas de rendimiento e incentivos al desempeño que fomenten la colaboración en el trabajo y pongan el acento en el logro de objetivos comunes. En muchas empresas hay objetivos, métricas de rendimiento y recompensas que no son consistentes entre sí y que hacen que se institucionalice el conflicto entre los departamentos. La colaboración requiere dar un vuelco a esas prácticas de modo que los estímulos vayan en la dirección de unir, no de dividir.

- Dotarse de sistemas que integren y centralicen la información de toda la empresa y usar herramientas informáticas colaborativas, como Google Docs. La intención es poder acceder en tiempo real a la información relevante para la toma de decisiones sin necesidad de pedir un favor a nadie. Otro objetivo es construir un conocimiento colectivo que cohesione las áreas y evite que generen un conocimiento en forma de chimeneas.

- Habituar a la organización a trabajar utilizando equipos de trabajo interdepartamentales para los proyectos importantes de futuro. Las personas que son requeridas para realizar este trabajo han de sentir que su rendimiento en estos equipos interdisciplinares tiene para la organización un valor similar al de su desempeño funcional.

- Desarrollar un estilo de liderazgo que evite el recurso de escalar hacia arriba los problemas de descoordinación entre áreas. Lo peor que puede hacer un directivo cuando se le escala un problema es solucionarlo, ya que *enseña* a hacer lo mismo la siguiente vez. Es mucho mejor responder con pautas y plazos y hacer que sean los que han escalado el conflicto quienes vengan con la solución.

- Dar más poder informal a los directivos que tienen que coordinar el trabajo de colegas que no dependen jerárquicamente de ellos. En organizaciones verticalizadas por productos, como es el caso de la mayoría de las empresas de tecnología, estos directivos coordinadores suelen ser los responsables de las geografías o de los segmentos. Su tarea puede llegar a ser misión imposible si no consiguen aumentar su influencia y autoridad informal.

- Equilibrar el poder en las estructuras matriciales. La intención es que los directivos que han de reportar a distintos jefes sientan que estos están coordinados entre sí y que tienen un peso similar en la definición de los objetivos y en la medición de su desempeño. La descoordinación entre los directivos de una matriz hace casi imposible el trabajo profesional de las personas con doble o triple reporte.

- Apartar de la organización, aunque consigan buenos resultados a corto plazo, a las personas con conductas de *macho alfa*. Un directivo es un macho alfa cuando se preocupa en exceso por mostrar su dominio sobre el resto y busca descaradamente el poder para impulsar su agenda personal. Es típico de un macho alfa hacer que sus reportes despachen los temas importantes no en equipo, sino uno a uno. A un macho alfa no le interesa la creación de equipos donde se comparta la información y se genere un sentimiento compartido de futuro.

El gran desafío de las empresas es conseguir que colaboren todas las personas que se necesitan para decidir e implementar la estrategia.

Las empresas necesitan una cultura colaborativa para conquistar su futuro. Son muchas las ventajas de una sana cultura de colaboración, como también son muchas las iniciativas que se precisan para hacerla posible. La cultura de colaboración es un exponente de una ingeniería social de máxima calidad que, a su vez, solo puede ser el producto de un liderazgo colaborativo, que, además de estar pendiente del próximo trimestre, es capaz de tejer los mimbres del éxito empresarial del próximo cuarto de siglo.

————

EJERCICIO
La mejora de la colaboración lateral

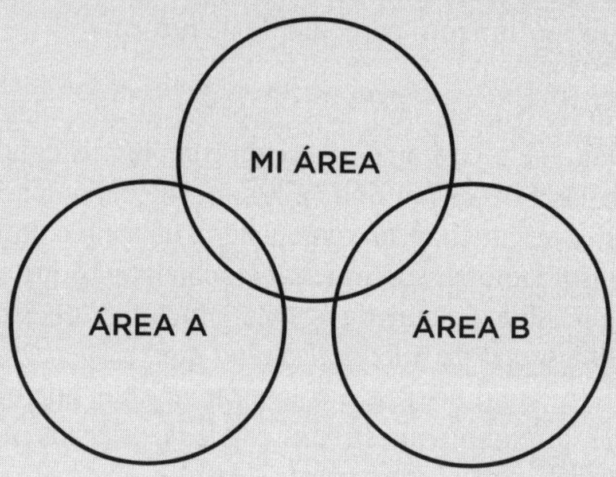

La idea

1. Elige dos áreas funcionales fronterizas con la tuya (A y B) en las que veas oportunidades de mejora de la colaboración existente entre tu área y esas dos:

    Área A:
    Área B:

2. A continuación, se te sugieren diez posibles enfoques para identificar iniciativas que permitan mejorar la colaboración (a través de una mayor confianza o coordinación) de tu área con las áreas A y B. La idea es que utilices las preguntas para reflexionar y construir un plan de acción y un proceso para hacer un buen seguimiento de su ejecución.

La idea en la práctica

1. ¿Qué mejoras puedo proponer a las áreas A y B para hacer más eficiente el proceso de toma de decisiones en los temas importantes que crucen ambas áreas?

Área A:

Área B:

2. ¿Tendría sentido rotar a personas de mi equipo con personas de las áreas A y B para fomentar carreras horizontales y crear más entendimiento mutuo? ¿Quién podría ser candidato a la rotación?

   Área A:

   Área B:

3. ¿Qué cambios puedo proponer para mejorar la efectividad de las reuniones y *off-sites* que se tienen con las áreas A y B?

   Área A:

   Área B:

4. ¿Qué iniciativas puedo proponer para que la gente de mi área y de las áreas A o B se conozcan mejor a nivel humano y profesional?

   Área A:

   Área B:

5. De los procesos que cruzan las dos áreas, ¿hay alguno que requiera una reingeniería para hacerlo más eficiente?

   Área A:

   Área B:

6. ¿Hay alguna métrica, algún objetivo o indicador que estructuralmente separa el desempeño de mi área con el de las áreas A y B? ¿Cómo convertir esa métrica perversa en una virtuosa/ integradora?

    Área A:

    Área B:

7. ¿Puedo proponer algún cambio de ubicación física de mi área respecto a las áreas A y B para fomentar la cercanía y la mejora de la comunicación?

    Área A:

    Área B:

8. ¿Puedo mejorar la gestión de los equipos multidisciplinares entre mi área y las áreas A y B o proponer la constitución de alguno nuevo para trabajar algún tema que está siendo fuente de ineficiencia transversal?

    Área A:

    Área B:

9. ¿Puedo proponer a las áreas A y B alguna herramienta o algún sistema para compartir documentos e información en la nube o en algún otro lugar de fácil acceso?

    Área A:

    Área B:

10. ¿Qué conflictos con las áreas A y B está escalando la gente de mi equipo? ¿Qué he de hacer para fomentar que los problemas se puedan resolver antes de que me los tengan que escalar?

Área A:

Área B:

Seguimiento del plan de acción

1. Sobre las ideas que te han surgido contestando a las preguntas anteriores, elabora un plan de mejora de la colaboración con las áreas A y B.

2. Programa una entrevista con las personas responsables de las áreas A y B para *vender* tu plan de acción y lograr apoyo por su parte.

3. Crea un cronograma para los próximos cien días donde se detallen el momento de inicio y de final de cada iniciativa del plan de acción y los hitos y métricas para su seguimiento.

16
Claves para el diseño estratégico de estructuras organizativas

Una estructura es mucho más que un organigrama. Diseñar y evaluar estructuras organizativas no consiste en diseñar y evaluar organigramas. Un organigrama apenas permite ver las líneas de reporte y hacerse una idea del perímetro formal de responsabilidades, mientras que el diseño de estructuras es un proceso más crítico y complejo que, además, ha de realizarse de manera interactiva con el diseño de la estrategia. A lo largo del capítulo se describen muchas de las claves que en nuestra experiencia son valiosas para llevar a buen puerto dicho proceso.

1. El carácter estratégico del diseño de estructuras

La estructura y la estrategia son las dos caras de una misma moneda con la que los directivos tienen la responsabilidad de comprar un mejor futuro para sus empresas; en caso contrario, se roba al futuro.

La importancia de la estructura se sustenta en una sencilla regla de tres. Uno: la ejecución de la estrategia tiene tanto o más valor que su contenido. Dos: la estructura es un elemento clave de la ejecución. Tres: la estructura y el proceso estratégico han de ser simbióticos; uno ha de hacer mejor al otro, y viceversa.

La relación entre estrategia y estructura no es lineal, sino simultánea. No se elige una estrategia y después se diseña una estructura, sino que se diseñan las dos cosas a la vez en un proceso en el que la información de retorno entre ambas variables permite hacer los ajustes pertinentes para integrarlas cada vez mejor.

El punto de partida del diseño de estructuras es el propósito estratégico, al que le sigue un proceso iterativo de retroalimentación mutua entre la estrategia y la estructura. La estación de destino es tanto un plan estratégico donde se detalla la función como una estructura que permita ejecutarlo. La estructura es la forma que ha de estar al servicio de la función, que es la estrategia. Ambos elementos han de diseñarse uno con un ojo puesto en el otro.

Puesto que la estructura está entrelazada con la estrategia, conviene conocer la estructura de los competidores. Detrás de la estructura organizativa de los competidores y de las compañías que sobresalen en el mercado, hay información estratégica valiosa que resulta recomendable conocer.

El diseño de estructuras es una de las tareas más importantes que han de realizar los primeros ejecutivos. A lo largo de estas páginas confiamos en aportar algunas de las claves que faciliten hacer bien esta tarea.

2. Los elementos básicos y el propósito de la estructura

El diseño de estructuras se sustenta en tres elementos básicos llamados a integrarse armoniosamente para obtener los resultados deseados:

1. Definición y estructuración de responsabilidades y reportes a través del diseño del organigrama.

2. Definición y estructuración de la capacidad de ejecución de los directivos que aparecen en el organigrama, que se hace mediante tres grandes decisiones sobre el papel de cada directivo (cuadro 16.1):

- Aprobación y reparto del presupuesto (lo que llamamos *poder*).

- Procesos de toma de decisiones (lo que denominamos *autoridad*).

- Naturaleza de los comités y de los equipos de trabajo de los que forma parte (lo que llamamos *influencia*).

3. Definición y estructuración de la gestión por objetivos o por resultados a través de las que se vinculan los objetivos de las personas que aparecen en el organigrama con el sistema de refuerzo de conducta, uno de cuyos elementos es el sistema de incentivos.

Cuadro 16.1. La capacidad de ejecución equivale al área donde convergen el poder, la autoridad y la influencia

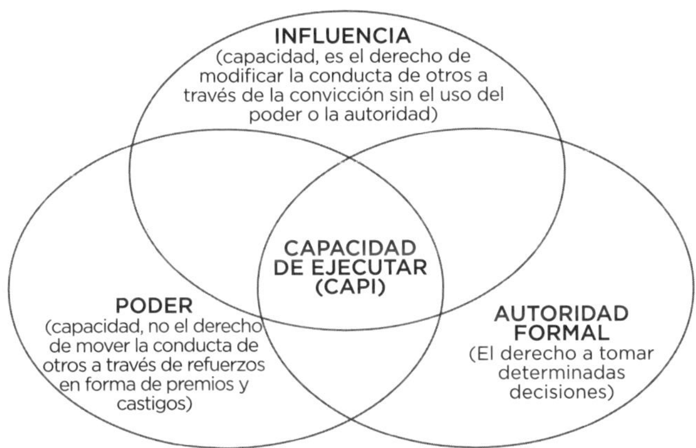

El propósito de las estructuras organizativas es gestionar la efectividad y la eficiencia a corto y a largo plazo de la empresa, lo que requiere, entre otras cosas, agilidad para identificar y gestionar las oportunidades y los desafíos que continuamente se crean debido a los cambios en los mercados, la tecnología, la regulación, los estilos de vida de los ciudadanos y otras variables que influyen en la empresa.

La estructura tiene la responsabilidad de sincronizar los cambios de ese ecosistema de variables con los que se han de llevar a cabo en el interior de las organizaciones.

Lograr que la estructura sirva a la ejecución de la estrategia precisa trabajo en equipo, proactividad, agilidad y espíritu constructivo.

No hay nadie que sepa de todo ni nadie que sea capaz de gestionar el día a día y a la vez impulsar el cambio.

3. La complejidad y los errores más habituales en el diseño de estructuras

Diseñar estructuras es una tarea compleja por distintos motivos, entre otros, los siguientes:

- La pluralidad de variables que se han de conjugar. El propósito estratégico, la naturaleza de la industria, la intensidad competitiva, la tecnología, la intensidad del cambio requerido, el perímetro geográfico de los negocios, la diversificación de las compañías, el ciclo de vida en el que se encuentran[1], la necesidad de integrar perspectivas de corto y largo plazo, la personalidad del líder, etc.

- El carácter espontáneo de las conductas de las personas que trabajan en la empresa. Estas crean una realidad paralela, la estructura informal, que puede entorpecer o favorecer el cumplimiento del propósito estratégico asignado a la estructura.

- El reparto de poder, autoridad e influencia del equipo directivo. Estos elementos cuentan con una fuerte carga emocional que puede generar conductas disfuncionales, a veces patológicas, que añaden un extra de complejidad a la tarea de diseño de estructuras.

Los dos grandes errores que más se repiten en el diseño de estructuras son, en primer lugar, realizar los cambios pensando en problemas del pasado, sin mirar adecuadamente al futuro; y en segundo lugar, prestar excesiva atención a cuestiones personales de algún directivo en menoscabo del propósito de la estructura, con el consiguiente peligro de acabar diseñando *personigramas*.

Por todo ello, cada organización requiere una estructura singular. No hay una estructura que pueda servir para empresas distintas. El diseño de estructuras es un proceso que tiene más de arte que de ciencia.

4. La conveniencia de contrastar el diseño de la estructura con un experto externo. La necesidad de hacer un chequeo anual a la salud organizativa

El diseño de estructuras precisa con frecuencia el contraste con un experto externo. Los directivos que diseñan estructuras son juez y parte en un proceso en el que les vendría bien disponer de la perspectiva de un experto externo independiente. No se puede ver un cuadro cuando se forma parte del mismo. El gran peligro de ser juez y parte es acabar diseñando una estructura basada en personas y no en la función.

La revisión de la organización debería formar parte de un chequeo anual de la salud y fortaleza organizativa de las empresas. Estas, como las personas y la mayor parte de los activos, necesitan un mantenimiento periódico para su buen funcionamiento.

El chequeo anual es ese mantenimiento periódico, la oportunidad de revisar el propósito estratégico, la estructura organizativa, el sistema presupuestario, los flujos de información, los sistemas de incentivos, etc. El tiempo hace que estas piezas se vayan desajustando, creando fricciones que, si no se atajan, pueden crear problemas importantes.

Una puesta a punto anual contribuye a la salud de las compañías y, por tanto, a su crecimiento y al alargamiento de su esperanza de vida.

5. Claves para el diseño estratégico de estructuras organizativas

Las claves pretenden aportar luz y simplicidad al proceso de diseñar estructuras. Somos conscientes de que estos criterios son solo unas pautas que pueden ser útiles en muchos casos, pero no en todos.

Los hemos ordenado de acuerdo con los tres elementos básicos en el diseño de estructuras: responsabilidades y reportes, capacidad de ejecución y gestión por objetivos.

Como ya advertimos, estos tres elementos están llamados a integrarse para que se obtengan los resultados deseados. Por eso, aunque las claves se clasifiquen en uno de los tres elementos básicos, es muy probable que afecten también a los otros dos.

6. Claves para la estructuración de las responsabilidades y reportes que aparecen en el organigrama

1. Las variables con las que se diseña la estructura han de priorizarse de acuerdo con su importancia estratégica.

Una estructura de responsabilidades y reporte se puede diseñar utilizando seis variables: funciones, productos, procesos-proyectos, segmentos, canales y geografías. ¿Cuáles de estas variables han de priorizarse?

Veamos algunas ideas para elegir las variables más adecuadas:

- No es ni fácil ni deseable que aparezcan todas las variables en el diseño organizativo.

- Se han de enfatizar dos o tres de las seis variables. Las priorizadas han de ser precisamente las más relevantes desde el punto de vista de la formulación estratégica.

- Las empresas deben prestar una atención preferente a la variable segmentos ya que es la que mejor asegura la orientación y cercanía al mercado. Una estructura de segmentos puede facilitar la utilización del resto de variables: productos, canales, etc.

- Las compañías con modelos de negocio centrados en productos suelen enfatizar las variables funciones, productos y procesos.

- Las empresas jóvenes tienden a estar estructuradas por funciones, en parte por ser monoproducto y por la personalidad del primer ejecutivo.

- Las compañías organizativamente bien desarrolladas lo hacen alrededor de unidades estratégicas de negocio con responsabilidad sobre una cuenta de resultados.

- En empresas que requieren un proceso de rejuvenecimiento, se necesitan el rediseño y la mejora de sus unidades de negocio para disponer de más directivos con responsabilidad sobre cuentas de resultados parciales. Esas unidades de negocio se pueden diseñar alrededor de productos, geografías, segmentos o canales.

- Un buen diseño de unidades de negocio impulsa el crecimiento y fomenta el espíritu emprendedor en las empresas.

2. Las líneas de reporte y las responsabilidades de gestión han de ser claras. La complejidad de las estructuras matriciales requiere especial atención.

En el organigrama aparecen con bastante claridad las líneas de reporte, utilizando para ello líneas continuas (reporte directo) y líneas discontinuas (reporte indirecto o subsidiario). El funcionamiento de las estructuras matriciales plantea unas dificultades singulares que se mencionan más adelante.

Las siguientes son algunas ideas sobre líneas de reporte:

- En el diseño de estructuras se aplica el dicho popular «Una buena verja permite una buena vecindad».

- El papel de cada área en las decisiones que afectan a varias debe clarificarse con alguna metodología que defina el rol de cada uno en las decisiones más importantes.

- El papel puede ser muy diverso: desde el derecho a estar simplemente informado hasta el poder de vetar la decisión que tome otra área.

- Las líneas de reporte conllevan una delegación de tareas y de la responsabilidad sobre las consecuencias de dichas tareas.

- Esta delegación requiere directivos que estén alineados con la estrategia y que sean confiables desde el punto de vista de la ejecución, como se puede ver en el cuadro 16.2.

- Cuando no se dan estas dos condiciones, es mejor restringir el nivel de delegación.

- En el caso extremo de un directivo que no esté alineado con la estrategia y de que se dude de su capacidad de ejecución, la mejor manera de ayudarle es un *feedback* y un control impecable.

- Si el directivo está alineado con la estrategia pero no es confiable en la ejecución, la delegación que se haga tiene que incluir un seguimiento cercano al encargo.

- En el caso de un directivo fiable desde el punto de vista de la ejecución pero desalineado desde la perspectiva de la estrategia, la delegación ha de ir acompañada por actuaciones que le permitan tener más presente la estrategia en su trabajo.

Cuadro 16.2. Estilos de liderazgo más adecuados en función del alineamiento con la estrategia y la ejecución

	Ejecuta mal	Ejecuta bien
Entiende bien la estrategia	Seguimiento de los encargos	Delegar y apoyar
No entiende bien la estrategia	*Feedback* y control implacable	Hacer presente la estrategia

- Para que la delegación acabe siendo una experiencia positiva para ambas partes, se debe conseguir cierta sintonía mental sobre puntos clave entre el que delega y el delegado. Los puntos clave son los siguientes cinco elementos:

1. Los objetivos.

2. Los criterios de actuación con los que obtener los objetivos.

3. Los recursos que se pueden utilizar para ello.

4. Cuándo y cómo se hará la evaluación del desempeño de la persona en la que se delega.

5. Las posibles consecuencias (incentivos, por ejemplo) en función del desempeño logrado.

Muchas empresas utilizan estructuras en forma de matriz con dobles o triples líneas de reporte. Estas estructuras aparentemente son una buena idea para lograr una mayor coordinación, pero en su funcionamiento hay muchas dificultades.

Estas son algunas ideas para mejorar el funcionamiento de las estructuras matriciales:

- En las estructuras matriciales se suele confundir el concepto de quién es responsable con el de a quién se puede pedir cuentas de los resultados. Para esto último se ha de disponer de la autoridad, el poder y la influencia necesarios para lograr los resultados. Lo normal es que esto no ocurra.

- Para que funcione una estructura matricial, tienen que cumplirse al menos estos requisitos:

  1. Una amplia convergencia, de intereses y objetivos, entre los distintos ejecutivos a los que se reporta.

  2. Un flujo de información y un proceso presupuestario correcto.

  3. Una simetría en el poder relativo de los directivos a los que se reporta.

  4. Una cultura en la que el respeto y la confianza mutua sean altos.

  5. Un sistema de incentivos que prime la mejora de los beneficios de la empresa en su conjunto.

- Una estructura matricial no soluciona *per se* la colaboración entre las áreas de una empresa.

3. Las funciones tienen implícitamente un componente temporal (corto vs. largo). En procesos de cambio, se han de proteger las funciones más cercanas al largo plazo para evitar su asfixia por el corto plazo.

Para proteger el papel de las funciones que se ocupan del largo plazo, pueden ser útiles las siguientes ideas:

- El corto plazo suele ahogar al largo plazo por su propia dinámica de urgencia, inmediatez y visibilidad en sus resultados.

- Las funciones con más foco en el corto plazo son ventas, operaciones, control de gestión, finanzas a corto plazo y administración de personas.

- Las funciones más ligadas al largo plazo son estrategia, marketing, desarrollo del talento, nuevos productos y finanzas a largo plazo.

- En una estructura organizativa, las funciones a largo plazo han de tener el poder, la autoridad y la influencia necesarios para hacer posible el cambio.

- Las responsabilidades y la capacidad de ejecución de los directivos que se ocupan del corto plazo frente a las de los que se ocupan del largo plazo han de ser coherentes con la extensión y velocidad del cambio deseado.

- Es preferible que responsabilidades a corto y a largo plazo no recaigan en la misma persona. Por ejemplo, se debería evitar que ventas y marketing reporten al mismo directivo. Cuando eso ocurre, marketing acaba convirtiéndose en una función de apoyo a ventas y no en una función capaz de identificar las futuras fuentes de ingresos de la empresa.

- Se deben permitir subculturas distintas: las áreas de corto plazo han de enfatizar una cultura de resultados y de control y las de largo plazo, una subcultura de emprendimiento e integración de equipos.

- Las subculturas pueden crearse particularizando los sistemas de recompensas, los perfiles humanos y las expectativas que se tienen sobre ellas.

- La diversidad en el equipo directivo ha de ser la que más convenga a la empresa, de tal manera que el número de personas con energías más de corto plazo (con el foco en resultados y control) y energías más de largo plazo (enfocadas en emprender y hacer equipo) sea el adecuado para el propósito estratégico.

7. Claves para la estructuración de la capacidad de ejecución de las personas que aparecen en el organigrama

1. La capacidad de ejecución de los directivos ha de ser pareja a su área de responsabilidad. A los directivos sin capacidad de ejecución no se les puede pedir que asuman la responsabilidad de las consecuencias de su trabajo

Estas son algunas ideas para estructurar la capacidad de ejecución de las personas que aparecen en el organigrama:

- La capacidad de ejecución de un directivo es equivalente al área en el que convergen su poder, influencia y autoridad (cuadro 16.1).

- Muchos de los directivos de empresas grandes frecuentemente tienen una capacidad de ejecución inferior a su perímetro de responsabilidades, lo que supone una fuente de frustración personal que no favorece su desarrollo profesional.

- Entendemos por *desarrollo* o *madurez profesional* la capacidad de tomar decisiones y de hacerse cargo de sus consecuencias.

- Cuando la capacidad de ejecución es baja respecto a las responsabilidades asumidas, uno no se siente *propietario* de las consecuencias de su trabajo.

- El desarrollo de los directivos, su madurez profesional, requiere poder pedirles cuenta de las consecuencias de sus decisiones (*accountability* en terminología habitual en las empresas), lo que resulta posible cuando se alinean cuatro elementos:

  1. Saber hacer su trabajo y conocer los objetivos que se les piden.

  2. Poder hacerlo, es decir, tener la capacidad de ejecución.

  3. Querer hacerlo, es decir, que les compense el esfuerzo con la posible recompensa.

  4. Tener información de cómo han discurrido las cosas desde que se tomaron las decisiones hasta que se observan las consecuencias para entender los aciertos y errores del proceso.

- Si falta uno de estos elementos, suele ser el poder o el querer, y entonces se crean organizaciones con conductas patológicas, como la renuncia a querer asumir más responsabilidades, la dilución de la responsabilidad en una nebulosa de correos electrónicos con copia o el victimismo en el que la culpa siempre la tienen otras áreas.

- Los directivos han de pelear por aumentar la autoridad, el poder y la influencia, formal e informal, si quieren ejecutar las responsabilidades que se les han asignado.

- Una manera de incrementar informalmente la capacidad de ejecución es a través de coaliciones con otros directivos. La suma de la capacidad de ejecución de los ejecutivos coaligados permite sacar adelante tareas incluidas en el perímetro de responsabilidades que de otra forma sería imposible.

- Las coaliciones se basan en el respeto mutuo, la reciprocidad y una cultura que fomente la colaboración.

2. El reparto del poder, la autoridad y la influencia ha de ser coherente con la formulación estratégica. Si cambia la estrategia, se ha de cambiar el reparto formal del poder, la autoridad y la influencia.

Algunas ideas y reflexiones alrededor de este punto son las siguientes:

- Si cambia el propósito estratégico, se ha de cambiar el reparto relativo del poder, la autoridad y la influencia de los directivos.

- Resulta especialmente necesario el cambio relativo de poder, autoridad e influencia en las empresas que se encuentran en los ciclos de vida asociados al declive si quieren rejuvenecerse.

- Las áreas más relevantes para la consecución de los objetivos estratégicos deben disponer del peso necesario para ejecutar el mandato estratégico.

- Los cambios de poder, autoridad e influencia no son espontáneos; han de forzarse. Les harán de freno tanto la inercia del pasado como el componente emocional ligado al protagonismo.

- Hay directivos que tienen el hábito de ligar el poder (en su acepción amplia, que incluye autoridad e influencia) a su ego en sus distintas versiones de relevancia, dominio o control.

- No es infrecuente la existencia de directivos acostumbrados a poner su poder al servicio de su agenda personal, en la que aparecen racionalizadas iniciativas que tienen su origen en carencias emocionales, muchas inconscientes.

- El reparto del poder en las empresas puede llegar a ser un asunto espinoso. En *El espíritu de las leyes,* Montesquieu afirmaba, no sin razón, que «es una experiencia eterna que todo hombre que tiene poder siente la inclinación de abusar de él, yendo hasta donde encuentra límites».

- Estos límites deberían proceder, en primer lugar, de la rectitud de la conciencia personal o, al menos, de unas buenas prácticas de gobernanza. La carencia de estos dos elementos en algunas compañías y directivos es una amenaza a la salud empresarial y a la construcción de una sociedad próspera[2].

- El abuso de poder en las organizaciones se manifiesta en la primacía de los intereses personales de los ejecutivos sobre los de los accionistas y otros grupos de interés de acuerdo con la teoría de la agencia[3]. Esto incluye la utilización de malas prácticas, consciente o inconscientemente, para lograr dichos intereses personales.

- La enfermedad del poder es un peligro real no solo en la política, sino también en las empresas[4]. Desde la gobernanza en sentido amplio, desde una estructura diseñada alrededor de las funciones que se han de cumplir en contraposición a una estructura diseñada alrededor de los intereses personales de las personas y desde un liderazgo más ético se puede atajar el riesgo de la instrumentalización de la compañía para fines de naturaleza extractiva.

3. El elemento humano y las dinámicas personales de los directivos han de tener un papel, aunque secundario, en el reparto del poder, la autoridad y la influencia. Hay que evitar el personalismo y los personigramas.

Para contemplar el elemento humano en el diseño de estructuras, sugerimos tener en cuenta aspectos como:

- Las carreras profesionales de las personas que puedan llegar a tener más futuro en la empresa.

- Los posibles procesos de sucesión de las personas críticas. No conviene que haya personas imprescindibles ni insustituibles. Los procesos de sucesión más importantes se han de prever con tiempo suficiente, que puede llegar a ser de hasta diez años.

- La vida profesional es la suma de ciclos de siete años. Es deseable considerar la edad de los directivos, ya que existen necesidades de cambio y corte en los contenidos profesionales alrededor de las siguientes edades: 21, 28, 35, 42, 49, 56, 63, 70, 77, 84, 91, etc.

- En estas edades conviene reinventarse para progresar en la vida profesional. Cada ciclo es como un capítulo de la travesía por la vida.

- Los directivos deberían saber crear un relato propio para cada uno de estos capítulos. Estos relatos formarían parte de un libro, la vida vivida y por vivir. Y este libro tendría que estar lleno de episodios épicos, éticos y de belleza estética.

- No es recomendable hacer trabajos con contenidos similares durante períodos superiores a siete años.

4. La centralización o descentralización del poder, la autoridad y la influencia es una decisión que debe tomarse desde una perspectiva de negocio.

El dilema entre centralización y descentralización de determinadas decisiones ha de ser ponderado con las dos variables que aparecen en el cuadro 16.3.

1. Las oportunidades de obtener economías de escala o de aprendizaje con mayor centralización presupuestaria (quién aprueba y dónde se aprueba el gasto). Si las oportunidades fueran altas, centralizar; si no lo fueran, descentralizar.

2. Las economías de escala no son infinitas. Cuando las empresas superan un umbral de tamaño, el incremental de economías de escala es inferior al aumento de los costes de complejidad que conlleva el tamaño. ¿El resultado? La centralización genera en esos casos en vez de economías de escala lo contrario: deseconomías de escala.

Cuadro 16.3. ¿Dónde han de tomarse las decisiones, en el corporativo o en los merados locales?

- El peligro de *burocratizar* a los directores locales si los presupuestos y la aprobación del gasto se centralizan en exceso, ya que tienen pocas herramientas para actuar como emprendedores en los mercados locales:

- En el caso de las empresas cuyas ventas disminuyan por cualquier causa, la recomendación es iniciar un proceso de centralización para ganar en eficiencia, es decir en costes. En ese caso, la eficiencia (costes) es más importante que la efectividad (ingresos).

- Cuando las ventas suben, la recomendación es descentralizar, ya que la elasticidad en los ingresos resulta más importante que la contención de los costes.

- Si el peligro de burocratizar es bajo, se pueden centralizar esas decisiones de gasto siempre que tengan sentido desde el punto de vista de las economías de escala; si el peligro resulta alto, se debería potenciar la toma de decisiones por parte de los directivos locales.

- Cuando ambas variables (economías de escala y peligro de burocratización de los directores locales) son altas, lo recomendable es diseñar un proceso de toma de decisiones que fomente la colaboración entre los directivos corporativos y los directivos locales.

Una manera de lograr una mejor colaboración entre los directores corporativos y locales es definir el papel de cada uno en la toma de decisiones. La metodología RAPID clarifica dichos roles. Las letras de este acrónimo son las iniciales de:

- Quién puede hacer recomendaciones.

- Quién tiene que estar de acuerdo con la recomendación.

- Quién produce o ejecuta la recomendación.

- Quién tiene que estar informado.

- Quién toma la decisión final y es responsable de las consecuencias.

8. Claves para la estructuración de una gestión por objetivos o por resultados que facilite la ejecución de la estrategia

1. Los objetivos de los directivos que aparecen en el organigrama han de estar bien definidos y el sistema de refuerzo de conductas debe ser coherente con la importancia y dificultad de los objetivos.

Para definir bien los objetivos y alinear los mecanismos de refuerzo de la conducta, sugerimos las siguientes ideas:

- Clarificar lo que se espera de cada gestor (qué, cuándo y por qué) desde el punto de vista tanto de los objetivos como del perímetro de responsabilidades asignadas.

- La claridad es especialmente importante en las zonas fronterizas con otras áreas.

- Los mecanismos de refuerzos de la conducta más relevantes son: los sistemas de retribución, la cultura, las tareas que se asignan, el reconocimiento público y cualquier otro premio o penalización que supongan aprobación o rechazo de conductas.

- La funcionalidad de una estructura organizativa requiere: refuerzos positivos ligados a las conductas funcionales y refuerzos negativos asociados a las conductas disfuncionales.

- Tanto los refuerzos positivos a conductas funcionales como los negativos a las disfuncionales generan aprendizajes positivos.

- Los refuerzos negativos a conductas funcionales generan aprendizajes negativos.

- Los refuerzos positivos a conductas disfuncionales (por ejemplo, no hacer nada cuando se debería corregir o proporcionar menos carga de trabajo a las personas conflictivas) son una fuente muy habitual de aprendizajes negativos.

- El ratio de aprendizajes positivos sobre los negativos debería ser superior a tres positivos por cada uno negativo. Cuando esto no ocurre, se genera una esquizofrenia organizativa.

2. El buen funcionamiento de los mecanismos de coordinación transversales condiciona el logro de los objetivos

Los mecanismos de coordinación a los que nos referimos son los flujos de información que comparten las áreas, la claridad en los procesos de toma de decisiones, el gobierno de los procesos que atraviesan diversas áreas, la composición de los comités, el funcionamiento de las reuniones, etc.

Son ideas para que los mecanismos de coordinación refuercen el buen funcionamiento de la estructura las siguientes:

- Es recomendable la coexistencia de una estructura en forma de red que conecte el conocimiento disperso en la organización con una estructura jerárquica y de control que asegure la buena ejecución de las decisiones que se elaboren en la estructura de red (cuadro 16.4).

- De esa manera, podrían usarse:

  - Procesos de abajo-arriba a través de la estructura de red para elaborar las decisiones.

  - Procesos de arriba-abajo mediante la estructura jerárquica y de control para la ejecución de las decisiones.

Cuadro 16.4. Estructuras duales: redes y jerarquías

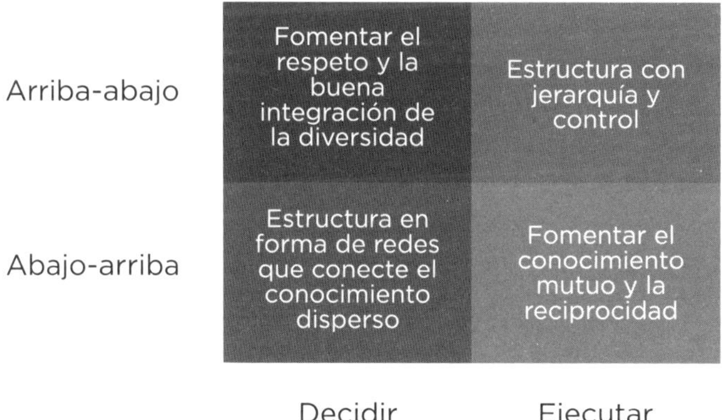

- La suma de buenos mecanismos de coordinación y una cultura de confianza genera procesos colaborativos que se alimentan y a la vez alimentan el deseo de reciprocidad. El resultado es el de mejores decisiones, mejor ejecución y buen ambiente. Con mala coordinación y poca confianza, el resultado consiste en broncas, peleas, defensa del territorio, etc.

- La cultura de una empresa la constituyen los comportamientos habituales. Una cultura de colaboración se construye a través de conductas colaborativas que son producto de la ejemplaridad de los líderes de opinión de la compañía, las creencias dominantes en esta y los sistemas de refuerzo de conductas.

- La mejora del conocimiento mutuo impulsa la confianza mutua y las posibilidades de que se generen reciprocidades.

- La colaboración es muy necesaria en los cada día más frecuentes asuntos transversales que afectan a diversas áreas.

3. La distribución del tiempo de los principales ejecutivos refuerza las prioridades y los objetivos implícitos en la formulación estratégica y en la estructura.

Para una correcta distribución del tiempo de los principales ejecutivos, se sugieren las siguientes ideas:

- El cerebro humano tiende a imitar lo que ve. El elemento de ejemplaridad de los primeros ejecutivos es un factor de refuerzo de las prioridades de la estrategia y la estructura. Por tanto, estos han de dedicar más tiempo a lo que se ha definido como prioridad estratégica.

- Los principales directivos han de evitar la trampa operativa que consiste en que la gestión del día a día les absorbe todo su tiempo y energía.

- En el cuadro 16.5 aparece una posible respuesta a la trampa operativa en forma de cuatro iniciativas que permiten una gobernanza más transformadora y de equipo:

  ○ Centrar el papel de la alta dirección en educar, empoderar y controlar a sus reportes para que descanse en ellos la gestión del día a día.

  ○ Delegar en equipos empoderados de la segunda línea jerárquica muchas de las decisiones del día a día.

  ○ Involucrar al consejo de administración para que, junto con los principales ejecutivos, origine un marco para la transformación.

◦ Encargar a equipos multidisciplinares la concreción de las iniciativas de transformación.

- En la distribución del tiempo de los directivos, se debe priorizar la construcción de puentes entre los reportes que no trabajen bien en equipo. Por ejemplo, es habitual la existencia de conflictos entre los directivos que supervisan áreas de corto, medio y largo plazo.

- Una parte del tiempo de la alta dirección se ha de emplear en desactivar conflictos disfuncionales (cuadro 16.6). No todos los conflictos lo son; solo se dan cuando no hay una buena relación o no se habla con sinceridad. Por eso se ha de dedicar tiempo a crear un contexto que propicie la mejora de la relación entre los directivos y la seguridad psicológica de poder hablar con sinceridad y escuchar con empatía. El resultado es el de una sana discrepancia y conversaciones reales donde se pueda hablar con profesionalidad y profundidad de los problemas más importantes.

Cuadro 16.5. Hacia una gobernanza más inclusiva

	Gestión del corto plazo	Gestión del largo plazo
Arriba-abajo	El equipo de dirección educa y empodera	Marco conceptual creado por el equipo directivo y el consejo de administración
Abajo-arriba	Más delegación en equipos con empoderamiento y criterio de negocio	Equipos multidisciplinares de transformación

- El resto de los conflictos que aparecen en el cuadro 16.6 (cinismo, confrontación y omertá) son disfuncionales y sería estupendo dedicar tiempo a desactivarlos.

Cuadro 16.6. La tipología de conflictos

	Relación deteriorada	Relación funcional
Si expreso lo que pienso con sinceridad	Confrontación guerra abierta	Sana discrepancia conversaciones reales
No expresa lo que pienso con sinceridad	Cinismo hipocresía doble juego	*Omertá* pacto de silencio

- El paradigma de «lo ocupado que estoy es la medida de mi importancia» es disfuncional y la causa de muchos problemas familiares y de salud. La tarea directiva requiere una distribución del tiempo que permita dedicar más tiempo a la reflexión y al estudio.

En colaboración con Marcelino Oreja.
Político y empresario. ExCEO de Enagás y
presidente no ejecutivo en Paris de Greenyellow

17
Tres enfoques para impulsar un cambio cultural

En este capítulo se describen tres enfoques para impulsar un cambio cultural en las empresas que tienen la virtualidad de reforzarse acelerando el cambio que se desea alcanzar. La mejora de la cultura de empresa tiene muchas implicaciones estratégicas y por ello ha de ser una prioridad en la gestión de los equipos directivos.

1. La cultura la constituyen conductas. Entendiendo las raíces de las conductas

Las empresas son ecosistemas cuyo buen funcionamiento viene determinado por la calidad de sus elementos y de las relaciones entre ellos.

Por eso, la triple ambición de un directivo debería ser su mejora personal, la configuración de un equipo formado por profesionales sólidos (técnica y humanamente) y la mejora de las relaciones entre unos y otros. Un equipo con respeto decide mejor. Un equipo en el que sus integrantes confían entre ellos ejecuta mejor.

Mejorar la cultura consiste en hacer más respirable y sano, cognitiva y emocionalmente, el aire que se respira en ella; en hacer que el respeto y la confianza sean las notas dominantes en las relaciones del ecosistema empresarial.

El aire que se respira, eso que llamamos *cultura,* afecta al estado emocional de las personas, y este a la conducta, y esta, a su vez, a la calidad y cantidad del trabajo que se realiza. Mejorar la cultura es mejorar conductas y, por derivada, mejorar la cantidad y calidad del trabajo que se realiza en la compañía.

Para hacer más sano el aire que se respira, hay que actuar aguas arriba, sobre todo en aquello que condiciona las conductas. En concreto, sobre cuestiones como la experiencia de trabajo, las creencias dominantes, los patrones emocionales y los sistemas de refuerzo de la conducta.

Una cultura se vuelve irrespirable si en ella dominan el control, las restricciones para hacer o pensar, el énfasis en el cumplimiento de protocolos, el exceso de *reporting* y la referencia constante al contrato laboral como perímetro de la relación entre empleados y empresa.

Por el contrario, una cultura se vuelve sana y respirable, desde el punto de vista de las conductas que fomenta, cuando sus características dominantes son la autoexigencia, la autodisciplina, el énfasis en la colaboración y la construcción de más respeto y confianza mutua.

Para transformar la cultura, se ha de actuar simultáneamente, por tanto, sobre el contexto, las creencias, los estados anímicos y las conductas, ya que los cuatro elementos se retroalimentan. Al actuar sobre los cuatro, de manera más o menos simultánea, se aumenta la probabilidad de éxito en el cambio cultural.

2. La huella neuronal hace que la repetición de conductas genere un hábito

La plasticidad del cerebro hace que exista la llamada *huella neuronal,* una de cuyas consecuencias consiste en los hábitos. Cuando una persona repite con frecuencia un pensamiento, una emoción o una conducta, se genera lo que se llama un *hábito,* que es una conexión neuronal casi estable que predispone a pensar, sentir o actuar de una determinada manera. Los hábitos se dan en los planos de la conducta, pero también en los cognitivos y emocionales.

Un hábito que predispone a pensamientos, emociones o conductas valiosas (desde la perspectiva de la mejora del funcionamiento del ecosistema, es decir, del crecimiento personal y de la contribución a otros) se llama *virtud,* mientras que un hábito que haga lo contrario se denomina *vicio.* La calidad como persona se correlaciona con el ratio de virtudes/vicios que se acumulan a lo largo de los años. A mejor ratio, mejor persona; así de simple.

El rango de comportamientos de una misma persona puede llegar a ser muy amplio y tiene que ver con ese ratio. La misma persona, dependiendo posiblemente más de su juego interior (que, como sabemos, se compone de foco, interpretación, estado emocional, estándares y rutinas) que de otros factores, puede llegar a ser heroica o abyecta. Oprah Winfrey, por ejemplo, en circunstancias absolutamente contrarias ha hecho de su vida un ejemplo a imitar.

El mismo efecto, en versión exponencial, ocurre con un grupo de personas que comparten un proyecto: las interconexiones entre varias personas amplifican exponencialmente lo heroico y lo abyecto que sucede entre ellas.

3. La influencia del contexto y de la conciencia personal en la conducta

Las conductas son fruto de la libertad personal, pero todos somos conscientes de la influencia que tiene en esa *libre* elección el contexto.

El contexto genera refuerzos en forma de gratificaciones positivas o negativas en función de la conducta realizada. Esos refuerzos producen aprendizajes que pueden ser positivos (conducta funcional con refuerzos positivos y disfuncional con los negativos) o negativos (conducta funcional con refuerzos negativos y disfuncional con los positivos).

Los grandes refuerzos a la conducta en las organizaciones son el sistema de incentivos económicos, las carreras profesionales y la cultura dominante. Tenemos cerebros que tienden a imitan lo que ven (los patrones de conducta más frecuentes) e instintivamente buscan maximizar la utilidad personal cuando se trabaja (quizás por ello hay personas que se enganchan tanto a las carreras verticales y al logro de objetivos por el bono que conllevan).

La conducta personal no es el resultado de los estímulos externos exclusivamente; también hay estímulos internos que pueden llegar a ser aún más importantes que los externos. Hablamos sobre todo de la *conciencia individual,* que permite que la conducta sea el reflejo de un sentido del deber basado en la empatía y en valores humanos. La conciencia permite trascender lo que se llama la *egocracia* (el sistema de pensamiento al servicio del interés personal a corto plazo), tan imperante en la sociedad.

La conciencia, cuanto está bien instruida, es un gran impulsor del tipo de conductas que favorecen el progreso personal y social y también el buen funcionamiento y la sostenibilidad de las empresas, especialmente cuando uno se encuentra en situaciones difíciles, como los meses posteriores a la pandemia. Muchas personas, fruto de su libre elección, han dado un do de pecho en esos meses para ayudar en lo que han podido aceptando incluso recortes en su remuneración. La conciencia ayuda a que se activen el ingenio, la inventiva y la iniciativa para ponerlos al servicio del bien común y a que en el aire se respiren más confianza y respeto mutuo.

En resumen, para el cambio cultural convendría actuar no solo en el contexto y en el resto de las variables antes mencionadas, sino también apelar al sentido del deber de las personas. Por ello, el primer enfoque que proponemos se centra en activar los recursos interiores de las personas que tendrán un papel más relevante en el cambio cultural; los otros dos enfoques se centran más en el contexto.

Una cultura sana favorece que una empresa sea competitiva en el mercado y lo hace a través de muchos elementos, de los que destacaremos tres:

- Alineamiento de las conductas con los objetivos de negocio a largo plazo.

- Generación de sinergias y simbiosis entre las áreas de la empresa, ya que el respeto y la confianza mutua predisponen a la colaboración.

- Contribución al buen funcionamiento de la estructura organizativa y por tanto a la buena ejecución de la estrategia.

En resumen, el cambio cultural es complejo, sugerente desde el punto de vista psicológico y a la vez importante desde la perspectiva empresarial.

La finalidad de los tres enfoques es la misma: fomentar formas de pensar, sentir y actuar que contribuyan a la integración dentro de la empresa y a la integración de la empresa con su mercado, que no es otra cosa que generar productos y servicios que satisfagan las necesidades presentes y futuras de los clientes.

Primer enfoque: favorecer el crecimiento personal de los impulsores del cambio cultural

El cambio cultural debería empezar en las personas que asumirán la responsabilidad de llevarlo a buen puerto.

Este cambio es una gran oportunidad para que sus impulsores se planteen la mejora personal como inicio del cambio cultural y como muestra de su sentido del deber. Resulta de gran elegancia pedir a otros lo que uno antes se ha exigido a sí mismo.

La mejora de los hábitos es parte del juego interior donde se decide el destino de la vida. Para ganar el juego interior, hay que conectar el contenido de cinco variables que se retroalimentan también entre sí:

- Aquello en lo que se pone el foco, la mirada o la atención. El contexto es plural y no da igual poner el foco en una cosa o en otra.

- La interpretación subjetiva de aquello en lo que se pone el foco. Respetando la realidad, se es libre para interpretar una cosa en clave de fracaso o enseñanza, de freno o impulso. Las mejores interpretaciones son las que proporcionan razones de peso para seguir en la lucha del progreso personal y por hacer contribuciones de valor a terceros.

- El estado emocional, el sentimiento, la energía. Provoca la interpretación subjetiva.

- Los estándares de exigencia con los que se decide operar en los distintos ámbitos de la vida. La autoexigencia está correlacionada con la intensidad y naturaleza de las emociones. Así, una energía alta y positiva predisponen a ponerse estándares altos. Energías negativas o de baja intensidad suelen correlacionarse con estándares de conductas de baja calidad.

- Las rutinas, los hábitos. Se generan alrededor de los estándares de exigencia que se haya decidido tener.

El primer enfoque, por tanto, consiste en entrenar a los impulsores del cambio cultural para que hagan de él un trampolín de crecimiento personal que mejore su liderazgo, capacidad de influencia y credibilidad personal.

Para impulsar el crecimiento personal de los impulsores del cambio cultural, pueden resultar útiles los siguientes diez consejos:

1. Formarse y entrenarse en el juego interior y, como resultado, revisar los estándares de autoexigencia ligados al fomento del respeto y la confianza mutua.

2. Revisar el propósito personal para dar un sentido positivo al trabajo y al desafío del cambio cultural. La intención es acumular razones de peso para hacer más veces lo correcto y honesto y menos lo fácil y egoísta.

3. Aumentar la autoexigencia en las actividades que proporcionan energía física, intelectual, emocional y espiritual. Para acometer objetivos desafiantes, es preciso renovar la energía que se desgasta y acumular reservas.

4. Agendar conversaciones pendientes. Las conversaciones son el mejor instrumento para mejorar las relaciones que se han enfriado o deteriorado. Una buena conversación implica escuchar y hacer preguntas; por tanto, supone un magnífico entrenamiento de las competencias *suaves* del liderazgo. Dar y recibir información de retorno constituye un estímulo para mejorar el talento propio y de terceros.

5. Evitar el cinismo. Este ocurre cuando convergen, por un lado, poca seguridad psicológica para expresar las propias ideas y, por otro, el deterioro en las relaciones. El cinismo es corrosivo y no hace ningún bien a nadie.

6. Sanar las heridas emocionales, si hay. Todo lo que ata al pasado quita futuro. El resentimiento o la frustración suelen ser el producto de las heridas emocionales que no se han sanado. Desde el resentimiento es imposible construir nada positivo.

7. Incorporar nuevos valores a la forma de pensar. La sabiduría es el conocimiento (los buenos valores) que da sabor a la vida, a lo que se cuece en la cabeza y en el corazón. Conviene dedicar tiempo a libros, vídeos y películas que instruyan en valores.

8. Anticipar y preparar el próximo ciclo profesional. Cada siete años suele aparecer una oportunidad clara de cambio y corte. La ambición es hacer del siguiente ciclo un período más enriquecedor que el actual.

9. Aprender a desarrollar una mirada transformadora. Consiste en mirar a los demás *viendo* cómo podrían llegar a ser, no cómo son en la actualidad. Las expectativas que tenemos sobre otros influyen en las que esa persona tiene sobre sí misma.

10. Contribuir a que la empresa tenga un propósito ilusionante y movilizador. Una organización no se puede limitar a repartir tareas. Un directivo deber aportar a las dos B que mueven la conducta *(behaving)*: *believing* (creer) y *belonging* (sentido de pertenencia).

Todas estas sugerencias pueden contribuir al crecimiento personal de los impulsores del cambio cultural, incrementando el sentido del deber y la responsabilidad de contribuir a hacer más limpio el aire que se respira en la empresa.

La ejemplaridad de los impulsores del cambio cultural tiene que llegar a ser una estupenda fuente de inspiración para los componentes de la compañía y un buen referente del tipo de transformación en las conductas que se quieren impulsar en el cambio cultural por el bien de la empresa.

Segundo enfoque: empujar iniciativas de arriba abajo

Empezar por los directivos que impulsan el cambio es un paso importante, pero insuficiente. La transformación cultural se consolida con otros dos elementos: un conjunto de iniciativas y mensajes de arriba abajo y la creación de un movimiento viral de abajo arriba.

El segundo enfoque consiste en la suma de mensajes e iniciativas puestos en marcha desde arriba (el equipo directivo) hacia abajo (al resto de la organización).

Algunas de estas iniciativas pueden ser las siguientes:

1. Traducir los cambios en los mercados en iniciativas estratégicas y estas en una nueva estructura de poder y en unos comportamientos genéricos destinados a vertebrar la nueva cultura.

2. Crear un relato sobre el propósito del cambio cultural y las razones por las que se quiere incluir un trabajo de mejora personal en el equipo directivo y un proceso de hacer viral la nueva cultura.

   El contenido del relato puede ir en la siguiente dirección:

   • Liderar es dar ejemplo.

   • Se quiere tener en nómina a personas que se sientan activistas del cambio, no a empleados pasivos.

   • El objetivo es lograr que la empresa rebose de la energía que conlleva sentirse un voluntario de una causa.

   • Juntos se pueden hacer grandes cosas.

   • La gestión de personas se entiende como un proceso para activar su compromiso con la excelencia y movilizar el talento en la consecución de un propósito noble.

   • No entendemos la gestión de personas como un conjunto de actividades de control y administración.

3. Operativizar las conductas clave sobre las que se desea construir la nueva cultura para que sean fáciles de explicar y entender. Es decir, partir de las conductas que favorezcan la consecución de los objetivos de negocio y traducirlas a las diversas audiencias dentro de la empresa. Esta traducción se utilizará para viralizar las conductas de abajo arriba.

4. Revisar la estructura organizativa y los demás elementos que fomentan su buen funcionamiento (sistemas de coordinación, incentivos, carreras, perfiles humanos, calidad del liderazgo, etc.) para que estructura organizativa y cultura se retroalimenten de manera positiva para la sostenibilidad futura.

Tercer enfoque: viralizar conductas de abajo arriba

El tercer enfoque, complementario a los otros dos, es la movilización de líderes de opinión de la organización estén donde estén en el organigrama. La idea, formulada por el autor Leandro Herrero, es conseguir que, de forma coordinada y viral, hagan de transmisores de las nuevas conductas de la cultura desde la base (abajo) hacia arriba (el equipo directivo).

Algunos consejos para poner en marcha este proceso viral son los siguientes:

1. Asegurar la colaboración del equipo directivo. Para ello hay que tener un taller de trabajo en el que se llegue a un acuerdo sobre cuáles son los comportamientos que los reportes pueden exigir a estos directivos. Se trata de los que se quieren viralizar, pero también de otros transversales, como meritocracia, disciplina, colaboración o confianza. La intención es que estos directivos refuercen con sus conductas la credibilidad del proceso de cambio cultural.

2. Trabajar de manera continua con el equipo directivo para que quiera y sepa apoyar al movimiento viral. La idea es que no se involucre de manera directa y que sea consciente de su papel de soporte sin protagonismo.

3. Crear un proceso de comunicación que cale en la organización donde se expliquen los motivos para emprender el cambio cultural y se informe de sus avances.

4. Confeccionar e ir actualizando un mapa informal de la organización para conocer dónde se producen las interacciones más frecuentes y entre quiénes y los nombres de las personas que actúan de nodo o conector.

5. Entrenar a los líderes conectores (aquellos con más conexiones informales) para que colaboren en la viralización de las nuevas conductas en sus entornos habituales y apoyarlos para que incrementen la densidad de sus redes.

6. Integrar el proceso viral de infección de conductas abajo arriba con otras iniciativas estratégicas para transmitir coherencia y la imagen de que la alta dirección tiene un proyecto coherente y holístico.

7. Apoyar con motivación a las personas implicadas en el proceso, principalmente a los líderes naturales y al equipo de dirección, para que sepan, puedan y quieran gestionar el mayor nivel de exigencia personal que les supondrá el proceso.

8. Crear unas métricas que permitan monitorizar el avance, que servirán como señal de aviso para actuar en caso de que los

resultados no se consigan y como catalizador del aprendizaje sobre cuáles son las palancas y las personas que mejor y peor funcionan.

Cambiar culturas es un proceso esforzado que lleva tiempo y no está exento de riesgos. Mejorando la cultura se hace real la estrategia y se proporcionan raíces y alas al talento. Contribuir a la mejora de la cultura es una forma de canalizar el deseo de hacer que la presencia de uno haga mejor a los demás.

EJERCICIO
Midiendo la calidad de la cultura de empresa

La idea

Jim Heskett, un destacado profesor de Harvard Business School, ha dedicado su último libro *Win from Within* (Columbia Press, 2022) a explorar el papel de la cultura en la mejora de las constantes vitales de las empresas.

En el siguiente cuadro se resume el modelo que identifica una serie de variables que se correlacionan con el compromiso de los empleados y otras que, como resultado de este, acaban influyendo en el negocio.

Gestionar la cultura es clave para ejecutar estrategias ganadoras. La cultura es el comportamiento de los trabajadores cuando nadie los observa, que viene muy condicionado por el aire que se respira en la organización.

Para conocer la calidad de la cultura de una empresa, puede ser útil realizar el cuestionario que incluimos a continuación. Muchas respuestas son subjetivas. Sugerimos que se discutan en equipo, ya que pueden dar lugar a conversaciones muy interesantes sobre esa realidad tan importante como elusiva que es la cultura.

La idea en la práctica

Obteniendo el índice cultural

1. Responde a cada una de las preguntas que se incluyen en cada una de las doce dimensiones del modelo.

2. Responde a cada pregunta con un valor numérico del 1 al 10 procurando que la valoración responda lo mejor posible a la realidad de la organización.

3. En cada dimensión, haz una media con las puntuaciones de las preguntas.

4. Calcula el índice cultural que será la media de las doce dimensiones.

Dimensiones

1. Causa noble movilizadora

¿Cómo es de movilizadora la causa noble (propósito) de la organización para los empleados actuales y potenciales?

Puntúa de 1 a 10:

¿Cómo es de visible esa causa noble en el día a día de la empresa?

Puntúa de 1 a 10:

¿En qué medida esa causa noble influye en las decisiones estratégicas de la empresa?

Puntúa de 1 a 10:

Puntuación media:

2. Un liderazgo bien vitaminado

¿En qué medida el equipo directivo integra bien las realidades cuantitativas con las cualitativas en la toma de decisiones?

Puntúa de 1 a 10:

¿En qué medida el equipo directivo integra bien el corto y el largo plazo en sus prioridades?

Puntúa de 1 a 10:

¿Cree el equipo directivo en la importancia de gestionar la cultura participando activamente en su mejora y siendo cada uno de sus miembros ejemplar en sus conductas?

Puntúa de 1 a 10:

Puntuación media:

3. Pacto sobre conductas y creencias compartidas

¿Hasta qué punto se ha involucrado a los empleados en iniciativas para enraizar los valores y las creencias clave de la cultura?

Puntúa de 1 a 10:

¿Forman parte de la entrevista de desempeño las cuestiones relacionadas con la cultura?

Puntúa de 1 a 10:

¿Se prescinde de personas, aunque su rendimiento sea satisfactorio, si sus conductas están alejadas de la cultura deseada?

Puntúa de 1 a 10:

Puntuación media:

4. Espacio para hablar y seguridad psicológica

¿En qué medida los empleados se sienten cómodos para aportar ideas y sugerencias de mejora? ¿Lo hacen?

Puntúa de 1 a 10:

¿Tienen los directivos una buena predisposición para escuchar y aprender de los trabajadores?

Puntúa de 1 a 10:

¿Se comunica a los empleados información sobre la marcha del negocio y otras cuestiones que puedan ser de su interés?

Puntúa de 1 a 10:

Puntuación media:

5. Colaboración fruto de más coordinación y confianza

¿Cuál es el grado de confianza y respeto mutuo en la organización?

Puntúa de 1 a 10:

¿Funcionan bien los mecanismos de coordinación entre las áreas?

Puntúa de 1 a 10:

¿Están bien alineados los objetivos y métricas de las diversas áreas para evitar que se generen conflictos estructurales entre ellas?

Puntúa de 1 a 10:

Puntuación media:

6. Consistencia entre lo que se dice y se hace

¿En qué medida los directivos son evaluados, entre otras cosas, por la coherencia entre su manera de dirigir y la cultura deseada?

Puntúa de 1 a 10:

¿Los incentivos fomentan comportamientos consistentes con la cultura?

Puntúa de 1 a 10:

¿Entra dentro de lo posible y probable que una decisión de negocio pueda ponerse en entredicho por su inconsistencia con la cultura deseada?

Puntúa de 1 a 10:

Puntuación media:

7. Compromiso del empleado

¿Se dispone de buenas métricas para conocer y analizar el nivel de compromiso de los empleados?

Puntúa de 1 a 10:

¿Se trabaja proactivamente para mejorar el compromiso de los trabajadores?

Puntúa de 1 a 10:

¿Se mide el nivel de satisfacción y vinculación de los empleados a través de otros enfoques complementarios?

Puntúa de 1 a 10:

Puntuación media:

8. Los mejores empleados se quedan

¿Se le da importancia a la información sobre rotación de empleados y se dispone de información segmentada sobre dicha variable?

Puntúa de 1 a 10:

¿Referencian los mejores trabajadores a otros nuevos con su perfil?

Puntúa de 1 a 10:

¿Se gestionan las salidas de empleados con sensibilidad y visión de futuro?

Puntúa de 1 a 10:

Puntuación media:

9. Sentimiento de *dueño*

¿En qué medida los directivos conocen con precisión el rendimiento de sus empleados y les transmiten que hay mucho que ganar y que perder en función de ese rendimiento?

Puntúa de 1 a 10:

¿Se procura aumentar el perímetro de responsabilidades de los empleados para ayudarlos a su crecimiento profesional?

Puntúa de 1 a 10:

¿Se hace un esfuerzo para que los trabajadores conozcan bien las reglas del juego de la empresa?

Puntúa de 1 a 10:

Puntuación media:

10. Mejora de la productividad

¿Existe la voluntad de proporcionar mejores herramientas de trabajo a los empleados para mejorar su productividad?

Puntúa de 1 a 10:

¿Se comparten las mejores prácticas de los trabajadores a través de los supervisores?

Puntúa de 1 a 10:

¿Es positiva la tendencia de mejora de la productividad en comparación con los competidores?

Puntúa de 1 a 10:

Puntuación media:

11. Mejora de la calidad del servicio

¿Hay una tendencia positiva en las métricas que miden la calidad del servicio?

Puntúa de 1 a 10:

¿Se da importancia en la organización a los índices de satisfacción y retención de clientes?

Puntúa de 1 a 10:

¿Se fomenta la referenciación de los clientes satisfechos?

Puntúa de 1 a 10:

Puntuación media:

12. Mejora del aprendizaje e innovación

¿Estamos satisfechos con la cuota de ventas que representan los productos/servicios desarrollados en los últimos cinco años?

Puntúa de 1 a 10:

¿Hay una sana cultura de inconformismo en la organización que fomenta hacer las cosas mejor?

Puntúa de 1 a 10:

¿Qué énfasis se da a actividades de innovación y creatividad en la organización?

Puntúa de 1 a 10:

Puntuación media:

Índice cultural _______________
(Es la media ponderada de las doce dimensiones)

Interpretación

- Índice cultural menor de **5:** la cultura es disfuncional y requiere máxima atención para su mejora.

- Índice cultural entre **5 y 7:** la cultura es mediocre y convendría actuar sobre ella.

- Índice cultural entre **7 y 8.50:** la cultura es funcional y va camino de ser un pilar en la buena marcha de los negocios.

- Índice cultural entre **8.50 y 10:** la cultura es una formidable palanca de competitividad.

18
Los retos del liderazgo en remoto y sus posibles soluciones

Es probable que el reto de la gestión de equipos en remoto sea tan antiguo como la propia historia de la civilización. El Imperio Romano tenía sus gobernadores a cargo de sus provincias. La proliferación de las colonias inglesas, francesas, españolas y portuguesas requería la gestión de equipos a distancia en América, África y Asia.

De igual forma, las multinacionales llevan años gestionando equipos en remoto. Además, la creciente globalización de la economía no deja de crear más y más vínculos en remoto con clientes, proveedores, socios de negocio y empleados.

Liderar equipos en remoto, por tanto, no es algo nuevo, pero el aumento de esta forma de trabajo tras la pandemia mundial de la COVID-19 fue espectacular, así como las posibilidades que nos aportan las nuevas tecnologías.

La dinámica de las relaciones con los equipos en remoto depende de la naturaleza de esa relación, aunque los desafíos y las posibles soluciones resulten similares.

No es lo mismo una relación jerárquica directa, por ejemplo, entre un corporativo de una multinacional y los responsables de una filial en un país lejano, que la relación entre dos compañeros que son parte de un proyecto regional o global y tienen una relación de pares o colegas.

La relación en remoto más frecuente es la de un empleado con su jefe. La digitalización de la economía permite que un gran número de ocupaciones puedan realizarse desde los propios hogares en sitios muy remotos y sin nadie de la empresa presente en kilómetros a la redonda. Las consecuencias serán muy interesantes desde el punto de vista, por ejemplo, de la descongestión de grandes ciudades, los salarios, la legislación laboral que aplica o el acceso del talento de países del tercer mundo a compañías líderes.

Los mayores retos para liderar equipos en remoto son: integrar el control y el empoderamiento, hacer que la comunicación sea fluida e interesante, solucionar temas operativos, acertar en la manera de crear compromiso, saber crear más confianza mutua, evitar algunas distorsiones cognitivas y dar con una manera de proporcionar información de retorno sobre el desempeño que resulte efectiva.

1. Integrando control y empoderamiento

La clave de cualquier liderazgo es encontrar un equilibrio dinámico entre el control y el empoderamiento. En el caso del liderazgo en remoto, el control es necesario para asegurar que se cumplan los resultados, avancen los proyectos importantes y no se oculten aspectos en la ejecución que puedan tener un desenlace disfuncional.

Se precisa empoderamiento porque es imposible hacer una microgestión a distancia y porque la iniciativa, la inventiva y el ingenio son valores especialmente importantes para quienes afrontan las actividades cotidianas y han de decidir con agilidad en mercados geográficamente alejados.

Para que el empoderamiento funcione hay que tener equipos en remoto alineados en dos dimensiones: que decidan con buenos criterios de negocio y que ejecuten de acuerdo con pautas que generen rigor en la administración.

En Brasil aún se utiliza la expresión *pra inglés ver,* que significa "fingir que se está haciendo algo cuando en realidad no se está haciendo". La frase surgió en la primera mitad del siglo XIX cuando Inglaterra, por motivos económicos, intentaba erradicar la esclavitud. Brasil estaba en el punto de mira porque todavía se usaban esclavos en muchas actividades de su economía. Los brasileños decidieron colocar muchos navíos cercanos a la costa para lanzar a los ingleses el mensaje equívoco de que estaban controlando y así impidiendo la llegada de esclavos de África. En la práctica la razón que les movía a hacerlo era bien distinta…

Esta anécdota es un aviso de cómo la gestión en remoto puede acabar siendo perversa.

2. Un equipo en remoto tiene muchas maneras de comunicarse

La comunicación es otra de las claves del liderazgo en remoto. La tecnología nos pone cada vez más medios para que la comunicación sea instantánea, efectiva y prácticamente sin coste.

Hace muchos años la comunicación se vehiculizaba mediante cartas enviadas por el sistema postal o visitas de delegaciones que viajaban de un sitio a otro, después pasó a realizarse telefónicamente y más tarde a través de correo electrónico, mensajería instantánea, videoconferencia, telepresencia y todas las formas que hoy conocemos y que seguro que seguirán evolucionando en el futuro (Teams, Skype, Zoom, Meet, WhatsApp, etc.). Las funcionalidades que proporcionan estas herramientas son cada vez más extraordinarias y podrían, en gran parte, dar respuesta a los retos de liderar en remoto.

Lo que no desaparecerán, aunque se reduzcan, son los viajes, ya que la presencialidad enriquece la información, especialmente para garantizar el mejor funcionamiento de las operaciones remotas («El ojo del amo engorda el ganado») y construir vínculos de confianza y afecto entre las partes. No olvidemos que una pantalla proporciona información en dos dimensiones; una reunión presencial, en cambio, permite recibir información en tres dimensiones, con muchos más matices y profundidad.

3. Los retos del liderazgo en remoto y nuestras recomendaciones

El liderazgo en remoto ha de hacer frente a desafíos de tipo operativo, a mayores dificultades para crear un sentido de pertenencia y una relación de confianza y a sesgos cognitivos y emocionales propios de liderar a personas en la distancia. Empecemos por los primeros.

Aspectos operativos

Cuando los equipos en remoto están en diferentes países, aparecen algunos temas críticos que hay que tener en cuenta, como la diferencia de culturas, idiomas, horarios, festivos o vacaciones.

En occidente el idioma inglés se ha establecido como el preferido (por conveniencia) para la gestión de los negocios. Puede que se emplee masivamente el español cuando se trata de una empresa con presencia mayoritaria en los países de habla hispana. Alguna multinacional en el pasado ha pretendido gestionar en francés o alemán, exigiendo que sus interlocutores en países remotos hablen dicho idioma y, como consecuencia, limitando la disponibilidad de talento.

La elección de un único idioma es necesaria, pero no garantiza la fluidez de las conversaciones. Siempre hay alguien que se siente más cómodo con su idioma nativo frente a otro que lo ha adoptado como segunda o tercera lengua. Si no resulta posible la utilización de un único idioma, hay que incorporar traductores en las reuniones, lo que dificulta su fluidez. Lo que sin duda deberíamos evitar es que alguien malinterprete lo que se está diciendo o no lo entienda por cuestiones de idioma.

Las horas disponibles para establecer una reunión con personas simultáneamente entre América, Europa y Asia son muy reducidas (en Europa la hora ideal es las cuatro de la tarde), y así y todo siempre habrá algunos más perjudicados que otros. Una reunión programada en Europa a las diez de la mañana generará malestar en quienes en América tengan que estar disponibles a las tres, cuatro o cinco de la madrugada. Y si esa reunión se agenda después de las cinco de la tarde de Europa, seguramente no causará mucha simpatía para quienes están en Asia. Lo mismo ocurre con los festivos, que nadie cuestiona a nivel local. Sin embargo, hay mucho desconocimiento a nivel internacional sobre cuáles son los días festivos, lo que genera frustraciones y limita de forma importante los días en los que se puede interactuar.

Respecto a las vacaciones, en el hemisferio norte suelen concentrarse entre los meses de julio y agosto y en Latinoamérica entre enero y febrero. Cuando los equipos no coinciden en los mismos hemisferios, estos cuatro meses presentan retos adicionales para el liderazgo en remoto. Todas las personas esperan con ansia sus vacaciones y a veces resulta difícil ponerse en los zapatos de quienes están a punto de salir de vacaciones y son convocados a reuniones virtuales. No se puede imponer que todos tomen sus vacaciones en agosto.

Recomendaciones

- Fijar fechas de reuniones teniendo en cuenta los días festivos de las distintas localidades de los miembros del equipo.

- Si las reuniones exigen desplazamientos internacionales, evitar en lo posible que sean lunes o viernes para garantizar que los participantes no pierdan parte de su fin de semana viajando.

- Fijar horarios de reuniones razonables para todos.

- Limitar los tiempos de las reuniones cuando sean en horarios incómodos.

- Hacer reuniones ágiles, al grano y cortas y pedir que las intervenciones sean cortas.

- Definir un único idioma para el material que se va a compartir y para el desarrollo de las reuniones.

- Enviar la información que se va a tratar con anticipación para su lectura previa.

- Fijar los días de la semana en los que han de ir a la oficina los equipos que teletrabajan en una misma ciudad para que haya un mínimo de tiempo de presencia física conjunta.

- Respetar los días de vacaciones de acuerdo con las costumbres locales.

Conquistar el compromiso

Un desafío importante del liderazgo en remoto es lograr el compromiso de las personas con el proyecto y regenerar el sentido de pertenencia con la empresa.

Cuando se está en la sede central de la compañía, los pasillos y el comedor de ayudan mucho en la tarea de saber lo que pasa y, por ende, facilitan sentirse más comprometidos y vinculados.

En remoto hay que dar con una fórmula para que fluya la información que permita alimentar tanto la necesidad de creer en la empresa *(believing)* como de estar emocionalmente comprometido *(belonging)*. El reto consiste en encontrar el punto de equilibrio en la cantidad de comunicación y en los formatos de dichas comunicaciones.

No es buena idea suplir la falta de cercanía con un excesivo número de reuniones virtuales, con reuniones con demasiados participantes (no se quiere dejar a nadie fuera) o con reuniones que se extienden durante tiempos prolongados. Ese cóctel es difícil que funcione.

En los meses de confinamiento muchas personas se han quejado de la cantidad de *check-in* de sus jefes para ver cómo estaban y de un agotamiento *(burnout)* por excesiva *reunionitis*.

Cuando ocurre cualquiera de estos factores, se pierde la atención de los participantes, quienes pasarán a ocuparse de otras cuestiones en paralelo (contestar a correos o mensajes o simplemente prestar atención a otra cosa). Esta desconexión también se da en reuniones presenciales y en el caso de las virtuales el riesgo resulta mucho mayor.

Recomendaciones

- Articular un buen plan de comunicación que refuerce el relato estratégico, la identidad de la empresa y los valores que unen.

- Hacer un calendario para esta comunicación, en ocasiones mezclándola con formación, y hacerla atractiva sin saturar las agendas de las personas.

- Utilizar las mismas herramientas colaborativas para los proyectos y para las comunicaciones para evitar incompatibilidades y dificultades de conexión.

- Crear un estilo de la comunicación en remoto integrador y práctico y dar estímulos positivos a quienes actúen en esa línea.

- Hacer un sobreesfuerzo para remarcar y hacer sencillo de entender lo que sea importante y prioritario.

- Utilizar herramientas para que las personas en remoto intervengan y se sientan protagonistas en la articulación de las decisiones operativas y estratégicas.

- Potenciar la comunicación bidireccional para que todas las personas puedan aportar. Hoy hay herramientas (por ejemplo,

Mentimeter y SurveyMonkey) que permiten recoger muchos comentarios, de manera sencilla e instantánea, de grandes equipos distribuidos geográficamente.

- Crear una seguridad psicológica en los asistentes que evite la cultura del miedo a decir lo que uno piensa o el conformismo de apuntarse a la opinión que sea la políticamente correcta.

- Reforzar los procesos de bienvenida de empleados nuevos para que se integren cognitiva y emocionalmente a pesar de que vayan a trabajar en remoto.

Incrementar la confianza personal

La confianza se sustenta en el conocimiento mutuo y la empatía. También generan confianza la credibilidad, la fiabilidad y el control del ego personal. La confianza acelera las reciprocidades creando una espiral virtuosa. Por eso, establecer confianza entre dos personas es muy importante para la efectividad y eficiencia a medio y a largo plazo.

El desafío de liderar en remoto es como recrear estos elementos: conocimiento mutuo, credibilidad, fiabilidad, empatía y control del ego sin un contacto presencial frecuente. Una estrategia posible consiste en alinear de manera más precisa las expectativas de ambas partes en cinco grandes áreas:

1. Los objetivos que se quieren conseguir.

2. Los criterios y pautas que se han de utilizar para conseguir los objetivos.

3. Los recursos que se pueden y no se pueden utilizar para conseguir los objetivos.

4. El momento y las personas que van a evaluar el trabajo realizado.

5. Las posibles consecuencias de lograr o no los objetivos, seguir o no las pautas pactadas, etc.

La proximidad física (y la intelectual y emocional en el caso de los equipos en remoto) es poder de ejecución. La cercanía mejora la relación entre personas, sean o no del mismo departamento, y esta relación luego puede capitalizarse para resolver algún problema interdepartamental, resolver un problema en algún proyecto o ayudarse mutuamente en las tareas. En el ambiente de las oficinas resulta fácil dirigirse a una persona que está cerca para pedir un favor u ofrecer una ayuda sencilla para ver cómo se resuelve algún tema dentro de la organización. El objetivo es conseguir algo parecido en remoto.

En el caso de las nuevas personas que se unen a la empresa, ese acceso a otros colegas que ya llevan tiempo resulta fundamental para absorber las normas de funcionamiento o simplemente para conocer quién es quién y saber a dónde dirigirse para resolver un tema. Esas pequeñas charlas informales que se producen en la máquina de café o en los pasillos hacen que muchas cuestiones sencillas se resuelvan y los proyectos fluyan de manera espontánea. El liderazgo de equipos en remoto tendrá que suplir la falta de este aprendizaje espontáneo con otras iniciativas.

En contextos remotos, también se pierden los minutos previos a una reunión en los que fluyen conversaciones no estructuradas que permiten afianzar los lazos entre las personas. Suelen aprovecharse para preguntar por el avance de alguna otra iniciativa, pedir un favor a un colega o simplemente para preguntar por algún tema personal. Los minutos posteriores a una reunión también son espacios para que ocurran conversaciones bilaterales que engrasan la ejecución de proyectos. Una vez más, el liderazgo de equipos en remoto tendrá que suplir de alguna manera estas limitaciones.

Recomendaciones

- Conectar el talento a través de espacios, foros o comunidades virtuales donde puedan establecerse grupos de afinidad para poder resolver dudas o preguntas respecto al funcionamiento de la empresa.

- Al comienzo de las reuniones virtuales, permitir que cada participante comente cómo se encuentra en ese momento, lo que incrementará el nivel de compromiso emocional con la reunión.

- Mostrar empatía hacia quienes participan interesándose por los acontecimientos locales, buenos o malos, que puedan estar ocurriendo en otro lugar (por ejemplo, si acaba de ocurrir la Super Bowl, no está de más preguntar cómo se vivió en Estados

Unidos; si un desastre natural ha afectado a algún país con el que estamos interactuando, dedicar unos minutos para escuchar cómo están afrontando esa tragedia).

- Forzar eventos o reuniones presenciales en forma de *off-sites* que permitan que los equipos que interactúan virtualmente se conozcan personalmente. En estas reuniones se pueden compartir las mejores prácticas, utilizar metodologías de *design thinking* para resolver problemas y hacer dinámicas para alinear al equipo alrededor de las prioridades estratégicas. También conviene incluir tiempo para que las personas se conozcan, se incremente la confianza mutua y fluyan las conversaciones informales entre todos.

Gestionar las posibles distorsiones cognitivas

Todos sentimos mayor afinidad con las personas que están más cerca, ya que les ponemos ojos y cara y seguramente hemos tenido la oportunidad de conocernos más en profundidad. Eso explica que resulte más fácil tomar la decisión de cierre de una fábrica o hacer un despido masivo en un país lejano desde la sede central de una gran multinacional que despedir a un pequeño grupo de colegas de la sede central.

La distancia también puede ocasionar un sesgo negativo en la percepción de la calidad del trabajo, y como consecuencia en la retribución variable o en promociones de quienes están lejos. Muchos líderes intentan ser justos con los de lejos poniéndoles objetivos tangibles y medibles, pero con ello no se incorporan elementos subjetivos en las evaluaciones del rendimiento de las personas que trabajan en remoto.

Dar información de retorno sobre aspectos negativos es siempre complicado, sea de manera presencial o remota. Cuando las cosas no van bien con algún equipo remoto, cuesta tener conversaciones difíciles y dar información de retorno negativo.

Con equipos en remoto, resulta habitual que, si algo no funciona, la percepción de lo negativo se amplifique y además no se involucre bien al equipo remoto en el diagnóstico del problema. La suma de estos elementos produce mayor distancia emocional y pérdida de confianza entre ambos.

Recomendaciones

- Esforzarse por poner cara y ojos a todas las personas, aunque estén físicamente alejadas.

- Agendar espacios con cierta frecuencia para tener esas conversaciones difíciles sobre rendimiento y otros aspectos relacionados creando un entorno de seguridad psicológica y de gran profesionalidad.

- Al dar información de retorno, incluir siempre aspectos positivos junto con los negativos, mostrando empatía hacia la persona. Ante el riesgo de una incorrecta interpretación, dejar espacio al final de la conversación para escuchar cómo la otra persona ha recibido el mensaje. Hay que recordar que en la vida se triunfa y se fracasa de conversación en conversación.

- Evitar el favoritismo subjetivo de las personas que están más cerca.

Liderar equipos en remoto no es algo nuevo pero sí lo es la magnitud de personas que trabajan en remoto y también la tecnología disponible para hacer que la efectividad y eficiencia de su trabajo aumente. El teletrabajo ha venido para quedarse.

En este capítulo se han revisado algunos de los desafíos que conlleva el liderazgo de equipos en remoto en las circunstancias actuales y se han aportado soluciones y recomendaciones.

De manera presencial, y ahora cada vez más en remoto, liderar va de ser ejemplar, de marcar la dirección, de asegurar la ejecución, de construir puentes entre personas y de crear la convicción en el equipo de que juntos se pueden hacer grandes cosas.

En colaboración con Barney Quinn.
Experto en transformación empresarial y MBA de Harvard.
Exdirector Global de RR.HH. de Telefónica y exmiembro del Comité Ejecutivo Global como CEO de Telefónica HISPAM Sur

PARTE 4

LA BUENA GOBERNANZA: FACTOR CLAVE PARA LA INTEGRACIÓN EXTERNA E INTERNA

19
Mejorar el trabajo del comité de dirección y la ejecución en las empresas a través de la colaboración entre personas

1. Los comités de dirección han de estar cohesionados

Los equipos que mejor funcionan son los plurales y que, a la vez, están fuertemente cohesionados alrededor de unas ideas y una filosofía comunes. Un equipo así no tiene precio, ya que los de esta clase más bien escasean; sin embargo, al mismo tiempo existe una enorme demanda de ellos.

Si el trabajo en equipo es importante en cualquier nivel de una organización, el del comité de dirección resulta fundamental. La razón es conocida: tanto la brillantez de la estrategia como, sobre todo, la efectividad de la ejecución, se basan en que el comité de dirección funcione.

Con ocho preguntas es relativamente fácil hacerse una idea del buen o mal funcionamiento de un equipo. Haz la prueba. Si descubres en alguna pregunta que la contestación es más bien negativa, ya sabes que acabas de identificar una oportunidad de mejora y una tarea por ejecutar:

1. ¿Es el equipo directivo lo suficientemente pequeño (entre tres y ocho personas) para poder tomar decisiones de manera eficaz?

2. ¿Hay diversidad de personalidades y un contrapeso de poder que facilite que los temas que se van a discutir se puedan ver desde distintos puntos de vista?

3. ¿Existe confianza entre los integrantes del equipo y se sienten cómodos hablando de sus vulnerabilidades y carencias ante sus colegas?

4. ¿Se generan discusiones y conflictos sanos entre distintas perspectivas sin que se deterioren las relaciones personales? ¿Los miembros del comité de dirección dan su opinión sobre la marcha de otras áreas de manera constructiva?

5. ¿Se emplean estilos explicativos poderosos (actitud positiva, sentido de urgencia, deseo de aprendizaje y visión de conjunto) cuando se discuten los elementos del orden del día?

6. ¿El equipo sale de las reuniones con una lista de cosas que hay que hacer clara y concreta y con la voluntad de realizarlas?

7. ¿Los miembros del equipo se exigen unos a otros para que se cumplan los compromisos y se vivan los comportamientos acordados?

8. ¿Los miembros del equipo directivo dan prioridad al contenido de la agenda del equipo frente a la agenda de su área o a su agenda personal?

El proceso de construcción de un comité de dirección que funcione

Construir un equipo directivo cohesionado y funcional es un proceso en el que se precisa invertir tiempo, energía y rigor. Resulta casi un milagro que solo está al alcance de líderes con esas capacidades. Los equipos no funcionan bien por generación espontánea.

El proceso de construir un gran comité de dirección consta de cinco grandes fases y cada una requiere el aprendizaje de un tipo de comportamiento por parte de cada integrante del equipo.

Las fases posteriores se sustentan en las anteriores, es decir, si la base es endeble, lo que se construya más arriba resulta muy probable que se desmorone. Las fases son las siguientes:

#1: Construcción de confianza entre los miembros del equipo

Es el comportamiento más importante porque constituye la base para los demás. La confianza se basa en el no temor hacia las actuaciones de otros y esto, a la vez, se sustenta normalmente en la profesionalidad y el carácter de los miembros del equipo.

Por eso no basta con construir un comité de dirección con buenos profesionales; hace falta también que tengan un carácter íntegro. En un comité de dirección hay confianza cuando sus miembros se sienten cómodos siendo transparentes, aunque implique desvelar alguna vulnerabilidad, pues saben que esa transparencia no será mal utilizada por sus compañeros.

Cuando los miembros de un equipo confían unos en otros, acaban disfrutando de conversaciones reales en las que, además de las cosas que van bien, se habla de los fallos, debilidades y miedos de cada uno. Esto crea un vínculo afectivo, un nuevo nivel de diálogo, en el que nacen la empatía y el deseo de colaborar.

El líder del equipo debería ser el primero en dar buen ejemplo y hacer todo lo que esté en su mano para crear un ambiente seguro donde la empatía surja de forma espontánea. La mejor palanca del líder para ese objetivo vuelve a ser la conversación de valor añadido uno a uno.

#2: Gestión de los conflictos para hacerlos funcionales

Donde hay diversidad hay conflictos. En los comités de dirección queremos diversidad, por lo que el conflicto está servido. Pero no todos los conflictos son disfuncionales. Tres sí, pero uno no. En este último reside la gran esperanza del progreso de un comité de dirección.

Los tres conflictos disfuncionales son, por orden de peligrosidad, la retranca (el cinismo), que ocurre cuando no hay confianza y además la gente no se dice las cosas; la omertá (la ley del silencio), que se da cuando aparentemente la gente se lleva bien pero no se habla de los temas, y la confrontación, que sucede cuando la gente se lleva mal y se dice las cosas a la cara.

El conflicto que hace grande a un equipo es la discrepancia, que consiste en «nos llevamos bien y nos decimos las cosas con tacto, a la cara». El líder del equipo tiene la obligación de fomentar las buenas relaciones entre los miembros del equipo y crear mecanismos que favorezcan que, con tacto, se hable de todo y las personas puedan expresar sinceramente cómo ven los temas.

#3: Compromiso con los objetivos

El mejor fruto de una sana discrepancia es la mejora del compromiso. Los miembros de un equipo que han podido discrepar en una reunión, se han sentido escuchados, han podido formular preguntas y han escuchado las propuestas de los demás seguro que serán más propensos a comprometerse con la decisión tomada, incluso si inicialmente no estaban de acuerdo.

También fomenta el compromiso finalizar cada reunión con una revisión de lo que se ha acordado, de quién ha de hacerlo, en qué plazos y con qué tipo de métricas de avance.

Estos acuerdos finales deben estar documentados por alguien y se debería empezar la siguiente reunión revisándolos.

#4: Rendición de cuentas (hacerse responsable de los resultados)

Este es el comportamiento más difícil de lograr en un comité de dirección. El objetivo final es que funcione la rendición de cuentas *peer-to-peer* (lateral), aunque el líder siempre será el árbitro final.

El sentimiento de «me hago responsable de mis decisiones y conductas» no solo se refiere a los resultados medibles en las áreas de responsabilidad propia, sino principalmente a los comportamientos que fortalecen o debilitan el funcionamiento del equipo y la creación de culturas de trabajo atractivas.

Hacer responsable a un compañero de sus resultados debería entenderse como una manera de ocuparse de él, de atenderle. Ahora bien, se requiere coraje, ya que se corre el riesgo de que su reacción resulte negativa.

Un equipo se hace grande cuando el nivel de exigencia en los resultados y en los estándares de conducta se respira entre los miembros del equipo sin necesidad de que intervenga el líder.

#5: Primacía de la agenda del equipo sobre las agendas particulares

Una agenda común fuerte y prioritaria es el milagro que dispara la efectividad del equipo y ese milagro no es posible si no se han ido construyendo previamente los cuatro comportamientos mencionados antes. La idea es conseguir que los miembros del comité de dirección sientan que los proyectos prioritarios en su día a día son los que el propio comité ha marcado como tales, no solo los que ellos impulsan en sus áreas.

Los objetivos personales o departamentales, por tanto, deberían estar supeditados a los proyectos colectivos del equipo. La única manera de que un equipo pueda maximizar su efectividad consiste en asegurarse de que todos están concentrados en las mismas prioridades, remando en la misma dirección.

Para ello, los miembros del comité de dirección han de sentir que la mejor manera de conseguir sus objetivos particulares (también el bono) es enfocarse en las necesidades colectivas. Una vez conseguida una buena cohesión en el equipo directivo, el siguiente paso es crear claridad en torno a un proyecto/una visión de futuro.

2. Construyendo un proyecto en común que sea atractivo

Liderar instituciones es una de las dimensiones en las que se decide la calidad del liderazgo directivo. Otras dimensiones relevantes son el liderazgo de uno mismo, en las relaciones uno a uno y de equipos.

Estas dimensiones se retroalimentan de una manera que puede ser virtuosa o viciosa, depende del peso relativo de los aspectos positivos y negativos que se acumulen en dichas dimensiones. Quizás esto explique la abundancia de grandeza y de malicia que se da entre los líderes.

Quien sume los elementos positivos y sustraiga los elementos negativos en las cuatro dimensiones de su liderazgo verá que la efectividad de su trabajo se multiplicará de manera exponencial. No es ningún secreto que las capacidades de liderazgo funcionan bien en contextos tan aparentemente distintos como el trabajo o las relaciones familiares.

El liderazgo institucional tiene como fruto más relevante la sostenibilidad en el tiempo de la salud de la institución. Los ingredientes del liderazgo institucional a los que vamos a prestar más atención son la claridad de ideas, la capacidad de comunicación de esas ideas a la organización y la creación de sistemas de incentivos para que el trabajo de los gestores esté alineado con el largo plazo de la institución.

La claridad de ideas del liderazgo institucional tiene como sustrato la habilidad de lograr síntesis entre conceptos, aparentemente contrarios, como los números con las personas o las realidades del mercado con las capacidades de la institución. La síntesis de contrarios genera estabilidad y progreso.

Las seis áreas del proyecto común

Esta claridad de ideas presupone también el dominio de habilidades que permitan la creación de un mayor prestigio de marca, la mejora de la atractividad de la oferta, la gestión de la innovación, la creación de culturas que favorezcan el progreso de las personas, el diseño de procesos y sistemas de organización eficientes, etc.

Un buen equipo directivo es plural, pero debe, a la vez, estar cohesionado alrededor de una serie de ideas y enfoques. La labor del liderazgo institucional consiste precisamente en crear claridad y cohesión alrededor de ese núcleo de ideas fundacionales del proyecto en común.

Un proyecto en común de un equipo directivo, por muy diverso que este sea, debe fundamentarse en la convergencia de ideas y sentimientos en torno a seis áreas. Formuladas en forma de preguntas, estas áreas son las siguientes:

1. ¿Qué se perdería el mundo si esta institución dejase de existir?
   Este interrogante plantea la necesidad de hacer que exista un

sentido de propósito que posibilite que las personas trabajen por algo más que por dinero. Es una llamada a que entre un aire de grandeza en la tarea y en el propósito de la organización. Ya se sabe que la grandeza y la miseria se autoexcluyen. Necesitamos inyectar grandeza para reducir la miseria a la que todos tendemos.

2. ¿Cuáles son las conductas que queremos y las que no en esta institución? Cuanto más explícita sea la contestación, mejor para todos. Las ideas claras sobre conductas y valores generan expectativas que, a la vez, fomentan esos valores y conductas.

3. ¿En qué perímetro de actividades deseamos poner el foco y en cuáles no queremos estar presentes? La respuesta a esta pregunta es muy estratégica y, por tanto, admite cierto grado de cambio y oportunismo cuando es necesario. En cualquier caso, y aunque sea para un período más bien corto, hay que ser explícito sobre las actividades de negocio prioritarias y aquellas otras que quedan fuera del propósito estratégico.

4. ¿Cuáles son los factores clave de éxito de esta organización en las circunstancias actuales de los mercados y en las que pueden ser previsibles? Es muy sano que la contestación a esta pregunta genere un profundo debate estratégico. Un equipo directivo tiene el deber de identificar esos factores y empeñarse en mejorar sus métricas.

5. ¿Cuáles son los proyectos transformacionales más importantes que se están ejecutando en este momento en la institución? La respuesta, una vez más, pretende que los directivos trasciendan lo que pueda ser importante para su área concreta y pongan también el foco en los proyectos importantes para la organización.

6. ¿Quiénes son las personas a las que se les ha asignado la responsabilidad de ejecutar los proyectos transformacionales más importantes para la institución? El conocimiento de los responsables de los proyectos es un modo indirecto de pedir el apoyo del resto del equipo y de concederles mayor autoridad informal.

La experiencia que todos tenemos es que las personas agradecemos que se nos proporcione foco y claridad respecto a nuestra tarea. Es tarea del liderazgo institucional impulsar el proceso para generar esa claridad y adaptarla a las circunstancias cambiantes del mercado.

La sostenibilidad de las instituciones reclama la creación de equipos plurales, pero a la vez bien unidos alrededor de las ideas clave sobre el propósito, los valores, el perímetro de actividades, los factores clave de éxito, los proyectos transformacionales y sus responsables.

La claridad de ideas del liderazgo institucional implica también que las decisiones sobre el empleo de capital, la gestión de personas y el reparto del tiempo directivo se tomen con los máximos rigor y profesionalidad.

Una vez que se tiene sobre la mesa un proyecto claro y atractivo, faltaría uno de los pasos más importantes: la implementación, traspasar la visión de futuro.

3. Facilitando un vuelco en la comunicación interna

El liderazgo de instituciones se puede descomponer, a su vez, en otros cuatro elementos: la creación de un equipo directivo diverso pero cohesionado, la claridad con la que ese equipo comparte las ideas de lo que se ha de hacer y dos elementos más: la fuerza con la que comunica esas ideas al resto de la organización y la creación de un sistema de gestión de personas alineado con las ideas que se desea ejecutar. En este apartado nos centraremos en la necesidad de que el equipo directivo comunique con eficacia las ideas sobre lo que quiere hacer.

Los directivos comunicamos mal y poco. Quizás por eso hay tanta desconexión y lejanía intelectual y emocional entre los comités de dirección y las personas que tienen a su cargo.

No hay mejor receta para que el proyecto de la institución sea asimilado por los empleados que un equipo directivo que se empeñe en sobrecomunicar con claridad su proyecto, repitiendo una y otra vez qué está sucediendo, qué queremos que suceda y qué es y qué no importante para la institución.

Los mensajes de un equipo directivo tienen fuerza cuando cumplen cuatro requisitos: credibilidad, relevancia, novedad y emotividad. Sin estas características la comunicación directiva resulta ineficiente y se convierte más en un ejercicio de propaganda o de publicidad interna.

La comunicación ha de estar dirigida a la cabeza y al corazón. La cabeza procesa datos, piensa y, en última instancia, actúa. En cambio, el ciclo del corazón es bien distinto: trabaja mejor sintiendo experiencias, reacciona con sentimientos más o menos intensos y, en último término, hace que uno cambie la forma de ver las cosas y la predisposición a comprometerse. La comunicación institucional, obviamente, necesita que esos dos enfoques se retroalimenten.

¿Tenemos una buena comunicación interna?

La respuesta con la que nos hemos encontrado casi siempre es negativa. Ahora bien, las pocas excepciones se dan cuando las respuestas a estas preguntas son claramente positivas:

- ¿Tenemos un equipo directivo creíble, cercano, con una buena puesta en escena, que habla el lenguaje de los empleados y es sensible a sus preocupaciones?

- ¿Comunican los miembros del equipo directivo las mismas ideas de fondo a los miembros de sus áreas funcionales?

- ¿Tiene asumido el equipo directivo que una de sus tareas más importantes es comunicar a sus trabajadores el proyecto de futuro?

- ¿Serían capaces la mayor parte de los empleados de repetir el contenido del proyecto de futuro con cierta exactitud?

Ideas para mejorar la comunicación interna

Si la respuesta a alguna de las preguntas anteriores es negativa, seguro que a tu institución le conviene hacer más esfuerzos en el sentido de reforzar la comunicación interna.

¿Cuáles son las ventajas de ese esfuerzo? Más colaboración interna, más ejecutividad en la implementación de los proyectos de cambio y mejor ambiente. Todo eso redunda en productividad, calidad de trabajo y, en definitiva, progreso.

La mejora de la comunicación interna puede tomar alguno de los siguientes caminos:

#1: Clarificación de los compromisos adoptados en los comités

La idea es tan sencilla como acabar todas las reuniones con un repaso de lo que se ha acordado, de quién ha de hacer qué y de lo que se quiere comunicar. Esto facilita que el equipo salga de las reuniones sin ambigüedades acerca de qué se ha acordado, lo que siempre favorece una comunicación más clara y consistente.

#2: Simplificación y repetición, sin cansarse, de las ideas más importantes

Aunque pueda parecer una frivolidad, es muy útil hacer frases pegadizas, fáciles de recordar, que sinteticen las ideas importantes y repetirlas por activa y por pasiva.

#3: Diseño de un protocolo de comunicación en cascada para casos excepcionales

Este concepto de comunicación proporciona una estructura para diseminar información de manera personal. Es el proceso de hacer rodar mensajes clave, a través de la organización, directamente desde el equipo directivo. Los miembros comunican el mensaje a sus colaboradores o subordinados inmediatos, estos hacen lo mismo, y así hasta que el mensaje es oído personalmente por casi toda la institución.

#4: Utilización del máximo número de canales para transmitir los mensajes clave

El canal más impactante es la discusión en vivo, pero también tienen fuerza una videoconferencia interactiva y todo canal en donde se den cercanía, interactividad y un punto de informalidad. Otros canales que, por supuesto, también se han de utilizar son la Intranet, los blogs, las *newsletters,* los correos electrónicos, los *social media* de la empresa, las reuniones formales, la cartelería en los pasillos, etc.

Mensajes nuevos requieren puestas en escena novedosas. No en balde el medio es el mensaje. Por eso es tan importante que sean caras nuevas las que convoquen a la institución a transformar su rumbo cuando sea necesario.

Cuando se les habla, los empleados no escuchan; sienten. Por eso los directivos cuya credibilidad esté bajo mínimos lo mejor que pueden hacer por la institución es dejar su tarea a otros. Si no lo hacen, aunque no lo quieran reconocer, es porque priorizan sus intereses sobre los de la organización.

4. Moldeando la conducta de los directivos a través de las herramientas de gestión de personas

Nos comportamos, seamos conscientes o no, en función del sistema de premios y castigos en el que operamos. Por supuesto, la conciencia también tiene su papel en la conducta, pero es también, desde cierto punto de vista, una fuente subjetiva de premios y castigos.

Supone una gran suerte y responsabilidad llegar a tener una buena conciencia, lo que implica hacer un esfuerzo para que su contenido resulte una buena guía para intuir cuáles son las decisiones que nos hacen más humanos, es decir, aquellas en las que aumentamos el deseo de superación y de contribución a causas nobles.

La conciencia es un gran apoyo en tiempos de confusión. Cuando los sistemas de premios y castigos del entorno en el que se trabaja empujan a tomar decisiones disfuncionales, la conciencia es la gran y posiblemente última esperanza de que un directivo elija obrar de una manera correcta.

¿Por qué la conducta es tan sensible al entorno? La razón es que todos somos hijos de nuestras circunstancias, que son una fuente continua de aprendizaje y van moldeando las conexiones neuronales con las que tomamos decisiones.

Las empresas generan aprendizajes positivos y negativos en las personas. Son positivos cuando los actos virtuosos se asocian a premios y las conductas disfuncionales a recompensas negativas y negativos cuando ocurre lo contrario. Por ejemplo, cuando se acaba premiando a los directivos con un buen bono el exceso de riesgo y, en cambio, las pérdidas ocasionadas por estas decisiones las pagan los accionistas.

Los aprendizajes negativos generan una especie de esquizofrenia organizativa que desorienta a las personas y las empuja a no dar lo mejor de sí mismas. Por un lado, se aprende que no compensa el esfuerzo de ser íntegro, de ser más humano; por otro, que lo que compensa es comportarse disfuncionalmente. Esto, a la larga, va en contra de los intereses de todos.

La gran tarea que tienen por delante los directivos es construir entornos de trabajo en los que se dé un aprendizaje positivo con el que se favorezcan tanto el largo plazo de la institución como el florecimiento de las capacidades de las personas.

Los sistemas de gestión de personas que utiliza la institución son, a efectos de la conducta, ese entorno del que hablamos. Están bien diseñados cuando refuerzan el proyecto de futuro de la organización haciendo que su contenido esté vivo y sea priorizado en las decisiones que se toman en el día a día y cuando fomenta aprendizajes positivos desde el punto de vista de la plenitud personal.

- Los sistemas de gestión de personas que más influyen en la conducta de las personas suelen ser estos cinco:
- Los criterios de selección y contratación.
- La manera en la que se hace la gestión del desempeño.
- El entrenamiento que se proporciona.
- La compensación y los sistemas de incentivación.
- El despido.

Para que los sistemas de personas fomenten la construcción del proyecto de futuro de la empresa, es bueno hacerse las siguientes preguntas:

- ¿Tiene la compañía algún sistema para que las nuevas contrataciones sean seleccionadas de acuerdo con los valores de esta?
- ¿Se cuenta con un sistema de inmersión en la cultura de la empresa en las primeras semanas que permita a los empleados conocer a fondo el proyecto de futuro de la organización?
- ¿Utilizan los directivos un buen sistema para establecer objetivos de desempeño y se revisan los avances con los empleados? ¿Está ese sistema diseñado de manera que refuerce el proyecto de futuro de la empresa?
- ¿Se procura apartar de la organización a los trabajadores cuya conducta no concuerda con los valores de la compañía? ¿Se proporciona un apoyo especial a los empleados con un rendimiento medio pero identificados con los valores para que puedan mejorar?
- ¿Están diseñados los sistemas de incentivación alrededor de los objetivos a largo plazo de la empresa? ¿Fomentan los sistemas

de recompensas la colaboración entre las distintas áreas y el sentido de responsabilidad hacia el futuro?

Recursos humanos somos todos, por lo que es responsabilidad de todos lograr que el sistema de premios y castigos de la empresa refuerce el proyecto de futuro y fomente el florecimiento de los directivos. Recursos humanos será quien ejecute los planes, que deberían haber sido pensados en el comité de dirección.

Para que el entorno refuerce el proyecto de empresa, quizás sean útiles las siguientes consideraciones:

#1: Reclutamiento y contratación

Conviene desarrollar un proceso simple para entrevistar a potenciales candidatos para cualquier departamento basándose en los valores, creando en torno a estos un perfil propio de contratación. Se debería conceder más importancia al comportamiento y a la actitud que a las aptitudes técnicas o a la experiencia; cuanto mejor se adapte el perfil a la cultura, mejor candidato será. Es mejor contratar por actitudes y después entrenar los conocimientos.

Las empresas deberían ser conscientes de la fuerza de las primeras impresiones y, basándose en ello, orientar los primeros días de un recién contratado de forma que se refuerce la asimilación del proyecto de futuro de la compañía.

#2: Gestión del desempeño

Consiste en la serie de actividades con las que se fomenta que los directivos proporcionen a los empleados claridad acerca de lo que se espera de ellos, así como la información de retorno sobre si están o no rindiendo conforme a esas expectativas.

Es bueno no mezclar en exceso los procesos sancionadores con el sistema de gestión del desempeño. Este podrá dar lugar a aquel, pero ambos han de tener su propia autonomía.

#3: Incentivos

Los sistemas de remuneración deben diseñarse como un incentivo para que los empleados pongan el foco en su trabajo para hacer posible el proyecto de futuro de la empresa y propiciar los deseos de superación personal y contribución.

Para tareas mecánicas, los incentivos económicos son correctos, pero no para las cognitivas (las de más valor añadido), en las que la clave se centra en los incentivos intrínsecos (el sentido de propósito, el aprendizaje, etc.).

Agradecimiento, reconocimiento, mayores responsabilidades y cualquier forma de genuina apreciación pueden ser en multitud de ocasiones más efectivos que una pura compensación económica.

#4: Despidos

La decisión de despedir a alguien tiene un enorme eco en la organización, en su cultura y, por supuesto, en el propio sujeto. Por tanto, es una palanca fundamental para configurar una compañía centrada en su proyecto de futuro.

La decisión del despido se debería formular de acuerdo con el encaje o no de la persona con el proyecto de futuro de la empresa y con el impacto de esta en la mejora del talento de sus compañeros. Las personas cuyo comportamiento sea consistente con los valores y el proyecto de futuro deberían quedarse en la organización, ser objeto del apoyo de esta. Si, por el contrario, no se diera una correspondencia de este tipo, con independencia de su desempeño, esa persona debería salir de la organización.

20
El buen uso del poder. Cómo evitar la enfermedad del poder

En 2019 la serie *Chernóbil,* una adaptación de los escritos y las historias de Svetlana Aleksiévich[1], cosechó loas de crítica y público. La serie refleja el dolor infinito de tantos ucranianos que sufrieron las consecuencias de la incompetencia y del abuso de poder, entendido en la serie, como sucedió tantas veces en la Rusia soviética, como instrumento de sumisión y engaño, al servicio de unas élites ausentes de cualquier atisbo de humanidad o empatía personal.

Hay una escena especialmente desgarradora, cuando los líderes del partido comunista de la ciudad se reúnen al día siguiente de suceder la explosión de la central nuclear. Las pruebas son contundentes, pero no hay más ciego que el que no quiere ver. Nadie quiere ser el portador de la verdad porque acarrea consecuencias temibles. El más anciano de los capitostes comunistas dicta sentencia: si Moscú y los líderes del partido indican que no hay ningún problema, ellos saben más que nosotros, son los custodios de la verdad y deciden qué hacer. Su único deber como ciudadanos es obedecer... y disfrutar de los privilegios que ello conlleva, podríamos añadir desde fuera.

Es sobrecogedor porque muestra el extremo de un poder que se concibe como herramienta al servicio del líder, del sistema, y no como forma de servir al pueblo, a la sociedad. También ayuda a entender que las disquisiciones sobre la naturaleza del poder no son retórica ni discusión filosófica estéril: todos podemos ser víctimas y verdugos de este instrumento traicionero y peligroso.

Ejemplos como el de la Unión Soviética son extremos negativos, por supuesto. Podríamos citar otros mucho más positivos de cómo el poder puede ser una fuerza buena. En la serie *The Crown,* concretamente en el episodio Aberfan de la tercera temporada, se nos muestra a la reina Isabel II lidiando con una catástrofe: el sepultamiento de centenares de personas, incluidos 116 niños, en un corrimiento de tierras en el pueblo que da nombre al capítulo.

La reina no reacciona adecuadamente; no acude enseguida y se muestra distante y fría. Así se lo transmite al primer ministro del momento, Harold Wilson, en un diálogo ficticio pero muy revelador. Cuando la reina le confiesa que teme que haya algo malo en ella, en su frialdad, Wilson, político de izquierdas, le responde algo así: «No he dedicado un solo día de mi vida al trabajo manual; soy un académico. Prefiero el brandy a la cerveza y los cigarros a la pipa. Pero la pipa me hace más cercano a mis votantes. Nuestro trabajo como políticos consiste en crear menos problemas de los que solucionamos. Debemos aportar serenidad en tiempos de zozobra. Su carencia de emociones puede ser un don».

No son las palabras exactas, pero reflejan algo que se nos pasa con frecuencia en el análisis del poder: es una herramienta al servicio de una comunidad que funciona bien en la medida en la que las partes y las relaciones entre ellas se hacen mejores.

El bien común es eso: influir en que las relaciones no sean antagónicas, sino de respeto y confianza, y crear estímulos que ayuden a las personas a crecer en su humanidad y profesionalidad.

Tras las apariencias proletarias del Wilson de la serie no se esconde una búsqueda ególatra del aplauso, sino el medio para cubrir el abismo entre su condición de académico y la representatividad de su electorado.

La misma acción realizada por un ególatra sería pura propaganda y apariencia sin nada detrás más que el afán de manipular para acrecentar el poder y su notoriedad. Pueden venirnos a la cabeza muchos ejemplos, algunos bien cercanos.

En este capítulo, profundizamos en el uso del poder explorando su papel en la ejecución de prioridades estratégicas, sus palancas e intenciones, el peligro de su enfermedad y las buenas prácticas de gobierno corporativo que facilitan su buen uso. El objetivo es que el poder no se convierta en instrumento de sumisión, sino de servicio.

La forma en la que se ejerce el poder no sale inmune de la complejidad creciente del entorno. Las estructuras jerárquicas y de control tendrán que reconfigurarse para dar espacio y a la vez integrarse con estructuras de poder basadas en redes informales y en proyectos liderados por equipos multidisciplinares y multifuncionales en los que primen las relaciones colaborativas.

Para gestionar la creciente velocidad del cambio, será clave una forma de ejercer el poder que ponga un mayor acento en la motivación intrínseca, el compromiso libre, el aprendizaje en el trabajo y el sentido de propósito. Esta complejidad clama por un estilo de ejercicio del poder menos individualista y más colegial, basado en la confianza y el respeto mutuo.

En su libro *El fin del poder,* Moisés Naim habla de esa transformación del poder, que hoy «es más fácil de obtener, más difícil de ejercer y más fácil de perder[2]». La conclusión que apunta Naim es lógica: nadie, por muy listo que sea, debería monopolizar el poder en un contexto de tanta complejidad. Por muy inteligente que sea esa persona, ella sola no podrá entender, y menos responder, a todas las cuestiones que se le planteen. Hoy más que nunca se necesitan coaliciones para crear una masa crítica de poder, autoridad e influencia que permita ejecutar proyectos.

Esto tiene poco que ver con el ejercicio del poder al que nos tienen acostumbrados los muchos sociópatas (personas egocentristas, sin empatía y con ausencia de escrúpulos) que lo han detentado y lo siguen detentando con formas más civilizadas en las empresas y en la sociedad. La forma habitual de ejercer el poder de este perfil de líderes combina el uso del miedo, la represión al disidente, la manipulación a través de una propaganda que solo relata la verdad oficial y la compra de voluntades con nombramientos y prebendas. Las élites extractivas copan instituciones y empresas y las utilizan en su propio beneficio.

Es posible que, en situaciones extremas, esta sea una de las pocas formas de ejercerlo (un entorno marcadamente hostil que no se atiene a razones o una emergencia que no permite construir consensos, por ejemplo). Pero un ejercicio del poder así derivará en problemas en la institución y patologías en las personas, como hemos visto tantas veces en la política, en la empresa y en otras organizaciones.

Ese nuevo uso del poder se abordará desde diversas perspectivas, como las energías de ejecución, las intenciones y palancas que se utilizan, los síntomas de la enfermedad del poder y la prevención de esta patología a través de las prácticas de buen gobierno y del fortalecimiento de la conciencia personal.

1. El uso del poder y la capacidad de ejecución

Por *poder* entendemos la capacidad de movilizar recursos, propios y ajenos, en forma de premios y castigos para modificar las conductas de personas. Son múltiples (y de naturaleza distinta) las maneras de lograrlo, así como las razones para hacerlo.

También son diferentes los resultados del ejercicio del poder en quien lo ejercita y sobre quien se ejerce. En quien lo ejerce, el rango va desde convertirse en un cruel delincuente hasta en un ejemplo inspirador. En personas sobre las que se ejerce el poder el rango no es menor: del sometimiento teñido de odio al florecimiento lleno de agradecimiento.

Esto es resultado de la huella neuronal que dejan los pensamientos, intenciones y conductas, que esculpe el cerebro creando posteriormente perfiles de conductas con pendientes ascendentes (mejora personal) y descendientes (deterioro personal).

El gran desafío de los directivos es aumentar su capacidad de ejecución de una manera que no sea lesiva para quien lo ejerce y para las personas sobre las que se ejerce y que además contribuya a la integración interna y externa de sus empresas.

La integración externa a través de una estrategia y la integración interna para ejecutar esa estrategia son los dos factores de éxito[3] y la variable con más fuerza integradora es la confianza. Por ello al poder le ha salido un gran limitante y a la vez un gran aliado: la confianza, que es la suma de credibilidad, fiabilidad, empatía y generosidad.

La capacidad de ejecución resulta imprescindible tanto para construir las capacidades internas que den respuesta a la demanda presente y futura del mercado como para integrar a las personas en un proyecto en común.

Para hacer el tema del poder aún más apasionante, es igualmente cierto que su carencia y la consiguiente impotencia que genera pueden ser igualmente corrosivos tanto para la compañía como para

la propia persona. La falta de poder encoge el ámbito vital de lo que
es posible.

El poder es una de las tres energías que generan capacidad de
ejecución, como veremos con más detalle. Sus compañeras de viaje
son la autoridad (que es conferida por otros) y la influencia (que es
conquistada por uno). Al poder le sienta bien ir arropado. Las otras
dos energías lo refuerzan, lo modulan y lo hacen más sostenible.

Como se ha dicho antes, la convergencia de estos tres elementos
(lo que llamamos *CAPI*) es lo que confiere capacidad de ejecución.
Muchas veces el CAPI propio resulta insuficiente para sacar adelante las responsabilidades asignadas. En este caso, las coaliciones con
otros directivos hasta lograr sumar una masa crítica suficiente de
CAPI se vuelven imprescindibles.

Del poder nos ocuparemos posteriormente; de la autoridad cabe
subrayar que está relacionada con los roles en la toma de decisiones y la delegación recibida, y de la influencia se puede decir que es
una forma de poder blando condicionada no solo por la capacidad de
convicción que se posea, sino también por los comités y grupos
de trabajo en los que forme parte.

Los directivos han de pelear por hacer crecer el área de convergencia de las tres energías para aumentar notablemente su capacidad de
ejecución y su atractividad para formar coaliciones.

Se necesitan directivos hábiles en ejecución, pero resistentes a la
patología del poder, la enfermedad que corrompe a quien tiene poder
cuando utiliza medios o fines alejados del buen funcionamiento del
ecosistema en el que se opera. Un sistema funciona bien cuando las
partes son buenas (calidad humana y profesional) y las relaciones
entre ellas son igualmente buenas (confianza y respeto mutuo).

2. Hacia un uso correcto del poder

Para hacer un uso correcto del poder, vamos a explorar estas cuestiones:

1. Las palancas del poder y su mayor o menor ética.

2. Las intenciones con las que se ejerce el poder.

3. La problemática y la enfermedad del poder.

4. Las normas y el espíritu del buen gobierno corporativo.

Las palancas del poder y su mayor o menor ética

Vamos a ilustrar las palancas del poder con una de las historias más conocidas de lucha de poder de la historia clásica: la Segunda Guerra Púnica, es decir, la confrontación armada entre Aníbal, el gran general de Cartago, y Roma.

En el 218 a. C. Aníbal, estratega de Cartago que había jurado odio eterno a Roma, asedió la ciudad de Sagunto, circunstancia que aprovechó la propia Roma, aliada de la ciudad levantina, para declarar la guerra a Cartago. Tras años de guerra contra Etruria y Epiro, Roma había conseguido afianzarse en el Mediterráneo, creando una armada desde cero y venciendo a la otra gran potencia del Tirreno: Cartago. La Primera Guerra Púnica marcó el declive de Cartago a favor de Roma hasta el auge de Aníbal Barca, estratega de Cartago que durante años mantuvo en jaque a Roma en el gran juego de poder por el control del Mediterráneo.

¿Cómo consiguió Aníbal revertir el equilibrio de poder? ¿Qué estrategias emplearon él y su rival, Escipión el Africano, para ganar uno de los mayores pulsos de poder de la Antigüedad? Fue el repetido uso de una serie de palancas lo que les mantuvo en liza. De ellas podemos aprender también hoy ya que tienen el sello de lo permanente. Su calidad ética dependerá del cómo y del para qué de su uso.

Las palancas del poder (y de la influencia) son las siguientes:

1. Acaparar recursos escasos y valiosos (información, activos físicos, presupuesto, contactos, etc.)

Aunque Sagunto fue el detonante, la guerra se mascaba desde hacía tiempo. Y como tantas otras guerras, estaba marcada por el control de los recursos. Roma ambicionaba los territorios conquistados por Cartago en Hispania tras la Primera Guerra Púnica porque ahí se concentraba la mayor parte de las minas de plata conocidas. A su vez, Cartago sufría por haber perdido el control del mar tras la destrucción de su flota, viendo anulada su tradicional fuente de riqueza: el comercio con Oriente. Al final sería el control del Mediterráneo lo que otorgaría mayor ventaja estratégica a Roma y lo que eventualmente le daría la victoria.

La primera palanca de poder consiste en atesorar y monopolizar los recursos críticos con el ánimo de lograr una posición de dominio desde la que poder imponer la agenda propia. La paradoja de la vida es que también se puede aumentar el poder con conductas contrarias a monopolizar recursos valiosos: por ejemplo, en la Red tiene poder quien más comparte recursos valiosos, no quien los acapara para sí mismo. Más casos: personajes como Mandela o Gandhi han hecho de su magnanimidad una fuente de poder e influencia.

2. Controlar los mecanismos de premios (puestos, salarios, comisiones, prebendas, etc.) y castigos (violencia, salarios, despidos, bonos, etc.)

Uno de los problemas crónicos de Cartago fue su absoluta dependencia de los ejércitos de mercenarios. Lógicamente, solo se movían por dinero, y tras la derrota en la Primera Guerra Púnica Cartago no pudo pagarles. Estos se revelaron, sumiendo al Imperio púnico en una guerra análoga a la que después sufriría Roma con Espartaco. Amílcar Barca, padre de Aníbal, entró en escena como estratega y consiguió una victoria incontestable. El escarmiento a los generales mercenarios estremeció a los observadores romanos, como cuenta Tito Livio en *Ab Urbe Condita*. Más adelante, su hijo Aníbal entendió que no podía basarse solamente en el miedo al castigo para mantener la lealtad de sus mercenarios. Supo conseguir una identificación total entre sus hombres y el gran objetivo de derrotar a Roma. La búsqueda de la gloria pasó a ser un motivo mayor que la simple soldada o el miedo al castigo.

Las conductas humanas son en buena medida producto del sistema de recompensas positivas y negativas en el que se opera. Sin duda, quien controla el sistema de premios y castigos tiene gran capacidad para impulsar su agenda. Los casos más habituales de uso disfuncional de esta palanca son la arbitrariedad, el abuso del miedo, la violencia física y psíquica y la falta de simetría entre recompensas positivas y negativas.

Si a un decisor se le niegan las posibles consecuencias negativas de su conducta, tiende a vivir inmaduramente y a elegir conductas irresponsables que favorecen su posterior decadencia. Esa es la razón por la que los humanos tendemos a autolesionarnos con facilidad. Muchas de las conductas con efectos perjudiciales a largo plazo (alcohol, drogas, sexo irresponsable, robo, engaño, humillación, etc.) conllevan gratificaciones a corto plazo.

Un buen sistema de premios y castigos es un impulsor del progreso personal e institucional y una palanca de poder ética. El sistema está bien diseñado cuando activa de forma equilibrada los deseos más nobles y los miedos más realistas. Una buena simetría entre premios y castigos fomenta el mérito, promueve el esfuerzo y favorece sentirse dueño de lo que ocurre en la vida de uno.

Las personas progresan cuando reciben (o se dan a sí mismas) refuerzos positivos a la conducta funcional y negativos a la disfuncional. Desde una conciencia personal bien construida se puede ganar en independencia personal y así evitar ser producto de las circunstancias.

3. Avanzar en múltiples frentes

En la batalla de Cannas, considerada una de las mejores de la historia de la estrategia, Aníbal venció a los romanos mediante una argucia muy ingeniosa: determinó antes de la batalla que, ante la previsible embestida del centro romano, sus soldados cediesen mientras la caballería y la infantería pesada, en los flancos, avanzaba y caía sobre la retaguardia del centro romano. Rodearon completamente al grueso del ejército romano cuando este cargaba contra el centro de Aníbal, sorprendiéndose por la facilidad de la victoria. Los romanos acabaron rodeados y ni siquiera su superioridad numérica les supuso una ventaja.

Esta palanca consiste en empujar muchas actuaciones para el mismo fin. Si una se bloquea o enquista, es posible que otras puedan seguir su curso al no ser advertidas o encontrar menos resistencia.

Las iniciativas estratégicas se deben desplegar en múltiples planes de acción. Esta palanca fomenta la creatividad, el conocimiento del terreno y las ganas de hacer frente al *statu quo*.

4. Golpear primero y con astucia

La clave de los primeros éxitos de Aníbal estribó en llevar la iniciativa durante los primeros años del conflicto, invadiendo Italia y haciendo temblar a Roma. Sin embargo, ante la imposibilidad de tomar Roma por falta de refuerzos, perdió la iniciativa a favor de Escipión, quien llevó la guerra primero a España y después a África, obligando a Aníbal a volver para defender su ciudad.

Esta palanca invita a ganar el poder a través del diseño y la ejecución de actuaciones no previstas. El factor sorpresa puede hacer que la resistencia resulte menor y la respuesta sea lenta. La astucia consiste en elegir un terreno de juego para esa actuación no prevista que además ponga a la otra parte en una situación de desventaja estructural.

Ante la resistencia al cambio al que se pueda enfrentar un equipo directivo, será necesario poner en marcha muchas iniciativas rápidas e imaginativas que dobleguen las posibles bolsas de oposición.

5. Atraer a los oponentes al propio terreno

Los galos y los cartagineses habían luchado en el pasado y sus relaciones no eran precisamente amistosas. Sin embargo, Aníbal supo llevarlos a su terreno con un discurso unificador: el principal enemigo de ambos era Roma y juntos podían derrotarla. Sin el refuerzo galo, Aníbal no habría podido derrotar a los romanos en cuatro batallas consecutivas. Entre otras cosas, porque el conocimiento que los galos tenían del norte de Italia permitió a Aníbal moverse fácilmente por esas tierras, absolutamente desconocidas para él y su ejército.

Esta palanca de poder es también un clásico que se puede ejecutar de manera más o menos ética. Consiste en sumar las voluntades de los oponentes a la propia causa. La manera ética de hacerlo es ampliando los puntos de acuerdo a través de una negociación o persuadiendo al contrario de que puede alcanzar mejor sus objetivos sumando voluntades. La manera menos ética es comprando al oponente a través de cargos, contratos o privilegios personales que en muchos casos son abusos.

6. Deshacerse de los oponentes

El principal rival de Aníbal en Cartago era Hannón, apodado el Grande, quien se opuso firmemente a otorgar el mando estratégico a Aníbal, amenazando con provocar un cisma en la misma Cartago. Hábilmente, Aníbal consiguió convencerlo para llegar a un acuerdo: mientras él tomaba el control del ejército en España, Hannón tendría luz verde para expandir Cartago por territorios númidas (los pueblos del desierto argelino). Así, Hannón acaparaba gloria por sus conquistas y estaba ausente del senado cartaginés.

Esta es otra de las palancas más utilizadas a lo largo de la historia. Consiste en quitarse de en medio a quien ofrece resistencia. También en esta palanca se pueden dar enfoques faltos de ética, como la desaparición física (tan utilizada por la mafia, las dictaduras y la delincuencia en general) y otras maneras más sutiles, como dejar a los oponentes sin contenido en su trabajo, desprestigiarlos, marginarlos en la toma de decisiones, evitar que luzcan para no hacer sombra al líder, etc. El mensaje para los tibios es muy claro: o se someten o correrán la misma suerte. Otra manera, por desgracia frecuente en las empresas, es pedir que las abandonen con el suficiente dinero para comprar su silencio.

Una alternativa de uso de esta palanca más ética consiste en buscar al oponente nuevas responsabilidades, normalmente ascendiéndolo de manera lateral, con el fin de diluir la resistencia que pudiera ejercer y que legítima o ilegítimamente está empleando.

Cuando se elige un enfoque de poder más ético, la elegancia está en las formas y se expresa en no hacer de la separación una cuestión personal, sino de falta de sintonía con el proyecto de empresa, procurando el bien de la persona de la que se prescinde.

7. Evitar el exceso de atención

La hazaña más famosa de Aníbal fue cruzar los Alpes con todo su ejército, incluyendo cincuenta elefantes. El objetivo era evitar la ciudad de Marsella, aliada de Roma, y aparecer en el norte de Italia sin que Roma se diese cuenta. La estrategia funcionó ya que no dio tiempo a los romanos para reaccionar.

La discreción permite moverse sin llamar la atención y, por tanto, creando menor resistencia. El poder real siempre está en la sombra. El sigilo y el trabajo detrás de las bambalinas permiten ganar terreno sin que los oponentes sean conscientes de ello. De manera similar, no abrir frentes innecesarios forma parte de evitar el exceso de atención.

8. Construir una personalidad rica y atrayente

El ascendiente de Aníbal sobre sus tropas era proporcional al terror que le tenían los romanos. Combatía con la infantería, en primera línea, y se desarrollaron a su alrededor múltiples historias: su juramento contra Roma cuando era un niño y su genio militar, por ejemplo. Otro tanto comenzó a suceder con quien le derrotaría: Escipión el Africano. De él se contaba que tomó Cartago Nova porque hizo caminar a sus hombres sobre las aguas de los pantanos que rodeaban la ciudad. En realidad, consiguió trabar cierta amistad con los íberos de la zona y un pastor le mostró un camino para atravesar las hasta entonces inexpugnables ciénagas cercanas a lo que hoy es la casi desértica Cartagena (España).

La personalidad del líder influye en el tipo de apoyo y la lealtad de su gente. Al final todos proyectamos en las marcas y en nuestros líderes nuestros deseos, con la consiguiente trasferencia de poder que esto implica. La personalidad de los líderes y su ejemplaridad o no influyen en las dinámicas que posteriormente se crean.

9. Persistir y tener resiliencia

Escipión el Africano creció marcado por la vergüenza de la derrota de su padre y de su tío en una de las primeras batallas contra Aníbal. Sin embargo, esto no determinó una personalidad marcada por el odio hacia su enemigo, sino una mayor persistencia y resiliencia. Escipión supo despertar con ello la admiración de sus soldados y del propio Aníbal, con quien acabó uniéndole una relación de afecto mutuo.

Saber esperar, ser paciente y hacer frente a las dificultades dejan una huella positiva en el carácter y la personalidad que posteriormente podrá utilizarse para inspirar y movilizar a otras personas.

10. Construir relaciones con personas que a su vez tengan poder o influencia

Uno de los puntos en los que Aníbal falló fue en trazar bien sus alianzas. Consiguió pactar una con Filipo V de Macedonia, pero tras la batalla de Cannas, que era el momento perfecto para asediar Roma, no consiguió convencer al macedonio para atacar conjuntamente. Al final Roma acabó derrotando a ambas potencias, Cartago y Macedonia, en guerras consecutivas. ¿Qué hubiese pasado si Aníbal y Filipo hubiesen sabido coordinarse y pasar por encima de sus intereses o de sus diferencias?

Las redes de apoyo y las profesionales ayudan a conseguir los objetivos personales y a ejecutar los proyectos profesionales. La calidad de las relaciones es clave para crear coaliciones con las que empujar proyectos ambiciosos. Las relaciones con personas influyentes o poderosas basadas en la confianza y el respeto mutuo son un gran activo.

11. Formular un proyecto atrayente que concite que muchos quieran su éxito

Como ya habremos deducido, la capacidad de seducción de Aníbal funcionó bien con los íberos y con los galos, pero no tanto con los macedonios y mal con etruscos y samnitas. El cartaginés creía que, una vez que los romanos fuesen derrotados en su propio terreno, los pueblos itálicos que habían sido sometidos en los siglos precedentes (especialmente los de Etruria y la Magna Grecia) se rebelarían contra la opresora Roma. Sin embargo, prefirieron lo malo conocido que lo bueno por conocer y, aunque no lucharon contra Aníbal, tampoco aportaron soldados a su causa. Si bien no podemos establecer un motivo claro y singular de la derrota de Aníbal, el hecho de que su gran motor fuese un voto de odio eterno a Roma cuando era niño quizás no ayudó. En cambio, nadie dudaba de la nobleza de los motivos que guiaban a Escipión: recuperar el honor de su familia y restaurar el orden en Roma.

Si el propósito de la empresa es noble y creíble, resulta probable que genere más compromiso y foco en las personas. La calidad de los fines que mueven una institución puede incitar más el compromiso del equipo humano que la mejor campaña de comunicación interna.

12. Tener autocontrol

Quizás uno de los puntos más conocidos de la historia de Aníbal es el de los encantos de Capua. Tras la mejor de sus victorias, Cannas, Aníbal decidió no asediar Roma, sino esperar tranquilamente en Capua a que se produjese el levantamiento de toda Italia contra la Ciudad Eterna, cosa que nunca sucedió. Aníbal pasó sus años más relajados rodeado de placeres en la voluptuosa Capua de la época y, aunque no perdió la guerra inmediatamente después, ahí enterró todas las opciones que le quedaban de ganarla.

Uno de los síntomas de la enfermedad del poder es creerse por encima del bien y del mal dando rienda suelta a caprichos, vicios y excentricidades. Muchas veces estos excesos son justo la causa de una posterior pérdida de credibilidad y reputación.

El autocontrol, las líneas rojas autoimpuestas y la sobriedad tienen un efecto quizás no querido pero real de ayudar a conservar el prestigio personal. El autocontrol genera credibilidad y fiabilidad, dos de los elementos que hacen que la confianza se convierta en un importante instrumento de integración y por tanto en una palanca estupenda de ejecución.

El buen uso del poder no es solamente cuestión de las palancas usadas, sino también de las intenciones por las que se ejerce, como veremos a continuación.

Las intenciones con las que se ejerce el poder

> «Los dioses no han concedido al mismo hombre todos sus dones. Sabes vencer, Aníbal, pero no sabes aprovecharte de la victoria[4]».

La frase de Maharbal, lugarteniente de Aníbal que comandaba la caballería númida, ilustra muy bien la problemática a la que se puede enfrentar un líder que sabe emplear muchas de las palancas, pero falla a la hora de darles un propósito que trascienda el interés personal. La pronunció tras conocer la decisión de su general de no asediar Roma tras la victoria de Cannas, y que muchos entendidos consideran el principio del declive de Aníbal, motivado por sus intereses particulares.

Al hablar de las palancas en las páginas anteriores hemos mencionado la pérdida del autocontrol como un riesgo en el uso del poder. La razón no es cierto buenismo, sino algo más profundo: quien no es fuerte por dentro difícilmente sabrá decir que no a los infinitos conflictos de intereses que el ejercicio del poder conlleva.

Es relativamente sencillo generar coartadas que den cobertura ideológica a conductas que son sencillamente egocéntricas y abyectas. El pulso entre darle un sentido que trascienda el interés personal al esfuerzo o dejarse llevar por consideraciones egocéntricas (como las sensaciones placenteras a corto plazo) decide la calidad de un líder.

Hay una correlación clara entre quienes se mueven por deseos ligados al propio interés y al corto plazo y las decisiones poco éticas en el uso del poder, y viceversa.

Una de las trampas más conocidas en el ejercicio del poder es creer que el fin (personal o institucional) justifica los medios para conseguirlo, que es la psicología del psicópata. En su mente la falta de escrúpulos y de remordimiento en los medios favorece la obtención de sus objetivos. Un medio pobre corrompe el fin más noble.

La ética se gana o se pierde en la intención que mueve la conducta y en los medios que se emplean para los objetivos (cuadro 20.1). La probabilidad compuesta de que ambos elementos sean positivos no es alta y quizás por eso no resulta infrecuente que el poder acabe corrompiendo a quien lo ejercita durante mucho tiempo.

El poder atrae; de hecho, se habla de la *erótica del poder*. La razón es que resulta un vehículo fácil para alimentar los cuatro instintos emocionales: seguridad, diversión, singularidad y conexión. Si el poder se convierte en una vara con la que se mide la autoestima personal, es casi inevitable que se busque a cualquier precio.

Cuadro 20.1. La calidad ética de los fines y medios

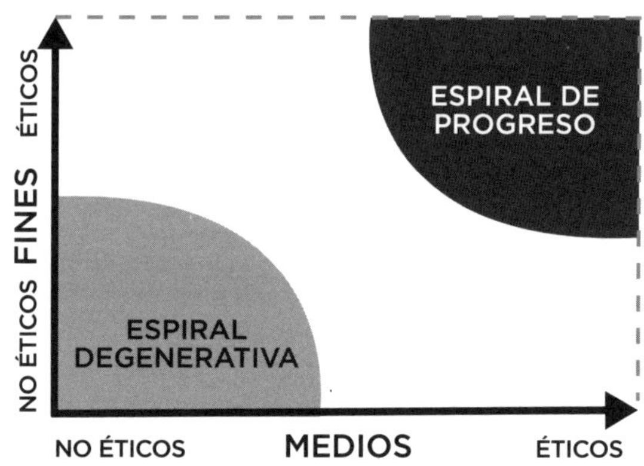

Hay algo en la psicología de las personas que hace el poder especialmente atractivo y seductor. Nos fascinan las personalidades fuertes, resolutas, poderosas, a fin de cuentas, porque, en el fondo, vemos atractivo ser como ellas. Las personas, de forma más o menos inconsciente, proyectamos nuestros deseos en marcas, líderes y proyectos, y esa proyección es una transferencia de poder.

Quizás por eso ya desde los albores de la civilización la lucha por el poder ha sido la gran batalla por la que nos hemos enfrentado y nos seguimos enfrentando los humanos, razón de más para ser precavidos en su uso y cuestionarnos habitualmente la ética de sus fines y medios. De lo contrario, corremos el riesgo de sufrir la enfermedad del poder, como se expone a continuación.

La problemática y la enfermedad del poder

«Un tal doctor Goebbels, de Elberfeld, habló sobre el tema: "¿Qué quiere Adolf Hitler?". Atendí a cada una de sus palabras. Me dio la sensación de que estaba dirigiéndose a mí personalmente. Mi corazón se aligeró, algo se despertó en mi pecho. Me sentí como si estuviera reconstruyéndose pedazo a pedazo algo dentro de mí. El doctor Goebbels no concluyó su tema aquella noche. Prometió regresar en dos semanas y terminar la conferencia. Pasé aquellos catorce días en un estado de delirio. No veía la hora de que se celebrara el mitin. Estaba allí puntualmente y, al finalizar, me fui a casa en silencio. Me convertí en nacionalsocialista[5]».

Así recordaba sus primeros encuentros con Joseph Goebbels, conocido maestro de la propaganda nazi, un trabajador metalúrgico de los que, como recordaba el propio Goebbels, le recibían con silbidos en sus mítines y lo sacaban a hombros después[6]. Nadie duda de que la retórica de Hitler y sus secuaces fuera clave en su ascenso, pero tras esa retórica se escondía algo más que le daba fuerza y consistencia. Sus discursos no solo transmitían ideas; emanaban fuerza, convicción, pasión y, por tanto, poder. Sin duda podríamos encontrar muchas de las palancas expuestas en el anterior apartado sobre el poder, aunque el punto que queremos resaltar en las próximas líneas es otro.

Muchas novelas y películas han reflejado con maestría la problemática del poder. Una de las más conocidas es *El Señor de los Anillos*. El mismo J. R. R. Tolkien, su autor, apuntaba en sus cartas una clave interpretativa de su principal obra: «Se puede contemplar el anillo como una alegoría de nuestro propio tiempo si se quiere. Una alegoría del inevitable destino que aguarda a aquel que desea combatir con poder al poder del mal».

En esta novela podemos contemplar las reacciones de diversos personajes ante la tentación del anillo, del poder: Boromir, hijo del señor de Minas Tirith, ciudad que siempre ha vivido luchando contra el mal (representado por Sauron y la tierra de Mordor), lo quiere para vencer ese mal y proteger a su gente y acaba intentando arrebatárselo a Frodo, compañero suyo, con violencia.

Otro personaje que adopta la postura de Boromir en un principio es Saruman, el mago más sabio y poderoso de la Tierra Media: piensa en recuperar el anillo y emplearlo para el bien, pero acaba capitulando a la tentación de usarlo para magnificar su propio poder, corrompiéndose completamente. Piensa que únicamente un gran poder (detentado por él) puede contener al mal y derrotarlo, error que paga con un corazón corrompido. El pensamiento esquizoide, aquel en el que se pierde la frontera entre la imaginación y la realidad, muchas veces adquiere esos tintes mesiánicos.

Por el contrario, tenemos el ejemplo de Gandalf y Galadriel, sabios y poderosos como los dos anteriores y que, como ellos, luchan contra el mal, pero a la vez son más perspicaces (y sabios) al discernir los peligros del anillo. Como muestra la respuesta de Galadriel, señora de los elfos, cuando Sam (referente de la gente sencilla para Tolkien) le ofrece el anillo para combatir el mal:

«—Yo desearía que tomara usted el anillo. Pondría usted las cosas en su lugar. Impediría que molestasen a mi padre y que lo echaran a la calle. Haría pagar por los sucios trabajos en los que han estado metidos.

—Sí. Así sería al principio. Pero luego sobrevendrían otras cosas, lamentablemente[7]».

También Gandalf, mago como Saruman, reacciona con sabiduría (y vehemencia) cuando Frodo le ofrece a su vez el anillo:

«¡No, no! Mi poder sería entonces demasiado grande y terrible. Conmigo el anillo adquiriría un poder todavía mayor y más mortal. ¡No me tientes! Pues no quiero convertirme en algo parecido al Señor Oscuro. [...] No me atrevo a tomarlo, ni siquiera para esconderlo y que nadie lo use. La tentación de recurrir al Anillo sería para mí demasiado fuerte[8]».

¿Qué peligros oculta entonces el poder? ¿Qué lo hace tan atractivo y letal para la integridad de quien lo ejerce? Y, sobre todo, ¿existe una manera de no corromperse al ejercerlo? La conocida cita de *lord* Acton parece ser categórica y muy en la línea de lo que Tolkien refleja: «El poder corrompe y el poder absoluto corrompe absolutamente[9]».

Estas incógnitas no tienen una respuesta unívoca, pero sí podemos distinguir trazos comunes que nos dan pistas interesantes. A grandes rasgos, en el origen del atractivo del poder, como veíamos, se esconde una búsqueda (mal enfocada) de satisfacción de los cuatro instintos emocionales que nos mueven: Boromir y Saruman querían (en un principio) proteger a cualquier precio la Tierra Media de Sauron; el trabajador de la metalúrgica deseaba ver prosperar a su país y mejoradas sus condiciones económicas y laborales. Estos fines son nobles y legítimos, pero pierden de vista un punto importantísimo: la ausencia de calidad de los medios puede llegar a corromper el fin más noble. Es una constante histórica que mientras más nobles sean los fines, más licencia se autoconcede en los medios.

Es a través de los cuatro instintos emocionales básicos como se interpreta y se siente la realidad, muchas veces distorsionándola para justificar lo que se quiere hacer. Casi siempre hacemos lo que sentimos y solo después racionalizamos lo que hemos hecho. En la conducta lo importante son las emociones. Es mediante los cuatro instintos emocionales como podemos llegar a ser manipulados por otros.

Un fin aparentemente noble puede esconder anhelos opuestos: nadie duda del deseo de Boromir de proteger a su gente, pero no resulta descartable que se entremezcle en su corazón con un deseo de sobresalir, de figurar en la historia como el héroe que salvó a la humanidad. De igual forma, el orgullo de Saruman lo lleva a creerse inmune a la tentación del anillo.

Análogamente, lo mismo sucedía con el nazismo: uno de sus atractivos consistía en la proclamación de la raza teutona como superior y con derecho a gobernar al resto de razas. Así, un alemán medio veía satisfechas sus cuatro instintos emocionales básicos: conexión (pertenezco a un pueblo, a una raza), seguridad (el orden y la fuerza del partido), novedad (entramos en una nueva era) y singularidad (ese pueblo es preeminente sobre el resto, y por ende soy superior a los miembros de otras razas). Goebbels voceaba estas proclamas de grandeza, que hacían mella en el imaginario de la gente.

En definitiva, para que el poder no corrompa ni sea un factor de involución social, se requiere simultáneamente un porqué y un cómo de valor añadido. La carencia de uno de ellos resquebraja la bondad del otro.

El valor añadido de los fines y los medios lo entendemos desde el punto de vista de su efecto en la funcionalidad del ecosistema y también de la huella neuronal que deja en el decisor y en sus colaboradores.

Además de los cuatro instintos emocionales básicos, hay otros dos más racionales, más nobles, pero que también tienen la virtualidad de mover el corazón. Están ligados a la gratificación futura, que a la vez depende del buen funcionamiento de los ecosistemas en los que se opera. Por eso los dos instintos más avanzados son el de mejora personal y el de contribución a la mejora de otros y a la mejora de la relación entre todos. Estos dos instintos, si se cultivan, pueden ser muy poderosos; de igual forma, un estilo de vida pobre es efecto y a la vez causa de la inoperancia de estos dos instintos.

Los deseos emocionales son legítimos, pero si se disocian de una buena interpretación de los racionales, acaban siendo disfuncionales para el sujeto y la sociedad. El problema radica en utilizar el poder como medio para lograr otros medios (convertidos en fines), como hacerse rico por hacerse rico, ser famoso por ser famoso o disfrutar de sensaciones vibrantes por disfrutarlas.

Un gran problema ético en el uso del poder radica en disociarlo de los deseos racionales de crecimiento personal (que incluye el cultivo de las virtudes, el autodominio y el conocimiento) y de la contribución a terceros (el servicio, la solidaridad, el emprendimiento social y el bien común). El poder, cuando se asocia a la voluntad de servicio y al bien común, posibilita ese milagro que es el progreso social y económico.

Ahora bien, ¿qué necesita un directivo para abordar su trabajo de esta forma? Podemos retomar brevemente el paralelismo con la obra de Tolkien fijándonos en quienes durante más tiempo portan el anillo y parecen (en comparación con personajes mucho más poderosos) inmunes a sus efectos: los *hobbits*. Concretamente, Frodo, Sam y Bilbo, aunque este último caso es ligeramente distinto.

Los tres tienen en común su amor a la tierra, a la Comarca (la localidad en la que viven), a su comunidad y al trabajo bien hecho; el cuidado a «las cosas que crecen» (muchos *hobbits* son campesinos), y su sencillez, especialmente en el caso de Sam, que no es simpleza, pues Frodo y Bilbo son grandes lectores y Sam un claro exponente de la sabiduría popular.

Y aún hay un rasgo fundamental: ninguno busca el anillo ni lo ambiciona para sí. Bilbo lo encuentra por casualidad y lo usa sin ser consciente al principio de las consecuencias que conlleva su empleo. Pero tanto Frodo (que ve en Bilbo el efecto perverso de los años que lo ha tenido) como Sam solo aceptan llevarlo por salvaguardar la Comarca de su mal y para destruirlo. En una escena muy lograda de la película, vemos a los representantes de cada raza de la Tierra Media discutir acaloradamente sobre quién debería llevarlo hasta que Frodo se levanta y, muerto de miedo, se ofrece a hacerlo.

Esto no quiere decir que sea peligroso ambicionar puestos de responsabilidad. Simplemente resaltamos dos cosas:

- Es más difícil que una persona caiga en la patología del poder (hablaremos de ella a continuación) si parte con una mentalidad de servicio (contribución y crecimiento personal) al aceptar una nueva responsabilidad. Por oposición, quien trabaja descaradamente con la mirada fija en su propia agenda (deseo de singularidad, pero también de diversión o incluso de seguridad y conexión) será más proclive a usar disfuncionalmente el poder.

- El fin que guía a un directivo viene muy determinado por las creencias que tenga de su trabajo y de su propia empresa. Concretamente, si piensa que la empresa, su cargo y sus empleados existen para responder a una necesidad de la sociedad y de sus clientes o si están solamente para generar beneficios. Aunque una cosa no quita la otra, la forma de abordar su trabajo y su responsabilidad variará sensiblemente. Resulta muy difícil que una compañía oportunista, que busque descaradamente el beneficio a corto plazo, pueda formar y mantener a directivos íntegros al frente.

Hechas estas consideraciones, es momento de centrarnos más específicamente en los síntomas de la enfermedad del poder, no sin antes revisar alguno de los trastornos de conducta que suelen formar parte de esas patologías ligadas a su mal uso.

Los trastornos de la conducta

Un porcentaje relevante de la población adulta (¿un 30 %?) padece trastornos de conducta. La cifra también resulta aplicable a los directivos. De hecho, es probable que se supere. No en vano trabajan en entornos que, por su naturaleza (presión, competitividad, riesgo y tirón de las recompensas económicas), pueden llegar a ser más intensos y desequilibrantes que aquellos en los que se mueve un ciudadano medio.

Un trastorno de conducta es una patología, una rareza, en la conducta, fruto de una distorsión cognitiva normalmente ligada a los instintos emocionales. En otras palabras, se trata de un perfil de conductas disfuncionales que responden a una forma distorsionada y desequilibrada de ver la realidad. La mayor parte de los trastornos de conducta se hacen, no se nace con ellos. Y es que las huellas neuronales reconfiguran la estructura del cerebro.

Los cinco trastornos de conducta que conforman la enfermedad del poder son fácilmente asignables a la mala alimentación de los instintos básicos:

1. Trastorno obsesivo (pensamiento circular), asociado al instinto de seguridad.

2. Sociopatía (falta de escrúpulos), vinculada al instinto de singularidad.

3. Trastorno adictivo (enganche a una fuente de placer), asociado al instinto de diversión.

4. Trastorno histriónico (sobrerreacción emocional, muchas veces teatral, al entorno), relacionado con el instinto de conexión.

5. Trastorno narcisista (sentirse el centro del mundo), vinculado a los instintos de diversión y de singularidad simultáneamente.

A efectos prácticos, el poder enferma a quien lo ejerce cuando no respeta unas líneas rojas no traspasables en su ejercicio. Cuando prima el «todo vale mientras no trascienda», definitivamente se están sobrepasando esas líneas rojas. Las decisiones basadas en criterios puramente financieros y a corto plazo también revientan esas líneas rojas. Si un directivo prioriza en exceso los resultados a corto plazo, resulta muy difícil que tengan peso los criterios de servicio y contribución a la sociedad, al cliente o a los empleados, en parte porque la efectividad de esas contribuciones suele estar ligada al medio o al largo plazo.

Los síntomas de la enfermedad del poder

Nadie está a salvo de los efectos del poder a largo plazo. Lo vemos claramente en la misma obra de Tolkien: ni siquiera Frodo, el más adecuado para llevar esa carga, escapa a sus efectos. Y, en el último momento, sucumbe a su encanto. Está muy bien reflejado en la escena en la que reclama el anillo para sí: toda la simpatía y bondad que reconocíamos propias del personaje se han esfumado y queda una caricatura grotesca del protagonista, que, de no ser por el dramatismo del momento, nos resultaría entre cómica y ridícula.

No es un cambio repentino: Frodo va cambiando poco a poco a lo largo de la película. Se va encariñando con el anillo y a la vez se aísla de los demás, pierde progresivamente la empatía con quienes lo rodean, hasta llegar a sospechar que Sam, su leal e inocente amigo, quiere arrebatarle la joya, la misma que está intentando destruir. El cambio es gradual, pero perfectamente reconocible. Al final solo escucha los consejos de quien le susurra al oído lo que quiere oír y que, paradójicamente, o no tanto, es quien más quiere el anillo: Gollum. Su juicio se nubla hasta el punto de fiarse de este último más que de Sam, llegando a ordenarle, fríamente, que le abandone y vuelva a casa.

La historia de Frodo parece ilustrar bien las mejores condiciones para asumir una tarea de gobierno, pero también nos advierte de que esas condiciones, por óptimas que sean, pueden no ser suficientes para contrarrestar indefinidamente la corrupción del poder. Lo mismo nos puede suceder a nosotros, obviamente, y por eso compensa mantenerse atento a cualquier síntoma de disfuncionalidad.

El diario *Expansión* publicó hace un tiempo el artículo «La patología del poder»[10], en el que su autor, Fernando del Pino, describía los síntomas más comunes de esta enfermedad. La mayor parte son una mezcla de conductas obsesivas, sociópatas, narcisistas, adictivas e histriónicas. Lo veremos de la mano de otra gran película que muchos recordaremos: *Gladiator.* En ella se nos presentan dos modelos de líder muy diferentes: el encarnado por el emperador Cómodo, un enjundioso ejemplo de líder con todos los síntomas de la patología del poder y el de *Gladiator* un liderazgo basado en valores y en el bien común. Estos síntomas son los siguientes:

1. Indiferencia hacia lo que otros piensan y dificultad para conectar intelectual y emocionalmente con las personas con las que uno se relaciona. La viciada relación de Cómodo con su hermana está a punto de costarle el trono y la vida ya que, al ser incapaz de empatizar mínimamente, no es consciente del profundo odio que siente alguien tan cercano a él.

2. Frialdad hacia los sentimientos de los demás. Desconexión con el sufrimiento que puedan producir sus decisiones. Hay una escena de la versión extendida que incide aún más en el carácter psicópata de Cómodo: cuando manda ejecutar a los dos soldados que le informan. Cómodo les habla con normalidad y aparente interés, y se apoya en sus hombros en el momento de la ejecución con una frialdad que pone la piel de gallina y revela su sadomasoquismo.

3. Decisiones basadas en una lectura desequilibrada de riesgos y oportunidades. Se infravaloran las potenciales consecuencias negativas de las decisiones tomadas y se sobrevalora la probabilidad de sus consecuencias positivas: su altanería en los juegos, no prever la mayor capacidad de lucha de Máximo y su conexión con los espectadores, etc.

4. Confusión en las prioridades con las que se dirige la institución. Ante los acuciantes problemas que se encuentra Cómodo al llegar a Roma, el emperador opta por convocar 150 días de juegos que dilapidarán el pequeño colchón económico que había dejado su padre. ¿Por qué? Pan y circo. Como hoy son el sexo y las drogas. A Cómodo solo le interesa seguir en el poder ganándose el favor de sus súbditos, y piensa que los juegos adormecerán la conciencia del pueblo.

5. Instrumentalización de las personas para lograr sus propios fines. Una figura trágica de la película es la de Quinto, antiguo oficial de Máximo, que antepone la lealtad al emperador a la revuelta de su amigo. Se trata de una figura trágica porque su lealtad le lleva a servir a un gobernante malvado que lo recompensa con muchos privilegios y la comandancia de la Guardia Pretoriana, que Cómodo usará para cometer muchos de sus crímenes en el trono.

6. Excesivo protagonismo personal apoderándose de méritos ajenos. Se ve claramente tras la batalla que abre la película: Cómodo

llega en el momento en el que las tropas y su propio padre, el emperador, están honrando a Máximo, general de una batalla en la que Cómodo no ha estado presente. Este irrumpe en la escena, dice unas palabras de reconocimiento hacia Máximo y da la mano a su padre para el pasillo triunfal entre las tropas, dejando de lado a Máximo.

7. Tendencia a rodearse de personajes comprables por ser poco independientes intelectual y económicamente para que no le lleven la contraria y aplaudan o rían sus ocurrencias. En el caso de Cómodo, destaca el senador rival de Graco, que se hace amigo y confidente del emperador para prosperar sobre sus rivales políticos.

8. Juicio simplista, estereotipado, de las personas y los acontecimientos. El desprecio que siente Cómodo hacia Máximo está enraizado en la percepción de que su padre, el emperador Marco Aurelio, ve a Máximo como al hijo que querría haber tenido y no es consciente en ningún momento de que su padre también lo amaba. Lo contrario sucede con Máximo, que podría haber mirado con absoluto desprecio a Próximo, el jefe de gladiadores que lo adquiere, pero sabe ver más allá de su puesto y de su apariencia a un hombre con algo de honor que desea algo más que la ganancia material, aunque esa sea su apariencia.

9. Sobrevaloración de las capacidades personales y de la imagen personal. El desenlace de la película es fruto de todos estos síntomas: Cómodo tiene que matar a Máximo, pero no puede ser de cualquier manera. Los juegos que estaban destinados a ganar el favor de su gente han encumbrado a su mayor rival y Cómodo es esclavo ahora del público del Coliseo, así que decide enfrentarse a él en combate singular en la arena, previa puñalada a Máximo para debilitarle. Cree que con eso y otras múltiples trampas bastará para derrotarlo. Afortunadamente para los espectadores, el resultado no es el esperado para Cómodo.

10. Conductas desinhibidas. El sentimiento de que se tiene derecho a estar por encima de los convencionalismos sociales y morales y que, por tanto, se tiene licencia para hacer lo que a uno le apetece. Se suele traducir en algunas, o muchas, de estas conductas:

- Descolocar a otros en público y en privado con humillaciones y salidas de tono.

- Robar en su vertiente de ilegalidades de cualquier tipo o simplemente a través de una remuneración excesiva (en salarios, pensiones o indemnización por despido).

- Buscar gratificaciones sexuales abusando de la posición de poder o del atractivo del dinero que se posee.

- Hacer excesos en la comida, la bebida o el uso de estimulantes o drogas.

- Realizar gastos desproporcionados sin que importe la falta de ejemplaridad que conlleven.

Acumular tres o cuatro de estos síntomas ya es motivo para ponerse en guardia. A nadie le interesa que el poder le enferme, le corrompa; se trata de una gran traición a uno mismo y a la institución a la que se sirve.

El que se sienta poderoso pero no igualmente frágil se engaña y seguramente sufrirá por ello. Las empresas cuyos directivos muestren los síntomas de la enfermedad del poder acabarán siendo rehenes de estos directivos y la empresa terminará siendo víctima de no haber tomado medidas a tiempo. El siguiente apartado tratará precisamente de ello.

Las normas y el espíritu del buen gobierno corporativo

En las páginas anteriores hemos expuesto los síntomas de las patologías del poder y la necesidad de tomar medidas para evitar males mayores. La mejor medida es la prevención; la curación es mucho más compleja.

El poder seduce y casi nadie ve la necesidad de dejarlo si con ello alimenta su autoestima. En ese caso, lo más probable es que el enfermo blinde su poder, contagie su enfermedad a la institución y haga que su salida sea dura para todos. La historia está llena de casos que avalan esta secuencia de hechos.

La prevención de la enfermedad del poder se puede realizar en dos planos: el institucional a través de prácticas de buen gobierno y el personal mediante un proceso de crecimiento personal, de toma de conciencia.

Para ser eficaz, la prevención de tipo más institucional ha de atacar el corazón del problema: la reducción de las posibles arbitrariedades y las malas prácticas en el ejercicio del poder. ¿Cómo? Con más transparencia y mejores reglas del juego.

Las compañías que quieran evitar las patologías del poder de sus directivos deberían practicar no solo en la letra, sino sobre todo en el espíritu una parte sustancial de estas diez prácticas de buen gobierno:

1. No permitir que una persona concentre un exceso de poder sin contrapesos, como el caso de una persona que sea presidente y CEO simultáneamente. Para las compañías resulta muy saludable que exista en su cúpula un sano contrapeso entre personas complementarias que sepan crear un tándem. Nominalmente algunos CEO en la práctica son más bien directores de operaciones o generales, lo que resulta una forma habitual de saltarse esta primera recomendación.

2. Chequear mejor a los candidatos a puestos de responsabilidad. Ir más allá de su experiencia y de sus logros pasados para asegurarse de que en su comportamiento no existen síntomas de la patología del poder. Se trata de trascender del personaje que se refleja en su CV y centrarse en la persona. Es necesario saber quién es, qué le mueve y cómo se comporta fuera de las esferas profesionales.

3. Trabajar por crear un equipo de dirección formado por personas que sepan ejercer, desde su lealtad e independencia, una sana discrepancia. Esto implica apostar por la diversidad en el comité de dirección, incorporando a profesionales que piensen y sientan las cosas desde distintos ángulos, y crear un contexto de seguridad psicológica para poder expresas sus puntos de vista y evitar que se traspasen las líneas rojas que protegen la reputación y la integridad.

4. Reforzar el consejo de administración y sus comisiones más importantes con personas competentes e independientes desde los puntos de vista intelectual, emocional y económico. Es decir, contar con personas capaces de decir lo que lealmente piensan que es mejor para la empresa y que puedan hacer el gesto de dimitir sin sentir que pierden nada.

5. Evitar que los salarios y privilegios de los altos directivos resulten excesivos. Los salarios desmesurados crean conflictos de intereses, compran silencios y atraen a personas más propensas a utilizar sus responsabilidades como medio para el enriquecimiento personal que como expresión de servicio.

6. Contratar a los auditores más solventes, exigentes y con menos conflictos de intereses.

7. Hacer de la memoria anual un verdadero ejercicio de transparencia y de rendición de cuentas.

8. Impregnar la cultura de empresa con los contenidos más prácticos de los códigos de conducta para desactivar los conflictos de intereses y evitar el uso de información privilegiada para beneficio personal.

9. Limitar los períodos de ejercicio del poder de los máximos directivos para hacer que no se atrincheren en su puesto, prohibir el cambio de los estatutos de la empresa cuando el beneficiado es el que promueve el cambio y pedir al CEO el mismo día que sea nombrado que prepare ya a su posible sucesor. Un período máximo de siete años puede ser bueno en más de un caso.

10. Poner los medios para que el proceso de toma de decisiones sobre el origen y empleo de los fondos *(capital allocation)* no pueda emplearse de modo caprichoso por parte de los CEO. Las decisiones de inversión son el potencial juguete del CEO, razón por la que se han de extremar las precauciones para que no se acaben tomando decisiones imprudentes fruto más del deseo de vanagloria de algunos directivos que de un razonado análisis.

Todas estas medidas ayudan a poner freno a las patologías del poder, pero la llave para solucionar el problema está en la esfera personal, en la conciencia de los directivos. Quien quiera utilizar el poder impropiamente ya buscará los recovecos para lograrlo aun cumpliendo con la mayor parte de las recomendaciones de buen gobierno.

La última de las batallas del poder radica en las creencias y en los valores de los directivos, en su forma de pensar y de sentir, y asimismo en su capacidad de ser críticos consigo mismos, en su voluntad de utilizar el poder en su propio provecho.

Los directivos han de ser conscientes de los dos elementos esenciales que conforman sus decisiones: la agenda pública (la parte más de negocio, de estrategia) y la personal (los deseos, miedos y creencias que configuran su pensamiento y sus decisiones)[11].

Ser consciente de estas dos agendas es prueba de que el líder se conoce y la primera barrera contra la arrogancia y la posible corrupción en los fines y medios que usa para incrementar su capacidad de ejecución.

Las élites extractivas con el mal uso del poder son la causa más importante de la pobreza no solo de países, sino también de las empresas.

La creciente velocidad del cambio requiere un ejercicio del poder que ponga el acento en la motivación intrínseca, el compromiso libre, el aprendizaje en el trabajo y el sentido de propósito. Necesitamos un estilo de ejercicio del poder menos individualista y más colegial, basado en dinámicas que generen colaboración entre las partes que conforman un ecosistema. Esta colaboración es el resultado de la confianza y del respeto mutuo que han creado las personas en el empleo del poder.

En colaboración con Javier García Arevalillo.
Consultor estratégico y director de B2B
en thePower Education

EJERCICIO
Las palancas del poder e influencia

La idea

Los directivos necesitan poder para sacar adelante sus responsabilidades. La capacidad de ejecución está en relación directa con la suma de la autoridad formal recibida, a la que hay que sumar el poder y la influencia ganada. El poder es la habilidad de influir en la conducta de otros a través de algún tipo de coacción (premio o castigo), mientras que la influencia tiene el mismo fin, pero el medio es la persuasión.

La autoridad viene dada por el puesto de responsabilidad. El poder y la influencia requieren su desarrollo, es decir, se van conquistando personalmente y no tanto son conferidos por otros.

Los medios para conseguir el poder o la influencia son muchos, como muchos son los intereses que mueven a las personas a incrementar su poder.

Ni los medios ni los fines son neutros desde el punto de vista del que ejerce el poder: fines y medios poco éticos generan corrupción en el decisor; fines y medios éticos generan integridad y confianza.

Cuanto más poder se conquiste, más convendría que la voluntad del decisor la mueva el bien común y no solo el bien particular. Un poder sin contrapesos, al menos en la conciencia, acaba generando disfuncionalidades de todo tipo.

El poder, tanto en los fines como en los medios empleados, debe conectarse con el bien común, esto es, con la integración externa e interna, para garantizar que provoque en quien lo ejerza un efecto positivo.

La idea en la práctica

El ejercicio consiste en reflexionar sobre los medios para ganar en poder o en la influencia necesaria para ejecutar mejor los proyectos de los que se es responsable:

1. ¿Controlo recursos escasos y valiosos para la organización? (presupuesto, equipos, información, noticias, etc.) ¿Qué uso hago de este poder?

2. ¿Qué influencia tengo sobre el sistema de premios y castigos de mis equipos y de otras personas? ¿Qué tipo de aprendizaje producen esos premios y castigos?

3. Ante las dificultades para sacar adelante algún proyecto concreto, ¿genero planes B? ¿Abro otros frentes en los que avanzar para desencallarlo?

4. ¿Soy hábil para generar iniciativas imprevistas y rápidas que permitan conquistar terreno o espacio sin oposición?

5. ¿Sé identificar a las personas contrarias a mis proyectos y con capacidad para entorpecerlos? ¿Busco fórmulas que favorezcan el entendimiento mutuo? Alternativamente, ¿puedo conseguir que pierdan el poder de entorpecer mis iniciativas?

6. Por encima de los proyectos concretos que tengo intención de ejecutar, ¿sé identificar y poner el foco en el largo plazo y en lo importante? ¿Evito *liarme* en las cosas más accidentales?

7. ¿Utilizo la empatía personal para crear relaciones y conversaciones de valor añadido?

8. ¿Cuento con una buena red de relaciones, especialmente con personas clave, que me ayude a implementar los proyectos?

9. ¿Tengo la persistencia necesaria para desalentar a quien se oponga a los proyectos que quiero ejecutar?

10. ¿Puedo considerar mi conducta habitual en la compañía como *ejemplar,* en el mejor sentido de la palabra o me muevo manifiestamente por interés personal, egoísmo o comodidad?

11. ¿Sé conmover a las personas cuando les expongo mi visión del futuro? ¿Sé plantear una forma más noble de trabajar o de colaborar?

12. ¿Me controlo a mí mismo? ¿Evito lo que no quiero que se conozca públicamente y que podría destrozar mi reputación?

Feedback grupal en los equipos de dirección

La idea

Un grupo de directivos no es un equipo. Un equipo es algo más: es un conjunto de personas y relaciones cuyo buen funcionamiento depende de la calidad de los elementos (personas) que lo componen y sobre todo de la calidad de las relaciones entre esos elementos.

Para su buen funcionamiento, un equipo requiere una base sólida de confianza y respeto mutuo sobre la que edificar una buena gestión de los conflictos, un compromiso real, un fuerte sentimiento de *accountability* y una priorización de los objetivos del equipo sobre los del área o los del directivo en particular.

Hacer equipo constituye una tarea crítica para resolver problemas de creciente complejidad y poner en valor la creciente diversidad y especialización de los equipos directivos. Los equipos diversos, si aprenden a trabajar en equipo, generan una complementariedad que a la vez permite decidir y ejecutar mejor.

En esta nota se recoge un sencillo ejercicio de *feedback* grupal que puede ayudar a mejorar el funcionamiento de un equipo. Los ejercicios de información de retornos son muy delicados ya que pueden generar heridas emocionales si no se hace de manera adecuada. Por ello es muy recomendable que la facilitación del ejercicio lo haga una persona externa a la organización con mucha experiencia en este tipo de dinámicas.

El ejercicio de información de retorno grupal pretende que cada componente del equipo reciba una información honesta, sincera y constructiva del resto de sus compañeros sobre su desempeño como miembro del equipo. Con ello se propicia la mejora tanto de la persona como de su rol y de sus relaciones con el resto.

La idea en la práctica

El ejercicio consiste en los siguientes pasos:

1. El facilitador debe saber explicar el ejercicio en el contexto de los desafíos a los que se enfrenta el equipo, hablar de las ventajas del ejercicio y pactar unas reglas de juego para que resulte constructivo e inspirador. El facilitador ha de actuar como garante de esas normas y reconducir inmediatamente cualquier conato de disfuncionalidad en el ejercicio.

2. Pedir a los participantes que escriban una o dos cosas que cada uno del resto de miembros del equipo está realizando y que contribuyen a hacer al equipo mejor (se trata de dar una información de retorno de los aspectos en los que cada miembro del equipo está contribuyendo al buen funcionamiento del equipo).

3. Pedir que hagan lo mismo, pero ahora escribiendo una o dos cosas en las que cada miembro del equipo podría mejorar para hacer que el equipo funcione mejor.

Dejar 10-15 min para que cada uno haga los pasos 2 y 3.

4. Empezar con el *feedback* positivo al líder del grupo. Cada miembro da su información de retorno de las contribuciones más positivas que observa en esa persona y que ayudan a que el equipo funcione. El líder solo puede contestar con una frase corta o pedir una breve aclaración. No se admiten justificaciones ni explicaciones; solamente un comentario corto.

5. Cuando acaba el *feedback* positivo, se comienza con la información de retorno de sugerencias de mejora al líder: cosas concretas en un contexto constructivo. Cada participante da su opinión. El líder toma notas de las sugerencias y, una vez más, no entra a discutir si está de acuerdo o no; simplemente puede pedir aclaraciones o agradecer con una frase corta la información de retorno recibida.

6. Una vez que se acaba con el líder, se hace lo mismo con cada uno del resto de miembros del equipo: primero el *feedback* positivo y después el negativo.

7. Al acabar, el facilitador hace un cierre animante en el que se agradezca el trabajo hecho y se acuerden los siguientes pasos.

21
Gobernanza 2.0. Integrando aparentes contrarios

En las empresas conviven elementos mecánicos y orgánicos. Los primeros son los números, las máquinas, los activos físicos, los contratos, los procedimientos y similares. Los segundos son las personas, las ideas, las relaciones, los afectos, el compromiso y cosas por el estilo. Lo mecánico y lo orgánico se influyen mutuamente. El mejor escenario se da cuando el buen funcionamiento de uno influye positivamente en el otro y el peor, cuando sucede lo contrario. Centrarse en lo mecánico sin ver los efectos en lo orgánico es miopía empresarial.

El cambio en los mercados genera para las compañías amenazas y oportunidades. Las primeras implican riesgos y conllevan preocupaciones y las segundas proactividad e ilusión. La frontera entre una amenaza y una oportunidad es fluida. Una amenaza bien gestionada se convierte en una oportunidad; una oportunidad mal gestionada, en una amenaza. Centrase en gestionar los riesgos sin prestar una atención similar a las oportunidades resulta igualmente una miopía empresarial.

Lo mismo ocurre con la calidad de la gestión, que puede evaluarse desde la perspectiva del corto y del largo plazo. La primera es la entrega de resultados y la segunda, la transformación. Una buena gestión del corto plazo puede ser desastrosa desde la perspectiva del largo plazo, y viceversa. Las dos gestiones pueden ser amigas o enemigas en función de si la relación entre ellas es simbiótica o parásita. Centrarse en el corto plazo sin impulsar el largo plazo resulta, de nuevo, miopía empresarial.

Muchas organizaciones padecen miopía en su gobernanza por centrase en exceso en lo mecánico y en los riesgos, por abdicar de velar por lo orgánico y gestionar las oportunidades y por ocuparse de entregar resultados sin impulsar la transformación. Vamos a llamar a esta miopía *gobernanza 1.0,* es decir, la que hace que los consejos de administración y los comités de dirección sesguen su atención de forma imprudente hacia los números, riesgos y cuestiones del corto plazo.

Las empresas necesitan una gobernanza 2.0 que integre lo mecánico con lo orgánico, los riesgos con las oportunidades y el corto con el largo plazo. Esta nueva gobernanza se sustenta en órganos colegiados con vocación y capacidades de gestionar tanto lo mecánico como lo orgánico, los riesgos como las oportunidades y el corto plazo como el largo plazo.

Hablar de *gobernanza* es hablar de órganos colegiados en los que se comparte el poder de decidir, controlar y ejecutar. El buen funcionamiento de un órgano colegiado reside no solo en la calidad de sus integrantes, sino sobre todo en la buena relación entre ellos.

En la nueva gobernanza lo diferencial no serán los *personajes* (la resonancia pública) que conformen el órgano colegiado, sino la *persona* (su integridad, sus intenciones más profundas) que se esconde detrás de la máscara del personaje. Esta persona ha de tener la capacidad y la voluntad de crear relaciones de confianza y respeto mutuo con sus colegas y estar movida por el afán de hacer converger los intereses de las partes y no tanto por imponer sus intereses personales.

En un sistema, y los órganos colegiados lo son, las relaciones y dinámicas de trabajo en equipo resultan clave. No se puede ser eficaz ni eficiente como equipo si las relaciones están deterioradas y no se crea un contexto donde la seguridad psicológica permita expresarse libremente, eso sí, con cordialidad para no deteriorar las relaciones. La nueva gobernanza requiere más conversaciones *reales* entre sus miembros y menos politiqueo en forma de cinismo, confrontación y omertá interesada. Precisa conversaciones reales para integrar a las partes de una manera que origine sinergias en su trabajo y la posibilidad de que las partes simultáneamente mejoren en el proceso.

La preparación técnica será condición necesaria pero no suficiente para la gobernanza 2.0. La cualificación técnica junto con la calidad humana son las condiciones necesarias y suficientes de esta nueva gobernanza. Gestionar las interdependencias de lo mecánico y lo orgánico, de los riesgos y oportunidades y del corto y largo plazo precisa buenos profesionales que sean también personas despiertas y buenas personas con conciencia ética en cuanto a los fines y medios empleados.

Los tiempos demandan órganos colegiados, diversos pero complementarios, que sepan identificar de forma proactiva y constructiva los riesgos y oportunidades de los mercados. Para ello han de saber gestionar las implicaciones de sus decisiones en el corto y en el largo plazo y en los aspectos mecánicos y orgánicos de sus empresas.

La nueva gobernanza precisa por tanto personajes y personas gigantes que hagan suyo el sabio consejo de Gaudí, el arquitecto universal: «Para hacer grandes obras, primero el amor y después la técnica».

22
Propiedad y sostenibilidad, ¿aliados o adversarios?

La competitividad y sostenibilidad de una empresa dependen tanto de factores externos (estructura del sector, competidores, cambio tecnológico, etc.) como internos (posicionamiento, modelo de negocio, liderazgo, compromiso, productividad, cultura, satisfacción de los clientes, gobernanza, etc.).

Dentro de los factores internos que hacen sostenible a una compañía destacan la estructura y el perfil de la propiedad, su cohesión, las relaciones que se dan entre los socios, los procesos sucesorios, la simbiosis que se consiga con el resto de *stakeholders,* como los clientes, empleados, o la sociedad, etc.

El propósito de la configuración institucional consiste en alinear la composición de la propiedad, sus planes, querencias y apegos y el modelo de gobierno para hacer que la organización sea sostenible y competitiva.

Y lo hace a través de iniciativas como el diseño de una mejor estructura accionarial, la revisión del modo en el que se ejercen los derechos y responsabilidades de la propiedad, el rediseño de su gobernanza, la gestión de los procesos sucesorios, la resolución de conflictos entre la propiedad o entre esta y el equipo gestor, la creación de relaciones de valor añadido con el resto de *stakeholders,* etc.

La configuración institucional tiene también la misión de reducir la posible dependencia disfuncional que pueda tener la empresa de una persona, de una familia o de un grupo accionarial.

1. La propiedad de la empresa ¿activo o pasivo?

La propiedad de la empresa puede ser el mayor activo o la peor pesadilla de una empresa: activo cuando añade un valor palpable y pesadilla cuando se convierte en una tara para el desarrollo de la compañía. A través de la configuración institucional se debe reducir la probabilidad de lo segundo y aumentar la probabilidad de lo primero.

La propiedad, como todo sistema vivo, tiene tanto elementos mecánicos (conocimientos, recursos y activos) como orgánicos (intenciones, motivación, relaciones con el equipo directivo, compromiso, generosidad, etc.).

La propiedad es un activo cuando tanto desde lo mecánico como desde lo orgánico se aporta valor, y sobre todo cuando la interdependencia constructiva entre estos dos elementos genera una dinámica de progreso en la que el valor que se aporta constituye una mezcla sugerente de ciencia y arte.

La configuración institucional aspira a que la propiedad resulte la adecuada para afrontar el futuro del negocio porque reúne los conocimientos, contactos, recursos financieros, motivación y talante que requiere la empresa para su crecimiento sano. En caso contrario, se puede dar la paradoja de que sean los dueños los mayores enemigos de su propia empresa.

2. ¿Puede haber propietarios cuya prioridad no sea la continuidad de la empresa?

Por fortuna, ser propietario casi siempre va unido al celo y a la responsabilidad de hacer que el negocio sea floreciente y duradero, pero dentro del universo de posibles accionistas la prioridad de algunos no es la continuidad a largo plazo de la empresa por motivos distintos, unos de más peso que otros.

Uno de esos grupos son los *private equity,* que, además, suelen tomar una posición accionarial relevante y cuyo modelo de negocio consiste en rotar la inversión realizada en ciclos de cinco a siete años. Su negocio es lograr vender la empresa como mínimo al doble del precio de compra. Para ello han de tomar decisiones muchas veces muy efectivas que la pongan *bonita* antes de la venta.

En muchos casos el efecto de sus decisiones resulta positivo desde la perspectiva sobre todo del accionista. Puede que alguna de esas decisiones sea lesiva desde la perspectiva de otros *stakeholders* o desde una mirada más a largo plazo.

Todos somos hijos de los incentivos del entorno en el que nos movemos y los incentivos con los que operan estas instituciones financieras están ligados a maximizar el valor de la compañía a corto plazo con métricas que son fundamentalmente financieras, es decir, mecánicas.

Otro segmento de propietarios sin un gran foco en la continuidad de la organización es el de los fondos activistas y los inversores especulativos. Los primeros buscan empresas con la propiedad fragmentada y un consejo en el que puedan entrar e influir. Cuando lo consiguen, suelen impulsar decisiones duras ligadas a métricas financieras a corto plazo. La historia es similar al caso anterior.

El desplazamiento de las familias históricas del núcleo duro del capital de las empresas está resultando una configuración institucional que allana el terreno para la entrada de fondos activistas y otros inversores muy financieros con una agenda en la que las consideraciones de sostenibilidad son secundarias.

Un posible tercer grupo es el de los propietarios desconectados de la responsabilidad de involucrarse con la continuidad de la empresa, como los miembros de una familia propietaria que han heredado la propiedad pero no sienten o no saben ser accionistas responsables. Formarían parte de este grupo los propietarios para quienes lo determinante es vivir de la compañía, aunque sea a costa de su debilitamiento, que se operativiza normalmente a través de un pago excesivo de dividendos, falta de reinversión o imputación indebida de gastos personales al negocio.

La mejor defensa ante el universo de propietarios desconectados con la sostenibilidad es tener unos accionistas de referencia estables y capaces de ejercer una influencia positiva en el crecimiento armónico y a largo plazo de la compañía.

Otra forma de mitigar el posible efecto negativo en la sostenibilidad de alguno de estos grupos puede ser crear acciones con derechos políticos diferentes, de tal manera que no se adquieran esos derechos hasta que transcurra cierto plazo de tiempo. En la misma línea sería ideal crear distintos tipos de acciones preservándose las acciones con más derechos al núcleo más comprometido con la continuidad de la empresa.

3. La posible agenda de una revisión de la configuración institucional

En un proceso de reconfiguración institucional, además de ponderar la viabilidad de crear acciones de varios tipos, se podría trabajar en cuestiones como la conveniencia de entrada de socios que aporten más sinergias, la estrategia de defensa ante la entrada de accionistas indeseados, la poda de las ramas de la propiedad en el caso de empresas familiares, la determinación del momento y del precio para la venta total de la compañía, etc.

La configuración institucional también debería facilitar el alineamiento de la propiedad y el equipo directivo alrededor de los modelos clave para la continuidad y competitividad del negocio. Hablamos no solo del modelo de gobernanza, sino también del modelo estratégico de negocio, el modelo de crecimiento y el modelo de origen y aplicación de fondos.

A través de la reflexión sobre estos modelos se puede alinear a la propiedad con el equipo directivo alrededor de las iniciativas clave para preservar la viabilidad del negocio y la articulación de la manera en la que la propiedad apoyará esas iniciativas con los recursos que estén a su alcance. Una manera de instrumentalizar este alineamiento es a través de *off-site* de varios días en los que los consejeros y los miembros del comité de dirección trabajan conjuntamente sobre estas iniciativas.

El alineamiento también tiene un segundo eje: las cuestiones relativas al dinero. Hablamos del origen y uso de los flujos de dinero, las implicaciones de las recomendaciones que se hagan en la auditoría, la calidad de la información a tiempo real de la que se dispone, el mapa de riesgos, especialmente los de ciberataque, la identificación de empresas que puedan ser objeto de posibles compras y la manera de financiar esas adquisiciones, la política de dividendos, etc.

Un tercer eje en el que conviene que exista alineamiento es en el uso del poder: se trata de influir en quien lo ha de detentar, en los intereses que lo mueven, en evitar la posible patología en su uso, en favorecer la convergencia del poder más duro con la influencia, en delimitar las líneas rojas en su empleo, etc.

La continuidad de la empresa queda favorecida cuando el poder resulta estable y está en manos de personas que saben y quieren utilizarlo al servicio del buen gobierno.

4. Los consejeros y la configuración institucional

El perfil de los consejeros es también una cuestión de la que ha de ocuparse la configuración institucional. Más que la independencia técnicamente hablando o no, lo que se ha de lograr es que sean buenos consejeros o, lo que es lo mismo, competentes, comprometidos y con una agenda personal al servicio del futuro de la empresa.

El oficio de consejero conlleva en ese sentido identificar las palancas y los actores del poder en la compañía, tener olfato jurídico para entender los estatutos y la legislación relevante, estar al tanto del entramado de sociedades mercantiles, conocer a posibles socios inversores, preparar la sucesión de las personas clave del equipo, evaluar el desempeño de la alta dirección, allanar el buen entendimiento del presidente y consejero delegado, aportar ideas a la estrategia, fomentar la buena relación entre los *stakeholders* y cuestiones similares.

La profesionalidad, dedicación, remuneración, asunción de responsabilidades e independencia de los consejeros son variables que conforman una especie de cuadratura del círculo: no se pueden maximizar las cinco a la vez. La configuración institucional debe ocuparse de evitar que al menos alguna de estas variables resulte disfuncional.

5. La configuración institucional y el deber de gestionar y gobernar la empresa

La configuración institucional es una parte de la política de la empresa. Tiene una interdependencia, por tanto, con otras partes, como la estrategia, el diseño de estructuras organizativas, la cultura y cuestiones como las habilidades de gestión y gobierno de la alta dirección y de los consejeros.

Dirigir es ocuparse más del corto plazo, entregar resultados; es ocuparse de que los ámbitos funcionales y mecánicos estén bien engrasados y, por consiguiente, se consigan crecimiento, satisfacción de los clientes, calidad y buenos costes.

Gobernar consiste en ocuparse del largo plazo, cuidar de la sostenibilidad y salud del ser vivo que es la empresa; es lograr armonía y a la vez provocación en el equipo humano para que el acomodamiento no genere decadencia; es romper la trágica dinámica de que el éxito genera conformismo y este decadencia. También es crear una buena visión de futuro y construir un consejo y un equipo directivo que sepan, puedan y quieran ejecutar esa estrategia, lo que conlleva comunicarla con claridad dentro y fuera de la empresa.

Dirigir y gobernar son cosas distintas pero complementarias. Dirigir entra más en el ámbito de responsabilidad del comité de dirección y gobernar debería de ser la máxima ocupación del consejo de administración como órgano a través del cual la propiedad ejerce su poder.

Tanto la propiedad como la alta dirección han de saber dirigir y gobernar colaborando en las cuestiones cuya responsabilidad es compartida y respetándose en las áreas donde recae en uno o en otro.

La configuración institucional debería someterse a una evaluación constructiva con la ayuda de un experto cada cierto tiempo ya que es una cuestión clave para la sostenibilidad de la empresa.

Con esa revisión se podrían identificar aspectos de mejora en la composición y en los planteamientos de la propiedad, hacer progresar el alineamiento de la propiedad con el equipo directivo, identificar los posibles sesgos cognitivos disfuncionales en las personas que detentan el poder en la compañía y propiciar una sana relación entre dirigir y gobernar.

La cuestión de cuál es la estructura de la propiedad más conveniente para afrontar con éxito el futuro tendría que ser parte de esa revisión, como asimismo cuáles son los posibles accionistas no deseables que convendría evitar y cómo hacerlo.

Sostenibilidad y propiedad son variables interdependientes, como hemos visto. La interdependencia entre variables es siempre una llamada a gestionar esa relación para que la resultante sea simbiótica.

Algunas de las ideas del capítulo podrían servir para ello.

———

EJERCICIO
Mejorando el funcionamiento de un directorio o consejo de administración

La idea

El trabajo de los consejos de administración debería influir más en la buena marcha de las empresas. Hoy en muchas no hay una correlación clara entre el trabajo del consejo y su efecto en la efectividad y eficiencia a corto y a largo plazo de las compañías a las que sirven.

Esta situación se puede revertir actuando en tres ámbitos:

- Mejorando la dinámica de trabajo de los consejeros como equipo e incrementando la confianza y el respeto mutuo entre ellos.

- Asegurando un mejor flujo de información a los consejeros para una mejor toma de decisiones en el consejo.

- Dedicando mejores esfuerzos y más tiempo a los asuntos de mayor trascendencia para el largo plazo de la organización.

Los asuntos de mayor trascendencia para la empresa a los que los consejeros tendrían que prestar especial atención y más tiempo son los siguientes:

- La sucesión de las personas clave de la compañía, principalmente la del primer ejecutivo.

- El codiseño de la estrategia de negocio junto al equipo de gestión y el seguimiento de su ejecución.

- La arquitectura de la estructura organizativa, la filosofía de los paquetes retributivos de los altos ejecutivos y el tipo de conductas que fomentan ambas cosas, además del buen funcionamiento de los mecanismos de coordinación entre las áreas.

- La mejora del *pool* de talento de la organización.

- El control de los resultados financieros, la gestión de los riesgos más importantes y el pulso a la cultura de empresa.

La idea en la práctica

La intención de este documento es servir de diagnóstico y estímulo de mejora del funcionamiento de directorios o consejos de administración. La contestación a las preguntas utilizando una escala de 1 (bajo) a 5 (alto) puede ayudar a identificar áreas de mejora.

La calidad de las relaciones entre los miembros del consejo y sus dinámicas de trabajo como equipo

1. ¿Se ha dedicado suficiente tiempo para que los consejeros se conozcan mutuamente y pacten entre ellos unas normas de funcionamiento que fomenten y blinden la confianza y el respeto mutuo?

2. ¿La discusión sobre los temas importantes se realiza de una manera integradora que permita cerrarlos y lograr consensos razonables? ¿Se tiene la certeza de que el trabajo del consejo aporta valor a la empresa?

3. ¿Se ha creado seguridad psicológica en las reuniones para que los consejeros puedan expresar sus opiniones de manera sincera?

4. ¿Se fomenta la discusión cruzada entre los consejeros sin necesidad de que el consejero delegado actúe de modo central en la discusión?

5. ¿Se construye la agenda con las aportaciones y sugerencias de gestores, presidentes de las comisiones y consejeros?

6. ¿Sienten los consejeros que la asistencia a los consejos les añade valor desde el punto de vista intelectual y profesional, con independencia de los ingresos que obtengan por ello? ¿Les resulta atractiva la asistencia a los consejos?

7. ¿Se ha logrado que la relación de los consejeros con el consejero delegado resulte constructiva y simbiótica?

8. ¿Se proporciona a los consejeros un *feedback* que les permita mejorar sus aportaciones y contribuciones al consejo?

9. ¿Se selecciona a los consejeros de acuerdo con criterios de prestigio e independencia desde el punto vista profesional, emocional, intelectual y económico?

> La puntuación obtenida es de____ sobre 45

La calidad de la información con la que trabajan los consejeros

1. ¿Se prevé en los consejos un tiempo suficiente para estudiar y discutir con profundidad los temas importantes para la buena marcha de la empresa?

2. ¿Se presenta la información sobre la compañía de manera fácil de entender para hacer posible una buena discusión sobre aspectos clave del negocio?

3. ¿Tienen los miembros del consejo una actitud proactiva que les lleva a buscar por su cuenta más información sobre la industria y la propia organización?

4. ¿Se siente cómodo el consejero delegado cuando se habla en el consejo de aspectos de mejora en su gestión y de incertidumbres en la marcha de la empresa?

> La puntuación obtenida es de______sobre 20

La atención que se presta a los temas de verdadera importancia para el largo plazo de la empresa

1. ¿Se discute con suficiente antelación la sucesión en los cargos de las personas clave en la gobernanza de la empresa?

2. ¿Se entiende y se comparte la filosofía con la que se ha diseñado el paquete de incentivos económicos del consejero delegado y de otras personas clave de la organización?

3. ¿Tienen clara la estrategia a largo plazo de la compañía los consejeros?

4. ¿En qué medida comparte el consejo esa estrategia?

5. ¿Se han discutido con el equipo gestor los riesgos inherentes a la ejecución de la estrategia elegida? ¿Se hace el consejo corresponsable de esos riesgos?

6. Al evaluar el desempeño de los gestores, ¿trasciende el consejo las métricas puramente financieras del corto plazo y se interesa por los indicadores más ligados al largo plazo, como el buen alineamiento de la estructura con la estrategia, la salud de la cultura

organizativa, la funcionalidad de las herramientas de gestión transversal y el perfil humano y profesional de los directivos?

7. ¿Se interesa el consejo por conocer y desarrollar el *pool* de talento de la empresa involucrándose en las iniciativas que se realizan para preparar una buena hornada de nuevos directivos?

> La puntuación obtenida es de_____sobre 35

La puntuación total es de ___ sobre 100

Plan de acción

Según el diagnóstico, las iniciativas de mejora deberían centrarse en los temas relacionados con las preguntas que hayan obtenido una respuesta igual o inferior a tres puntos.

23
La gestión del múltiplo con el que se valoran las empresas

¿Cuánto crece la empresa? ¿Qué rentabilidad tiene? ¿Con que múltiplos (los años de beneficios) se valora en el mercado? Son tres preguntas que requieren respuesta y gestión ya que moverán la aguja de los inversores y la continuidad o no del equipo directivo.

La fórmula que permita que crecimiento, rentabilidad y múltiplos se retroalimenten de manera positiva no es obvia. Las más de las veces la mejora en una de las tres variables influye negativamente en otra.

1. El perímetro de responsabilidades

¿Quiénes son los responsables de estas métricas? Tradicionalmente el múltiplo ha estado más en el perímetro del consejo de administración y el crecimiento y la rentabilidad más en el ámbito del CEO y de su equipo.

El pensamiento más tradicional sugiere que un equipo directivo debe centrarse en aumentar los ingresos y controlar los gastos. Para ello se ha demostrado certero el enfoque de crear una cultura en la empresa que impulse el sentimiento de propietario y un foco en la gestión de la base de clientes y la innovación. A una compañía, cuando está sana por dentro, le resulta natural todo lo anterior.

Ese mismo pensamiento asigna al consejo de administración la responsabilidad de hacer crecer el múltiplo con el que los mercados ajustan el valor de la organización. Ese ajuste se sustenta en dos elementos: las expectativas sobre los factores de riesgo y las expectativas de crecimiento y rentabilidad de la empresa.

Los riesgos que el consejo de administración puede controlar (o medio controlar) son el reputacional, el regulatorio, el industrial, el sectorial, el de corrupción (interna y externa), el asociado a la salida de personal clave y el de no ver las carencias de gestión de la propiedad, además de la veracidad de los estados financieros, los fiscales, los asociados al medioambiente y los sociopolíticos. Otros riesgos, como las variaciones de los tipos de interés, no es posible controlarlos, pero sí se pueden gestionar de manera indirecta sus posibles efectos.

2. El origen y la aplicación del capital clave para gestionar el múltiplo

Las expectativas de crecimiento y rentabilidad, y por tanto el múltiplo, requieren que el consejo de administración, y por consiguiente el CEO, desarrollen una visión sistémica y a largo plazo sobre el origen y la aplicación de los fondos con los que una empresa puede disponer.

Las opciones de la organización para aplicar los fondos son: reinvertir en la mejora de las operaciones existentes, adquirir nuevos negocios, pagar dividendos, devolver deuda y recomprar acciones con la intención de que el beneficio por acción suba por la reducción del número de acciones.

Las fuentes de obtención de fondos son: la caja que generen las operaciones, la venta de activos, la emisión de capital y el incremento de la deuda financiera.

3. El patrón sugerido por Thorndike

En el libro *The Outsiders,* de William Thorndike, se argumenta que empresas aparentemente iguales pueden tener múltiplos (y, por tanto, valoraciones de mercado) muy distintas en función de la gestión de este origen y aplicación de la caja.

Thorndike describe un patrón recurrente en las empresas investigadas (General Dynamics, Teledyne, TCI, Washington Post, General Cinema y Berkshire Hathaway, entre otras) cuyo efecto ha sido la obtención de múltiplos significativamente superiores a los de su competencia.

A modo de resumen, el patrón descubierto por este autor contiene los siguientes elementos:

1. Procesos liderados por los CEO jóvenes y provenientes de fuera del sector.

2. CEO con una personalidad cercana a lo que Jim Collins denominaba *líderes de nivel 5,* una rara combinación de humildad y férrea resolución, lejos del tipo de individuo carismático extrovertido. Estos líderes no sentían la necesidad de aparecer en los medios de comunicación ni de orientar a la comunidad de analistas e inversores, lo que les ayudaba a mantenerse firmes en su apuesta a largo plazo y evitar la presión a corto plazo.

3. CEO que asumen en primera persona la gestión del origen y la asignación de capital como su máxima prioridad, incluso por encima de la gestión interna e institucional.

4. Enfoque de gestión muy descentralizada con bajos costes en la central. La descentralización favorece la creación de unidades de negocio con espíritu empresarial y ayuda a disminuir los costes y las fricciones internas.

5. Alto grado de delegación del CEO a las unidades de negocio, con la excepción de la asignación de capital.

6. Primacía de las métricas basadas en el origen y la aplicación de los flujos de caja. El enfoque financiero se centra en la calidad de las hipótesis que sustentan los proyectos en lugar de en el detalle de las cifras.

7. Recompra regular de sus propias acciones. La parte por acción (denominador) se considera tan importante como el beneficio (numerador). Hay circunstancias que hacen que las propias acciones puedan ser la mejor oportunidad de inversión.

8. Dividendos bajos.

9. Adquisiciones prudentes pero significativas por tamaño o importancia estratégica. Paciencia para encontrar la oportunidad de adquisición adecuada y rapidez y valentía para realizar adquisiciones significativas en relación con su propio tamaño.

10. Uso de asesores independientes para tener una visión más plural del mercado y poder contrastar los planteamientos internos con las perspectivas y metodologías externas.

A modo de conclusión, se puede afirmar que la gestión a largo plazo y sistémica del origen y la aplicación de los flujos de caja puede ser más determinante en la valoración a largo plazo de la empresa que el puro crecimiento o rentabilidad a corto plazo.

Epílogo

Dirigir conlleva tomar decisiones estratégicamente acertadas a corto plazo y, sobre todo, ejecutarlas de manera eficiente. Es hacer lo correcto, correctamente desde la perspectiva del hoy evitando las consecuencias disfuncionales de futuro.

Gobernar es transformar al ritmo de los mercados y cuidar de la sostenibilidad y salud del ser vivo que es la empresa. Gobernar es construir una estrategia de largo plazo inteligente y un equipo que la sepa, pueda y quiera ejecutar.

El mejor *output* de un proceso de reflexión estratégica, no es el documento en sí, sino la claridad, el aprendizaje, la cohesión y la motivación en el equipo directivo que haya sido involucrado en la reflexión. La buena gobernanza sugiere que todo el que vaya a ser protagonista en la ejecución debe formar parte, de alguna manera, de la decisión.

Dirigir y gobernar conlleva no solo identificar y explotar las oportunidades y los desafíos que nacen de los cambios en el ecosistema en el que se opera (clientes, competidores, empleados, regulación, tecnología, geopolítica, etc.), sino sobre todo en gestionar el proceso con rapidez, maestría y determinación. El gran legado de un equipo directivo es crear instituciones ágiles en la toma de decisiones y en la ejecución de esas decisiones.

Una visión estratégica, además de ejecutable, ha de ser comunicable y creadora de claridad, aprendizaje, cohesión y compromiso en el equipo directivo. En su labor de dirigir y gobernar los equipos directivos deberían trabajar de manera habitual en al menos tres fases:

1. Fase del marco estratégico. En ella se hace una foto de la situación actual, se define una situación futura deseable y se identifican las posibles iniciativas que permiten transitar de una situación a otra.

2. Fase del detalle de las iniciativas. El marco pasa a manos de equipos de trabajo coordinados por la oficina estratégica que operativizan cada iniciativa evaluando su prioridad, factibilidad y relevancia.

3. Fase del relato estratégico. Con el detalle de los proyectos se retoca el marco estratégico y se construye un relato estratégico que pueda declinarse para las audiencias más importantes y que pase el filtro de ser relevante, creíble, diferencial y emocional.

Dirigir y gobernar son las dos almas de un directivo, la receta para conquistar la juventud madura de las empresas, aquella en la que la flexibilidad y el control no están reñidos. Y tampoco el compromiso y el cumplimiento y aún menos el crecimiento y la rentabilidad, de hoy y de mañana.

La tarea es ingente, apasionante e importante. Las empresas sirven al bien común cuando influyen en la mejora del ecosistema en el que operan. Lo cual, entre otras muchas cosas, conlleva convertirse en un ascensor social basado en el esfuerzo y el talento. Esperamos que los capítulos y ejercicios de este libro ayuden a este noble propósito

Notas

Capítulo 4

1. The Service Profit Chain: How Leading Companies Link Profit and Growth to Loyalty, Satisfaction, and Value. The Value Profit Chain: Treat Employees Like Customers and Customers like Employees. Managing in the Service Economy.

Capítulo 7

1. Sheth J. y Sisodia R. The Rule of Three: Surviving and Thriving in Competitive Markets. Publishing Palgrave, 2010.
2. Davidson, W. Breakthrough. How great companies set outrageous objectives and achieve them. Published by John Wiley & Sons, 2004.
3. Hawking S. W. Brief History of Time: From the Big Bang to Black Holes, 1998.
4. Zhexembayeva, N. Overfished Ocean Strategy. Berrett-Koehler Publishers, 2014.
5. Christensen, C. M. Innovator's Dilemma. Harper Collins Publisher Inc., 2011.
6. Ismail, S y Malone M. S. Exponential Organizations. Diversion Books, 2014.
7. Hamel G. y Prahalad C. K. Competing for the Future. Harvard Business Review Press, 1994.

Capítulo 16

1. Ichak Adizes. *Ciclos de vida de las organizaciones*. Diez de Santos, 1988. El ciclo de vida en el que se encuentra la empresa es un criterio

importante en el diseño de estructuras. Por ejemplo, una empresa organizativamente poco desarrollada debería hacer un esfuerzo por institucionalizar la energía emprendedora de su fundador y reducir la dependencia hacia su persona. Una forma de hacerlo es manteniendo una estructura funcional que gestione el día a día, pero reuniendo con frecuencia a su equipo en un ambiente tranquilo y fuera de la oficina para compartir sus sueños y sus planes de futuro. De esta manera, el impulso emprendedor se puede ir institucionalizando en el equipo permitiendo que la empresa tenga menos dependencia de su fundador. Por el contrario, en una empresa organizativamente envejecida es necesario hacer un cambio radical de estructura para romper la tendencia de los directivos a defender su territorio y la inercia del pasado. Con esos profundos cambios en la estructura, es más probable que los directivos veteranos no impidan la incorporación de directivos más jóvenes con ganas de que las cosas cambien.

2. Acemoglu D. y Robinson J. *Why Nations Fail.* Crown Business, 2012.

3. Jensen, M. y Mekling, W. *A theory of the firm: Managerial behavior, agency cost, and ownership structure.* Cambridge, MA, Estados Unidos: Harvard College, 2000.

4. Huete, L. *La patología del poder.* Harvard Deusto Business Review, noviembre 2012.

Capítulo 20

1. Aleksiévich, S. Voces de Chernóbil.

2. Naim, M. *El fin del poder.* Basic Books, 2013.

3. Adizes, I. *Mastering Change.* Adizes Institute Publications, 2013.

4. Frase atribuida a Maharbal, lugarteniente de Aníbal tras la batalla de Cannas, según Tito Livio en *Ab Urbe Condita.*

5. Thacker, T. *Joseph Goebbels. Vida y muerte.* Ariel, 2010.

6. Ibid.

7. Tolkien, J. R. R. *El Señor de los Anillos.* La Comunidad del Anillo. Minotauro, 2006.

8. Ibid.

9. Figgis, J. N. y Laurence, R. V. «Letter to Bishop Mandell Creighton, April 5, 1887», *Historical Essays and Studies.* Macmillan. Londres, 1907.

10. Del Pino, F.: «La patología del poder». *Expansión,* febrero de 2013.

11. McKinsey Quarterly. *When to change how you lead,* junio de 2015.